职业教育"十四五"规划教材
全国法律类专业职业教育规划教材

婚姻家庭纠纷解决原理与实务

主　编　邢发齐

副主编　王　玮　李静芹

武汉大学出版社

图书在版编目(CIP)数据

婚姻家庭纠纷解决原理与实务/邢发齐主编.—武汉:武汉大学出版社,
2023.5
职业教育"十四五"规划教材　全国法律类专业职业教育规划教材
ISBN 978-7-307-23626-4

I.婚…　II.邢…　III. 婚姻家庭纠纷—处理—研究—中国　IV.D923.904

中国国家版本馆 CIP 数据核字(2023)第 043768 号

责任编辑:胡　荣　　责任校对:汪欣怡　　版式设计:韩闻锦

出版发行:**武汉大学出版社**　(430072　武昌　珞珈山)
(电子邮箱:cbs22@ whu.edu.cn 网址:www.wdp.com.cn)
印刷:武汉科源印刷设计有限公司
开本:787×1092　1/16　印张:14.75　字数:347 千字　插页:1
版次:2023 年 5 月第 1 版　　2023 年 5 月第 1 次印刷
ISBN 978-7-307-23626-4　　定价:48.00 元

前　　言

　　高职法律教育是培养法律职业人的重要渠道。婚姻家庭法是高职法律专业课程的重要组成部分，也是法律职业人各项业务中很重要的一部分。本书坚持以培养应用型法律专门人才为目标，力求做到一方面体现婚姻家庭法与生活密切相关、应用性强的特点，另一方面，面向学习者未来工作岗位的实际需求，为学习者搭建一个学习能力可及的成长阶梯。本书以习近平法治思想为指导，根据最新修订或制定的法律及司法解释为依据，结合司法实务编制而成。

　　本教材编写体现以下特点：第一，在内容选取和安排上，繁简适当。突出职业岗位的切实需求，强调实践中实用和应用较为广泛的内容，删减了不实用和理论性过强的部分。第二，在体例安排上，理论与实务相结合，知识学习、能力培养和素养提升有机结合。根据实务和实践对学习内容所提出的要求，本教材将教学内容融入大量案例中，并分层设计。通过课前案例引导学生进入学习，通过课中案例来分析理解学习内容，通过课后案例巩固消化学习内容。每单元的实训则是全部选用现实中有争议的案件，为学习者分组讨论、角色扮演等学习方式提供素材，以达到学习者能够综合运用所学过的法律知识，进行发言、辩论，使学习者有较大的发挥空间，充分表达自己的观点，达到能自我思考、总结和提高的目的，同时增强实战能力完成设定的知识目标、能力目标和素养目标；满足教学过程中教、学、练、做、评各环节的精细要求，努力做到注重原理学习，更注重能力的培养与素养的提升。第三，校企合作开发。本书由双师型高校专职教师和律师事务所优秀的专职律师合作开发，实训中的案例全部来源于律师事务所实办的案件。为了降低实际工作任务的难度使之适合于教学规律，实训项目对工作任务进行阶梯式教学简化，并为学习者提供有效的思考提示，提供学习帮助，帮助学习者把原理学习和实务操作结合起来。第四，运用新的数字出版技术，促进师生互动。本书扩充了练习内容，帮助学习者通过练习的方式来检测、巩固所学内容。

　　本教材的编写人员为双师型教师和专职律师，不仅有丰富的教学经验，还有丰富的实践经验，他们或是兼职律师、专职律师、人民陪审员，或是对高职教育有深入研究的老师。张翔、张思成为河北诚基律师事务所优秀律师。具体分工如下：

　　邢发齐：第一章"婚姻家庭法基础知识"、第五章"亲属制度"、第六章"夫妻关系"，约8.2万字。

　　王玮：第七章"亲子关系"、第八章"祖孙关系和兄弟姐妹关系"、第十章"离婚条件和离婚程序"，约7.7万字。

　　李静芹：第二章"婚姻家庭法基本原则"、第三章"结婚制度"、第四章"结婚条件和结婚程序的欠缺"、第九章"收养制度"，约10.8万字。

王向英：第十一章"离婚效力"、第十二章"特殊婚姻制度"，约 5.6 万字。

张翔：实训一"婚姻家庭法入门"、实训二"婚姻成立"。

张思成：实训三"家庭关系"、实训四"离婚制度"。

本书主要供法律院校的学生使用，也可作为司法工作者和其他行业工作者及法律爱好者的参考书。

本书由王玮、邢发齐统稿，邢发齐对全书审阅定稿。

本书的写作过程参考借鉴了一些研究者的研究成果和文献，在此表示衷心的感谢！由于水平有限，虽然写作过程认真努力，书中不足之处在所难免，敬请指正。

编　者

2022 年 6 月

目　　录

第一单元　婚姻家庭法入门

第二单元　婚　姻　成　立

第三单元　家庭关系

第四单元　离婚制度

第五单元　附　　论

第一单元　婚姻家庭法入门

第一章 婚姻家庭法基础知识

知识目标

- 能够准确再现婚姻的定义和家庭的定义。
- 能够准确再现婚姻家庭关系的性质与特点。
- 能够准确再现婚姻家庭关系各个历史类型的定义。
- 能够准确再现婚姻家庭法的定义。

能力目标

- 面对当事人的纠纷，当事人需要进行的法律行为，能够准确判断涉及的社会关系是否由婚姻家庭法调整。
- 对于婚姻家庭法调整的社会关系，能够及时、准确选定解决问题的法律渊源。

素养目标

- 逐渐培养维护社会主义婚姻家庭制度的自觉意识，用婚姻家庭法律规范指导婚姻家庭关系的思维习惯。
- 逐渐培养服务意识、知法尚法的内心自觉。

第一节 婚姻家庭概说

婚姻与家庭是人类社会两性关系和血缘关系的一种形式，是社会关系的特定表现。婚姻家庭是人类社会最广泛、最普遍的一种社会现象，也是婚姻家庭法律制度中频繁使用的一个概念。《中华人民共和国民法典》（以下简称《民法典》）第五编"婚姻家庭"全面规定了我国婚姻家庭法律制度。普通公民都会通过自身的经验对婚姻与家庭形成一些直观的认识，但是制度或者法律上所称的婚姻、家庭和日常生活中所称的婚姻、家庭并不完全一样，作为一名法律职业者仅认识日常用语中的婚姻与家庭是远远不够的。制度上使用的婚姻、家庭概念，比日常生活中的概念更严谨，有特定的内涵与外延，其本质属性也有比较清晰的界定。

一、婚姻、家庭的概念

（一）婚姻的概念

【案例1-1】刘某与杨某曾是夫妻，婚后生育一女，共同居住在石家庄市某县。二人于 2013 年 11 月达成离婚协议，双方均同意离婚，女儿随母亲杨某生活。双方签字后确未共同生活。二人认为婚姻是个人的私事，因此未办理离婚登记，也没有进行离婚诉讼。

任务： 请回答 2013 年 11 月以后，刘某与杨某是不是夫妻？

婚姻，是为当时社会制度所认可的，男女两性互为配偶的结合。这一概念包含以下几层含义：

（1）婚姻是男女两性互为配偶的结合。婚姻是男女两性的结合，确立婚姻制度，是出于维护两性关系社会秩序的需要。所谓"同性婚"不符合婚姻的本意和宗旨，我国的社会观念和社会制度都不接受同性婚。从某种程度上说，婚姻同未婚同居、有配偶者与他人同居一样，是男女两性结合的一种社会形式。婚姻与非婚同居、与有配偶者与他人同居等两性结合的不同在于，婚姻当事人双方应当以获得社会认可的配偶身份为意思。

（2）婚姻须为当时的社会制度所认可。婚姻关系作为两性结合的形式具有社会意义，不是男女之间随心所欲的私事，需要社会制度的允许和认可。如果把婚姻理解为男女之间的私事，就不能正确地处理夫妻之间以及夫妻与不特定的社会公众之间的一系列社会关系。

（3）在阶级社会，婚姻关系主要受法律规范的调整，男女结合的内容表现为法定的权利义务关系。原始社会中，在国家出现以前的一男一女之间的特定关系也是婚姻。在人类社会出现阶级之前的原始社会，并没有严格意义上的法律。但是制度一般指要求大家共同遵守的办事规程或行动准则，也指在一定历史条件下形成的法令、礼俗等规范。制度并不局限于法律，社会习惯、宗教教义也可以规范婚姻行为形成婚姻制度。原始社会中，社会上一系列婚姻禁例使两性结合已经形成特定的规范，摩尔根的《古代社会》和恩格斯的《家庭、私有制和国家的起源》都采用这个观点。在阶级社会，婚姻关系主要受法律规范的调整，配偶的结合表现为双方产生法定的夫妻权利义务关系，与法律相冲突的习惯对公民不再具有普遍的约束力。当然，阶级社会中与法律不相冲突的习惯仍然是婚姻行为的规范。

案例 1-1 中，刘某与杨某仍然是夫妻。婚姻关系作为两性结合的形式具有社会意义，需要社会制度的允许和认可。在我国，离婚需要经过登记程序或诉讼程序。本案中刘某与杨某离婚既没有经过诉讼程序也没有经过登记程序，离婚行为没有成立。所以刘某与杨某仍然是夫妻。

（二）家庭的概念

【案例 1-2】 1993 年刘某夫妇曾收养一女孩王芳并办理了收养手续，但女孩一直在其原家庭中生活，并未与刘某夫妇共同生活。2013 年，刘某妻子去世，刘某年老多病需要人照顾，他找到侄子刘强，签订了遗赠扶养协议并到县公证处办理公证，约定刘强负责赡养刘某，刘某死亡后其房产归刘强所有。在办理公证时公证处要求刘某所在村委会出具刘某的家庭成员状况的证明。刘某所在村委会不知刘某夫妇与王芳的收养关系，遂出具刘某配偶死亡、无子女的证明。公证处基于此证明为刘某及刘强出具了公证书。之后，刘强履行了赡养义务。2015 年刘某去世，刘强依约取得刘某房产。后该房屋被拆迁，刘强领取补偿款共计 50 多万元。2017 年王芳得知此事，找到公证处，称自己系刘某的家庭成员。村民委员会出具证明失实，公证处对当事人提交的证明审查不严，致其遭受严重损失，请求公证处赔偿其损失 50 万元。

任务：请回答王芳是否刘某的家庭成员并简要说明理由。

我国法律没有对婚姻、家庭的定义作出规定，但是《民法典》第 1045 条第 3 款规定："配偶、父母、子女和其他共同生活的近亲属为家庭成员。"以此规定为基础，我们可以对家庭的概念进行概括。家庭，是指享有法定权利、承担法定义务的亲属所构成的，以共同经济为纽带的社会生活单位。这一概念包含以下几层含义：

（1）家庭是由亲属所构成的亲属团体。家庭这一经济单位有别于其他社会单位，主要体现在家庭是由亲属组成的。亲属，是指基于婚姻、血缘和法律拟制而形成的一种人与人之间的社会关系。家庭成员之间存在婚姻关系、血缘关系或法律拟制血亲关系。生活在一起的主体只要不是亲属，一定不会组成家庭。

（2）家庭是一个以共同经济为纽带的社会生活单位。家庭成员之间必须有共同的经济活动，家庭应当是一个经济单位。没有共同经济，就不会形成家庭。家庭在历史上曾承担着双重职能，即组织消费职能和组织生产职能。在奴隶社会和封建社会，家庭在社会经济结构中是一个组织生产和消费的基本单位。进入资本主义时代后，商品经济的发达及社会多层次结构的形成，家庭的生产和生活双重职能逐渐向单一的生活职能过渡。虽然近现代以来家庭的经济职能有所削弱，但家庭不能改变是一个基本的经济单位的特征。

案例 1-2 中，王芳虽然是刘某的养女，但是因为她并没有与刘某夫妇共同生活，并不是刘某的家庭成员。

（3）家庭是由享有法定权利、负担法定义务范围内的亲属构成的。家庭成员只能是亲属的一部分，家庭是由在法律上具有权利义务关系的亲属所构成的。亲属间都有固定的身份与称谓，却不一定有法律确定的权利和义务，不同国家具有权利义务的亲属的范围有很大区别。在我国，具有法律上权利义务关系的亲属关系通常包括：夫妻关系，父母子女关系，祖父母、外祖父母与孙子女、外孙子女关系及兄弟姐妹关系等。除了有法律上权利义务关系的亲属之外，人们通常还有其他的亲属关系，而这些亲属因没有法律上的权利义务关系，只能与自己最亲近的亲属组成另外一个家庭。

二、婚姻家庭的性质和特点

婚姻家庭关系是以两性关系结合为前提，以血缘关系为纽带的特殊社会关系。马克思认为婚姻家庭关系具有双重属性，即自然属性与社会属性。自然属性反映了婚姻家庭关系的特点，是婚姻家庭赖以形成的自然基础。社会属性体现了婚姻家庭的本质，它决定了婚姻家庭关系的存续和发展。

（一）自然属性

婚姻家庭的自然属性是指婚姻家庭赖以形成的自然因素。男女两性的性差别、人类固有的性本能是婚姻的自然属性，通过生育繁衍而形成的血缘关系，是家庭的自然属性。

自然属性是婚姻家庭关系产生的基础，也推动着人类的婚姻家庭制度的进步。

（1）婚姻家庭的构成以自然生理为基础。家庭具有生物学上的功能，人口再生产主要是在家庭中进行的。两性结合与血缘关系是婚姻家庭构成的自然条件，如缺乏这一前提，婚姻家庭也就失去了存在的基础。

（2）自然属性在婚姻家庭制度的历史发展和立法发展上具有重要作用。在原始社会，基于优生的原理排除一定范围内的血亲结婚的自然选择规律曾对两性关系的发展起过重要的推进作用。进入阶级社会，人类也注意到自然选择规律的客观性与重要性，并自觉运用这一规律造福于人类。无论哪个国家的立法者在制定婚姻家庭法时都不能对自然规律视而不见。确定法定婚龄必须考虑人的发育程度，以缺乏性行为能力作为禁止结婚或允许离婚的理由便是考虑到婚姻家庭的自然属性。

（二）社会属性

婚姻家庭的社会属性，是指决定和影响婚姻家庭的社会力量以及婚姻家庭所反映出的社会要求。婚姻家庭关系作为社会关系的特定形式，其性质、特点及其变化发展，都是由社会属性决定的。婚姻家庭关系的存在和发展决定于当时社会的生产关系，同时受社会上层建筑各种因素的影响和制约。这一概念包含下列三层含义：

（1）社会属性是婚姻家庭关系的根本属性。马克思指出："人的本质不是单个人所固有的抽象物，在其现实性上，它是一切社会关系的总和。"① 这一论断同样适用于婚姻家庭关系。婚姻家庭关系本质上就是人与人之间的社会关系。因此，婚姻家庭的本质、特点远非自然属性所能解释的。自然属性是婚姻家庭关系建立的必要前提，社会属性则反映了婚姻家庭制度的本质并起决定作用，婚姻家庭关系从本质上属于社会范围。

（2）婚姻家庭关系的性质取决于当时社会生产关系的性质。婚姻家庭不是从来就有的，它是人类社会发展到一定阶段的产物，是人类所特有的社会现象。马克思指出："在生产、交换和消费发展到一定阶段上，就会有一定的社会制度，一定的家庭、等级或阶级组织，一句话，就会有一定的市民社会。"② 婚姻家庭总是与一定的社会生产关系相适应，依存于一定的社会结构。在私有制社会，无论是奴隶社会、封建社会，还是资本主义社会都有与之相适应的婚姻家庭关系。只有在社会主义社会，才能真正实现婚姻自由、男女平等、一夫一妻的新型婚姻家庭关系。只有从社会制度及其发展变化中，才能揭示出婚姻家庭制度的本质及发展规律。

（3）婚姻家庭关系要受当时社会上层建筑诸种因素的影响与制约。婚姻家庭关系总是与当时的生产关系相适应，但有时也会出现不相一致的情形。婚姻家庭一方面决定于当时社会的生产关系，另一方面受到社会上层建筑各种因素的影响与制约。政治、法律、宗教、风俗习惯、文学艺术、道德等上层建筑的诸因素对婚姻家庭的影响极为重要。

（三）自然属性与社会属性的关系

自然属性是婚姻家庭关系建立的必要的前提，社会属性则反映了婚姻家庭制度的本质，起决定性作用。它们是婚姻家庭关系的两个方面，是彼此依存、不可分割的统一体。强调婚姻家庭的社会属性并不意味着可以忽略或否认自然属性对婚姻家庭的作用，但仅用

---

① 《马克思恩格斯选集》第 1 卷，人民出版社 1995 年版，第 60 页。
② 《马克思恩格斯全集》第 27 卷，人民出版社 1972 年版，第 477 页。

在生物学或生理学领域中起一定作用的自然因素解释婚姻家庭关系，势必会出现理论上的误区。因为在动物界中，普遍存在两性差别、性本能与血缘关系，但并未产生婚姻家庭制度。婚姻家庭是人类特有的社会现象。几千年以来，婚姻家庭中的两性差异及人类固有的性的本能并无太大的变化，但婚姻家庭制度却几经演变。研究婚姻家庭制度的基点应是，认定决定婚姻家庭的本质属性是社会属性，而非自然属性。

三、婚姻家庭制度的历史类型

婚姻家庭制度是社会制度的组成部分，它只能以具体的历史形态存在于社会发展的一定阶段。总的说来，婚姻家庭制度的历史类型和社会制度的历史类型是一致的。经济基础的类型应当作为划分婚姻家庭制度的历史类型的基本依据。

制度不仅包括法律，而且包括其他社会规则，婚姻家庭制度自尚未产生法律的原始社会时即已产生。群婚制的出现，意味着两性结合出现禁忌，形成了简单的行为规则，标志着婚姻家庭制度的产生。纵观人类历史，人类的婚姻家庭制度大体上历经了三个历史阶段：群婚制、对偶婚制和一夫一妻制。恩格斯在《家庭、私有制和国家的起源》中沿用了摩尔根在《古代社会》中提出的婚姻家庭进化模式，指出："群婚制是与蒙昧时代相适应的，对偶婚制是与野蛮时代相适应的，以通奸和卖淫为补充的专偶制是与文明时代相适应的。"[①] 其中，以通奸和卖淫为补充的一夫一妻制是针对私有制社会而言的，恩格斯进一步断言婚姻自由、男女平等的真正的一夫一妻制的婚姻家庭将与新的时代相适应。

（一）群婚制

在原始社会，原始公有制的生产关系是社会的经济基础。马克思和恩格斯指出，血缘纽带在原始社会的生产和生活中具有特别重要的意义。原始社会曾经有过一个漫长的前婚姻时代，原始群体是人类最初的生产和生活组织形式，同一群体内部的成员在两性关系方面没有任何的禁忌。随着原始社会缓慢地发展，人类从毫无限制的两性关系中发展出群婚制的两性关系和血缘关系的形式。群婚制，又称集团婚姻制，是指原始社会中一定范围的一群男子与一群女子互为夫妻的婚姻形式。它是人类社会最早的婚姻家庭形态，其本质特征在于两性关系受到一定范围的血缘关系的限制或排斥。群婚制具体可以划分为血缘群婚制和亚血缘群婚制两个阶段。

血缘群婚，是指原始社会中，同一原始群体内部同一行辈或同一年龄阶段的男女既是兄弟姐妹又互为夫妻的婚姻形式。它是群婚制的低级形式，也是人类两性关系史上产生的第一个禁忌原则。这一原则排除了纵向的父母与子女、祖父母与孙子女等直系血亲间的两性行为，两性行为只能在同一行辈的男女之间进行。婚姻集团是按照辈数来划分的：在家庭范围以内的所有祖父和祖母，都互为夫妻；他们的子女，即所有的父亲和母亲也是如此；同样，后者的子女，又构成第三个共同夫妻圈子；而他们的子女，即第一个集团的曾孙子和曾孙女们，又构成第四个圈子。血缘群婚制的基本特征可以概括为：在同一原始群体内部，根据人们出生先后的辈分或年龄，划分允许通婚的集团，纵向的不同辈分的集团之间不允许存在两性关系，横向的相同辈分的同一集团内部既是兄弟姐妹，又是夫妻。恩

---

① 《马克思恩格斯选集》第 4 卷，人民出版社 1995 年版，第 73 页。

格斯认为，从夏威夷群岛残存的亲属制度和后来家庭的全部发展来看，这种群婚制一定存在过。从我国古籍上的记载及根据我国历史和考古学家的考证，血缘群婚制确实存在过。从混乱的两性关系到血缘群婚制，无疑是一个巨大的进步，这一进步是自然选择规律发生作用的结果。

亚血缘群婚制，又称普那路亚家庭，是指原始社会中，同一原始群体内部同一行辈的男女，除兄弟姐妹之外互为夫妻的婚姻形式。亚血缘群婚制是群婚制发展的第二阶段，亦是群婚的高级形式。亚血缘群婚制仍是原始社会存在的集团婚，但是同一行辈的两性关系中排除了兄弟姐妹之间的通婚。起初排除了同胞兄弟姐妹间的通婚，后来又逐步排除了血缘关系较远的兄弟姐妹间的通婚，旁系血亲之间的婚姻禁例越来越严格。摩尔根从易洛魁的婚姻形式和亲属称谓的矛盾中发现了这一制度，后来又在夏威夷发现了这种婚姻形式的痕迹。普那路亚是夏威夷语，意为"亲密的伙伴"。我国出土发现的"河套人""山顶洞人"等文化遗迹表明了这种婚姻的痕迹。亚血缘群婚制促成氏族制度，恩格斯指出："看来，氏族制度，在绝大多数情况下，都是从普那路亚家庭中直接发生的。"① 氏族产生后，婚姻发展为族外婚，婚姻的双方分属于不同的氏族，子女只能成为母方氏族的成员，但同一部落的氏族之间可以通婚。与血缘群婚制相比，亚血缘群婚制是一个重大的进步，但仍然是自然选择规律发生作用的结果。

（二）对偶婚制

随着两性和血缘关系社会形式的发展变化，群婚制下的各种婚姻禁例越来越多，越来越严格，一男一女对偶同居的现象逐渐被习惯、道德固定下来，对偶婚制取代了群婚制。对偶婚，是指在或长或短的时期内由一男一女组成配偶的婚姻，是人类社会的第二个婚姻家庭形式。具体而言，就是成对配偶在一定时间内保持相对稳定的两性同居生活，一个男子在许多妻子中只有一个主妻，一个女子在许多丈夫中只有一个主夫。这种婚姻与群婚相比，相对比较稳定；但与后来的一夫一妻制相比，又显得很脆弱，易被一方或双方破坏。因此，对偶婚既有群婚制的特点，也是一夫一妻制的雏形，它是从群婚制向一夫一妻制发展的过渡形式。

对偶婚产生于母系氏族阶段后期，婚姻家庭以女子为中心，实行族外婚，婚嫁形式是女娶男嫁，夫从妻居。我国云南省永宁地区的纳西族，在民主改革前长期盛行的阿注婚就是一种对偶婚。在壮族等少数民族地区，1949年前通行的女方生育前不落夫家的习俗在一定程度上反映了对偶婚的遗迹。对偶婚给家庭带来了新的变化，过去是集团婚，子女只认其母，不认其父，现在子女也能判明生父了，这就在血缘结构上为父系氏族和一夫一妻制的产生创造了条件。

（三）一夫一妻制

一夫一妻制又称个体婚制，是指一男一女结为夫妻的婚姻制度。一夫一妻制是在对偶婚的基础上发展而来的，但它又不同于对偶婚。对偶婚关系比较松散，可随意解除。一夫一妻制的夫妻关系较为稳固，当事人不能任意解除。在一夫一妻制中，婚姻内在地要求配偶双方以永久共同生活为目的。历史意义上的一夫一妻制是相对于群婚制和对偶婚制而言

---

① 《马克思恩格斯选集》第4卷，人民出版社1995年版，第38页。

的婚姻家庭制度，是对阶级社会以来婚姻家庭制度的总称。

原始社会中的两性和血缘关系的社会形式，是同原始社会的公有制生产关系的一定发展阶段相适应的，对偶婚制已经成为它的极限。一夫一妻制是随着原始社会的崩溃和私有制的确立而产生的。恩格斯在《家庭、私有制和国家的起源》中指出："专偶制是不以自然条件为基础，而以经济条件为基础，即以私有制对原始的自然产生的公有制的胜利为基础的第一个家庭形式。丈夫在家庭中居于统治地位，以及生育只是他自己的并且应当能继承他的财产的子女，——这就是希腊人坦率宣布的个体婚制的唯一目的。"① 生育只是他自己的并且应继承他的财产的子女是私有制社会中一夫一妻制的本质。私有制的形式不同，一夫一妻制也经历了不同的历史发展阶段。一夫一妻制是随着私有制的出现和阶级的形成而产生的，正如恩格斯所说："专偶制从一开始就具有了它的特殊的性质，使它成了只是对妇女而不是对男子的专偶制。"② 奴隶社会、封建社会和资本主义社会的婚姻家庭制度皆是"一夫一妻制"的具体历史形态。它们既具有共性又各具特色，奴隶社会的一夫一妻制是父权统治，表现为公开的包办买卖婚姻、男尊女卑、野蛮的多妻制、妻子儿女处于无权地位；封建制的一夫一妻制的特点就是一夫一妻多妾制，封建社会的一夫多妻主要是通过纳妾的方式实现的；资本主义社会以形式上的男女平等掩盖事实上的不平等，一夫一妻制是以通奸、卖淫作为补充的。总之，私有制下的一夫一妻制，虽然有某些差别，但无本质上的不同，它们不可能实现真正的男女平等的一夫一妻制。

恩格斯曾预言："随着生产资料转归社会所有……专偶制不仅不会灭亡，而且最后对于男子也将成为现实。"③ 社会主义社会的婚姻家庭制度是真正意义上的男女平等的一夫一妻制。它是建立在生活资料公有制为主的基础上的，与私有制社会的一夫一妻制具有本质上的不同，其建立与发展，体现了人类婚姻家庭制度上的伟大变革。社会主义社会的婚姻家庭制度具有婚姻自由、一夫一妻、男女平等及保护妇女、未成年人、老年人、残疾人合法权益的基本特征。

四、婚姻家庭的社会职能

婚姻家庭在人类生产、生活与社会发展中，担负着一定的社会职能，起到一定的社会作用。婚姻家庭的社会职能是其产生和存在的客观依据，是"同性婚"、非婚同居、与婚外异性同居等其他两性和血缘关系的社会形式不能将其取代的重要理由。"无论时代如何变化，无论经济社会如何发展，对一个社会来说，家庭的生活依托都不可替代，家庭的社会功能都不可替代，家庭的文明作用都不可替代。"④ 婚姻家庭的社会职能是其本质在社会生产和社会生活中的外部表现，亦是婚姻家庭与社会联结的环节。认识婚姻家庭的社会职能，对于深入理解婚姻家庭的本质，准确把握婚姻家庭制度的形成和发展均有十分重要的现实意义。

---

① 《马克思恩格斯选集》第 4 卷，人民出版社 1995 年版，第 62~63 页。
② 《马克思恩格斯选集》第 4 卷，人民出版社 1995 年版，第 60 页。
③ 《马克思恩格斯选集》第 4 卷，人民出版社 1995 年版，第 74 页。
④ 《习近平谈治国理政》第 2 卷，外文出版社 2017 年版，第 353 页。

在不同社会制度下，婚姻家庭职能呈现出不同的特点。一夫一妻制形成以后的个体家庭具有下列职能：

（一）实现人口再生产的职能

人类的生产活动由两方面构成：一方面是生活资料的生产；另一方面是人类自身的生产，即种的繁衍。以两性结合和血缘联系为自然条件的婚姻家庭，作为人口生产的单位是其自然属性的具体表现。虽然在现代社会人工生育技术使无性生育成为可能，也有部分"丁克"家庭（英文为 Double incomes no kids，即不生育子女而只有夫妻的家庭）的存在，但由于传统观念、技术条件、经济条件、社会心理、法律限制等原因，现代社会中的人口再生产仍然主要通过婚姻家庭来完成。

（二）组织消费的职能

在社会经济生活中，家庭总是承担着一定的经济职能，包括组织生产和组织消费。在奴隶社会和封建社会，家庭曾经是组织生产和消费的基本单位。随着社会的发展，商品经济的发达及社会多层次结构的形成，家庭的组织生产和消费双重职能逐渐向单一的组织消费职能过渡。家庭是共同生活的成员享有法定权利、承担法定义务的亲属共同体。家庭成员的主要权利义务就是抚养、扶养和赡养，所有的家庭几乎无一例外地是生活消费的经济单位。当然，在我国当今社会，个体经济得到充分的恢复发展，特别是家庭联产承包责任制的出现，部分家庭的生产职能出现回归并在一定程度上得以强化。

（三）子女教育职能

家庭教育是教育系统的重要组成部分。在我国封建社会，家庭教育在教育体系中具有举足轻重的作用。在资本主义社会，学校教育及其他机构教育有了很大的发展，但家庭教育与个人的成长仍有很密切的关联。中华人民共和国成立后，我国的社会主义教育事业有了极大的发展。在社会主义制度下，应将家庭教育、学校教育及其他社会教育有机结合起来。家庭教育有其独到之处，因父母子女关系具有天然的血缘关系，从而为教育子女提供了极为有利的条件，这是其他教育无法替代的优势。家庭是儿童最初认识世界的实践场地，父母是子女的第一任老师。习近平总书记特别重视家庭教育，指出："家庭是人生的第一个课堂，父母是孩子的第一任老师。……家庭教育涉及很多方面，但最重要的是品德教育，是如何做人的教育。"① 在家庭中，父母的行为对子女思想、品质和性格的形成具有潜移默化的影响。家庭教育应以有理想、有道德、有文化、有纪律为教育的内容。在教育子女的过程中，应避免陷入溺爱与粗暴、只重知识教育忽略思想品德教育、只重言教而忽略身教的误区。认识并重视发挥家庭的教育职能对培养与造就新的一代，具有十分重要的现实意义与深远的历史意义。

第二节　婚姻家庭法概说

【案例 1-3】"北某云某"出生于 2009 年 1 月 25 日，其父亲名为吕某，母亲名为张某。因酷爱诗词歌赋和中国传统文化，吕某夫妇二人决定给爱女起名为"北某云某"。吕

---

① 《习近平谈治国理政》第 2 卷，外文出版社 2017 年版，第 354 页。

某夫妇称"北某云某"取自四首著名的中国古典诗词，寓意父母对女儿的美好祝愿，"北某"为姓，"云某"为名。2009 年 2 月，吕某前往燕山派出所为女儿申请办理户口登记，民警告知拟被登记人员的姓氏应当随父姓或者母姓，即姓"吕"或者"张"，否则不符合办理出生的登记条件，不予登记。吕某夫妇不认可民警的说法，决定通过诉讼维护自己的权益。

任务：请回答本案当事人应当提起民事诉讼还是行政诉讼？

一、婚姻家庭法的概念

规范婚姻家庭关系的法律规范历史上由来已久，但是在不同的历史时期、不同的国家和地区具有不同的地位、形式、名称和结构。中华人民共和国成立之后，根据革命根据地时期形成的立法经验，并受苏联立法模式的影响，于 1950 年颁布实施《中华人民共和国婚姻法》，确立了"婚姻法"之名，并确立了其独立地位。这时的"婚姻法"不仅调整婚姻关系还调整家庭关系，与现在的婚姻家庭法概念相同。2020 年 5 月通过的《中华人民共和国民法典》第 5 编，以"婚姻家庭"命名，至此在立法上又形成了"婚姻家庭法"的命名形式。尽管婚姻家庭法在不同时代、不同国家出现不同的立法体例、表现形式和调整范围，但这并不影响对其内容作出全面的抽象概括。所谓婚姻家庭法，是指调整婚姻家庭关系的法律规范的总和。婚姻家庭法包括婚姻家庭关系的全部准则，这一概念包括以下几层含义：

（一）我国婚姻家庭法调整对象的范围既包括婚姻关系又包括家庭关系

《民法典》第 1040 条明确婚姻家庭编"调整因婚姻家庭产生的民事关系"。这一界定表明我国婚姻家庭法调整对象的范围包括婚姻关系和家庭关系。婚姻的建立必然导致家庭的产生，家庭关系是伴随着婚姻关系的产生而产生的。婚姻关系和家庭关系之间存在着内在的、不可分割的联系。

（二）婚姻家庭法是指我国现行法律体系中调整婚姻家庭关系的法律规范的总和

我国婚姻家庭法应该是《民法典》和现行法律体系中所有调整婚姻家庭关系的法律规范的总和。它是一个相互联系的、多层次的、具有不同表现形式的法律规范的体系。《民法典》婚姻家庭编只是调整婚姻家庭关系的基本准则，并非全部规范。婚姻家庭法不仅包括《民法典》婚姻家庭编的法律规范，还包括以其他名称出现的有关婚姻家庭的法律、相关的法规以及大量的司法解释，它们共同构成一个相互联系、多层次、具有不同表现形式的规范系统。

（三）婚姻家庭法属于实体法

根据法律规定内容的不同，法律可以划分为实体法和程序法。实体法是以规定和确认权利和义务、职权和责任为主要内容的法律，程序法是以规定保证权利和职权得以实现或行使，义务和责任得以履行的有关程序为主要内容的法律。婚姻家庭法主要是规定婚姻家庭关系中平等主体的实体性权利义务关系的法律规范，应当归位于实体法。当然，婚姻家庭法属于实体法，并不排斥婚姻家庭法中存在部分带有操作程序性质的规范。

二、婚姻家庭法的调整对象

并不是所有与婚姻家庭有关的纠纷都是由婚姻家庭法来调整的，婚姻家庭法的独立性就是由它特定调整对象决定的。婚姻家庭法的调整对象可以概括为婚姻关系和家庭关系。婚姻关系和家庭关系是既有密切联系又有区别的社会关系。

（一）从调整对象的范围来看，婚姻家庭法既调整婚姻关系，又调整家庭关系

首先，婚姻家庭法调整婚姻关系。它既包括婚姻关系发生、变更和终止的动态全过程，又包括由该动态过程所形成的当事人之间的静态的权利和义务关系。具体而言，既包括婚姻关系的缔结即结婚的成立和生效，婚姻关系的终止即一方死亡或双方离婚，又包括夫妻的权利义务、法律地位。

其次，婚姻家庭法调整家庭关系。家庭关系既包括家庭关系发生、变更和终止的动态全过程，又包括由该动态过程所形成的家庭成员之间的静态的权利和义务关系。收养关系是因法律拟制而形成的家庭关系。收养关系虽自成一个较独立的系统，但其性质仍应归属于家庭关系范围。因此，《民法典》将收养关系的法律规范纳入"婚姻家庭"编，作为其一个组成部分。有关收养的原则、条件、程序以及收养解除的条件、程序和效力既由收养部分作出特殊规定，同时又由婚姻家庭法一般性规范调整，特别是收养的效力主要适用婚姻家庭法中家庭关系的一般规定。严格地说，家庭关系包括婚姻关系，只是因为婚姻关系具有特殊重要的地位，而被单列出来。

（二）从调整对象的性质来看，婚姻家庭法既调整婚姻家庭关系主体之间的人身关系，又调整婚姻家庭关系主体之间的财产关系

婚姻家庭法的主要内容是婚姻家庭关系主体间的人身及财产两方面的权利义务关系。婚姻家庭关系的主体是地位平等的主体，但婚姻家庭关系主体之间的权利义务关系明显有别于其他的平等主体之间的法律关系。在婚姻家庭法律关系中，人身关系居于主导地位，财产关系以人身关系为先决条件，居于从属地位。婚姻家庭法在性质上属于身份法而非财产法。

所谓婚姻家庭法中的人身关系，是指存在于具有特定亲属身份的主体之间，其本身并不直接体现经济内容，而是以婚姻家庭关系中人格利益和身份利益为标的的法律关系。这里所指的身份和人格利益包括配偶身份、父母子女身份、祖孙身份等。婚姻家庭法中的人身关系表现为根据一定的法律事实而产生的某种法律所确认的身份，婚姻家庭法不仅对其形成、变更、消灭进行确认，而且对其相应的权利义务加以明确。身份关系在婚姻家庭关系中具有重要的作用，夫妻关系、父母子女关系及其他家庭成员之间的关系与其特定身份是不可分离的，不具备这种身份，他们之间的权利义务关系也就无从谈起。

所谓婚姻家庭法中的财产关系，是指存在于具有特定亲属身份的主体之间，以人身关系为前提的，直接体现一定经济内容的法律关系。婚姻家庭法中的财产关系主要包括家庭成员之间的扶养关系，共同共有财产关系，清偿共同债务关系等内容。在婚姻家庭关系中，财产关系是由人身关系派生出来的，不能脱离人身关系而独立存在，其产生与终止以人身关系的产生和终止为前提。

案例 1-3 涉及北某云某与燕山派出所之间的行政法律关系，不是婚姻家庭法律关系。

婚姻家庭法调整的法律关系，主体是平等的。本案中诉讼双方为原告"北某云某"和被告燕山派出所，原告与被告之间存在管理与被管理的关系，不是平等的关系。原告起诉被告的依据应当是行政法律规范，与本案相关的婚姻家庭法律规范只是燕山派出所作出行政行为的依据，不是原告起诉的依据。因此，针对该纠纷，原告只能提起行政诉讼而不能提起民事诉讼。

三、婚姻家庭法的特征

婚姻家庭法调整对象范围和性质的特定化，不仅决定了婚姻家庭法作为身份法的属性，而且使婚姻家庭法与其他法律相比，具有下列特征：

（一）适用范围上的普遍性

婚姻家庭法的适用范围极为广泛，婚姻家庭法的普遍性仅次于宪法。婚姻家庭关系是一种最广泛、最普遍的社会关系。每一个社会成员不论男女老幼，也不论有无子女均以亲属中的一个特定实体的形式而存在，因此都要受到婚姻家庭法的调整。婚姻家庭法适用范围上的普遍性还体现在它是适用于我国全体公民的普通法，而不是适用部分公民的特别法。

（二）内容上的伦理性

在现实生活中，婚姻家庭关系既受法律规范的调整，亦受道德规范的调整，很多婚姻家庭立法本身直接体现道德规范的要求。与其他法律相比较，伦理性成为婚姻家庭法最显著的特点。马克思在《论离婚法草案》中指出："尊重婚姻，承认它的深刻的合乎伦理的本质。"① 如果立法者不把婚姻看作是一种合乎伦理的行为，就忽视了婚姻的本质。因此婚姻家庭法规定的法律主体之间的权利义务关系都是以该社会存在的伦理道德规范作为基础的。我国婚姻家庭法规定的当事人之间的权利义务关系就充分体现了社会主义的伦理道德观念。婚姻家庭法的某些条款，可以称之为道德化的法律或法律化的道德。比如《民法典》规定收养关系解除后，收养人抚养长大的被收养人，仍然应当对没有经济来源又没有劳动能力的收养人支付生活费，其目的就是从法律的层面促进社会公平。

（三）权利义务上的强制性

强制性是指法律规定的权利义务具有肯定性，当事人双方不得自行更改或通过协议加以改变。按照现代的法治理念，意思自治是调整平等主体之间社会关系的主要手段，任意性规范应当是法律规定的主体。强制性规定多是用于调整具有管理和被管理关系的主体之间关系的手段。然而，在婚姻家庭法律关系中，为使婚姻家庭与社会利益得到切实保障，婚姻家庭法对于平等主体之间的规定却以强制性规范为主，现行婚姻家庭法当中，80%的条文都是纯粹的强制性规定。

婚姻家庭法的强制性规范主要表现在两个方面：其一，当事人实施一定的法律行为时，必须依照法律规定的条件和程序进行，否则不发生法律效力。比如结婚、通过行政程序离婚、收养等法律行为必须经过登记。其二，法律规定的当事人之间的强制性义务必须履行，当事人不得自行改变或通过约定加以改变。当一定的婚姻家庭法上的事实出现，便

---

① 《马克思恩格斯全集》第 1 卷，人民出版社 1995 年版，第 349 页。

在主体之间产生一定的权利和义务，这种法律后果是由法律预先指明的，主体不得通过约定加以改变。比如缔结婚姻、成立收养，都不允许附加条件和期限；亲属之间的权利与义务带有浑然一体不可分割的属性。婚姻家庭法的条文多用"必须""应当""禁止"等术语。当然，婚姻家庭法还有小部分任意性规范，如子女姓氏确定问题、夫妻财产的约定问题、离婚后子女抚养问题等。处理这类问题当事人以有关原则或规定作为依据可以自由约定和选择。

四、婚姻家庭法法律地位的历史沿革

从奴隶社会开始，各国均对婚姻家庭制度通过立法的形式加以规范。在不同的历史时代、不同的国家，婚姻家庭法在整个法律体系当中的地位是不同的，从婚姻家庭法立法体例的历史沿革的视角界分，婚姻家庭法发展大体经历了三个阶段。

（一）诸法合体时期的古代婚姻家庭法

所谓诸法合体就是把调整不同社会关系的法律统一在一个法律当中。这种法律内容庞杂，包罗万象，并且刑民不分、实体法与程序法不分，以刑法为主，又包括民事方面的内容，制裁方法也多以刑代民。我国历代王朝的律例亦多采用这种立法模式。如我国唐律主要规定了犯罪、刑罚及行政制度、司法制度，同时还规定了财产关系、亲属关系、土地、户籍、税收等。唐律中的"户婚"一篇即是调整婚姻家庭关系的。世界古代也多采用诸法合体的形式，如古巴比伦的《汉穆拉比法典》是世界上最古老、最完备的奴隶制法典，有关的婚姻家庭法规就混杂在第282条当中。古罗马帝国制定《十二铜表法》，后来制定《查士丁尼国法大全》，虽然古罗马比同时代的其他国家有更为完备、科学的民法典，对法律进行了公法、私法的划分，但总体上看其婚姻家庭立法仍然没有突破诸法合体这一古老、原始的立法模式。

这一时期的婚姻家庭法具有三个显著的特征：一是婚姻家庭法混杂于其他法律规范之中，内容不充分、不完备；二是普遍用刑罚方法处理婚姻家庭方面违反法律规定的行为；三是婚姻家庭法对其他社会规范的依赖性较大，婚姻家庭领域中宗教、道德、习惯等社会规范的作用明显。

（二）附属于民法的近代婚姻家庭法

随着社会及商品经济的迅速发展，特别是随着资本主义法制的形成与成熟，出现了将诸法合体的法律体系划分为若干法律部门的客观需求。在资产阶级法律部门分立过程中，首先划分出了实体法和程序法，随后在实体法中分列出刑法和民法，以及国家法、行政法、国际法等法律部门。罗马法最早将法律划分为公法和私法，民法就是保护个人利益的私法。婚姻家庭历来被认为是个人私事，婚姻家庭法成为私法的一部分。近代大陆法系各资本主义国家的婚姻家庭法多沿袭罗马法，将婚姻家庭法作为民法的一部分，而附属于民法，如法国、德国等。在英美法系的国家中，虽无统一编制的民法典，有关婚姻家庭的法律同样被认为是民法的组成部分。

（三）形成独立法律部门的社会主义婚姻家庭法

马克思主义认为婚姻家庭关系是社会关系的一部分，不能将婚姻家庭关系与整个社会关系割裂开，单纯地看成自己的私事；婚姻家庭关系主要是一种人身关系，而非财产关

系。正因为马克思主义和资产阶级对婚姻家庭性质有着截然不同的看法，十月革命后，婚姻家庭法在社会主义国家中的地位发生了根本的变化。以苏联的十月革命为开始，婚姻家庭法成为一个独立的部门法。苏联 1918 年的《俄罗斯联邦户籍登记、婚姻、家庭和监护法典》和 1926 年的《俄罗斯联邦婚姻、家庭和监护法典》明确肯定了婚姻自由、男女平等、一夫一妻等原则，婚姻家庭法摆脱了对民法的依附地位而独立存在，从而开创了婚姻家庭法历史发展的新时期。第二次世界大战后，东欧各社会主义国家相继颁布了婚姻法或婚姻家庭法典。我国于 1950 年通过了《中华人民共和国婚姻法》，又分别于 1980 年、2001 年对其进行修改。我国《婚姻法》条文虽少，但也是独立的法律部门。婚姻家庭法之所以成为独立的法律部门，是因为它有独立的调整对象，即婚姻关系和家庭关系。在社会主义社会，婚姻家庭关系主要体现为一种人身关系，财产关系则是以人身关系为前提派生出来的，处于次要地位。从某种角度而言，婚姻家庭法是身份法，而非财产法，因此婚姻家庭法明显区别于民法，是一个独立的部门法律。

在社会主义国家，婚姻家庭法一开始即作为独立法律部门存在，婚姻家庭法不同于一般私法的特殊性受到了人们的普遍重视。在我国，随着社会主义法治建设的发展，历史条件下形成的婚姻家庭法作为独立的法律部门的形式，暴露出一定的局限性。我们既应当重视婚姻家庭法的特殊性，又不能完全否定婚姻家庭法与民法其他部分的联系。2020 年 5 月，我国《民法典》编纂完成并公布。《民法典》全面构建了中国特色社会主义民法体系，将婚姻家庭法纳入民法部门，调整婚姻家庭关系的规范成为《民法典》中独立的一编。将婚姻家庭法纳入民法部门，并不意味着抹杀了婚姻家庭法的特殊性，我国现行的婚姻家庭法在民法部门中具有相对特殊的性质。

第三节 我国婚姻家庭立法的发展

一、中国封建社会婚姻家庭法的基本特征

从春秋战国时期我国便进入了封建社会。封建社会的婚姻家庭制度在我国持续了几千年之久，从总体上看，婚姻家庭的立法形式属于诸法合体的立法体例。婚姻家庭关系主要是由维护宗法制度的礼制和为统治阶级所认可的习惯来调整。刑居于辅助地位，在礼的指导下对已然发生的犯罪进行制裁。封建的婚姻家庭制度是建立在封建主义私有制基础上的，受封建的政权、族权、神权及夫权的联合支配。中国封建社会婚姻家庭制度的基本特征主要体现在下列几个方面：

（一）封建的包办强迫婚姻

在封建社会，"父母之命、媒妁之言"是婚姻缔结的必要条件。婚姻由父母包办，当事人只能顺从，不能反抗。如唐律规定，"凡嫁娶皆由祖父母、父母主婚，祖父母、父母俱无者，从余亲主婚"。同样，男女双方也不能自由决定解除婚姻关系。从封建统治者主张包办婚姻的目的来看，结婚不是为了爱情而是为了合两家之好，为了传宗接代。因而婚姻与爱情是分离的，"门第高低，财产多寡"正是封建社会成立和维持婚姻关系的实际内容与要求。

（二）男尊女卑、一夫多妻

在宗法制度下，妇女在社会上和家庭中都处于无权地位。在旧中国，统治者主张男女有别，即男尊女卑、男主女从、男天女地等。在夫妻关系上，"夫为妻纲"的夫权统治被视为天经地义，"三从四德"是束缚妇女的精神枷锁。由于男女两性地位的不平等，一夫一妻制仅是片面要求妻子的，在封建社会实行的是一夫一妻多妾制。纳妾是合法的，且带有等级制的特点。

（三）家长专制、漠视子女利益

封建婚姻家庭制度的核心是封建家长制，从国家到家庭实行的都是家长统治。根据封建礼法，一家之内，家长拥有至高无上的权利，子女必须绝对顺从家长的意志。子女既无人身权利，亦无财产权利。这种专制的父母子女关系不仅为封建礼教所宣扬，同时也得到了法律的承认。封建法律规定，父母在，子女不得别籍异财；父母必要时得惩戒其子女。

二、中国半殖民地、半封建社会的婚姻家庭立法

（一）清末、北洋军阀政府及国民党政府的亲属立法

我国近代的亲属立法，从清末开始。鸦片战争以后，中国逐步沦为半殖民地、半封建社会。1910年（宣统二年）颁行的《大清现行刑律》是一部向近代婚姻家庭立法的过渡型法律。《大清现行刑律》仍然采用诸法合体的形式，但在婚姻、家庭、继承和其他民事方面的规定，已不再具有刑罚方面的内容。夫妻关系的具体规定仍沿用了明律、清律，肯定包办婚姻与纳妾，也有"七出"的规定。

1911年（宣统三年）起草《大清民律草案》是制定真正的近代化婚姻立法的尝试。《大清民律草案》是旧中国第一部独立的民法草案，由当时法律修订会馆与礼学馆共同起草，但未及实行，清朝已亡。《大清民律草案》的编制大体上以德、日等国的民法典为蓝本，其中设有亲属一编。当然，《大清民律草案》还是保留了历代封建法律中的某些内容。1915年，北洋政府制定《民律亲属编（草案）》，也未实行。这个草案与《大清民律草案》一样，在夫妻关系的规定上有一些进步，但仍具有浓厚的封建色彩。

国民党政权于1930年12月26日公布了《中华民国民法》，自1931年5月5日起施行。在婚姻家庭方面的立法专列一编，作为"民法·亲属编"。全编分为通则、婚姻、父母子女、监护、扶养、家和亲属会议，计7章171条。它大量抄袭德国、日本的民法典的规定，从形式上看，体现了男女平等、夫妻平等，并在大都市里得到一定程度的落实。但是，它在中小城市及广大农村并没有有效地解决早婚、纳妾、童养媳、封建式家庭等问题，而且从法律本身来看，某些规定也保留着一定的旧的、封建的色彩，仍然维护了旧的家庭制度，维护了夫妻关系的不平等。

（二）1949年前革命根据地的婚姻家庭立法

婚姻家庭制度的改革是中国革命的重要组成部分。中国婚姻家庭制度的改革经历了曲折的发展历程。中国共产党自1921年诞生之后，就坚持不懈地改革旧的封建主义的婚姻家庭制度，同时创立新的婚姻家庭制度。中国共产党领导的苏区立法所确立的婚姻制度，与国民党政府的制度相比，毛主席说"是两个绝对相反的世界"。1927年以后，许多革命根据地先后颁布了取缔娼妓制度、实行男女平等、禁止买卖婚姻等决议和命令。

1931 年的《中华苏维埃共和国宪法大纲》、1931 年 12 月 1 日中央苏维埃政府颁布的《中华苏维埃共和国婚姻条例》及关于该条例的决议，为我国的婚姻制度翻开了崭新的一页。1934 年 4 月 8 日中央苏维埃政府重新颁布了《中华苏维埃共和国婚姻法》，共 6 章 21 条。其主要内容确立了婚姻自由、男女平等、一夫一妻制，特别保护妇女和子女的合法权益的原则；规定了结婚、离婚的条件和程序；对军婚实行特别保护。这部法律文件是适用于全国一切革命根据地的统一的婚姻立法，它是我国早期第一部较完整的婚姻立法，同时成为以后各革命根据地及解放区的婚姻立法的蓝本。在抗日战争和解放战争时期，随着革命的逐步胜利和广大妇女政治、经济地位的提高，婚姻家庭制度的改革取得了很大的进展。各革命根据地、解放区先后颁布了一系列的地区性的婚姻条例，如 1942 年 1 月公布的《晋冀鲁豫边区婚姻暂行条例》、1946 年公布的《陕甘宁边区婚姻条例》。这一时期婚姻立法的基本原则与苏区的婚姻立法完全一致，极大丰富了我国婚姻立法的内容，对促进妇女解放、改善婚姻家庭关系起了重大的推动作用，并为中华人民共和国成立后从根本上改变婚姻家庭制度积累了宝贵的经验。

中华人民共和国成立前革命根据地的婚姻家庭法的制定、贯彻和执行，实现了我国对封建主义婚姻家庭制度的初步改革。这是我国社会主义婚姻家庭法发展的第一个阶段。在这一时期，改革的基本思想尽管不是很完善与成熟，改革也尚未在全国普遍推行，但它从根本上动摇了封建的婚姻家庭制度，为社会主义婚姻家庭制度的建设作了重要的准备。

三、中华人民共和国婚姻家庭立法

（一）1950 年《中华人民共和国婚姻法》的颁行与贯彻

1949 年 10 月 1 日中华人民共和国的建立，标志着我国从新民主主义革命进入新的社会主义革命时期，从此社会主义婚姻家庭立法的发展步入一个新的历史阶段。1950 年 4 月 30 日，中央人民政府公布《中华人民共和国婚姻法》（以下简称《婚姻法》），自 1950 年 5 月 1 日起施行，这是中华人民共和国成立后颁布的第一部法律，是国家在全国范围内改革旧的婚姻家庭制度的重大立法措施。1950 年《婚姻法》主要以调整婚姻关系为主，同时对家庭关系也作了一些规定，有总则、结婚、夫妻间的权利和义务、父母子女间的关系、离婚、离婚后子女的抚养和教育、离婚后的财产和生活、附则，共计 8 章 27 条。"实行男女婚姻自由、一夫一妻、男女权利平等、保护妇女和子女合法利益的新民主主义婚姻制度。"这既是立法的根本宗旨，又确定了婚姻家庭法的基本原则。重婚、纳妾、童养媳、干涉寡妇婚姻自由和借婚姻索取财物等，都是旧社会婚姻家庭制度的产物，《婚姻法》明确予以禁止。

1950 年《婚姻法》的颁行标志着我国婚姻家庭制度的改革走向深入，走向成熟。1950 年《婚姻法》的基本精神就是废旧立新，废除旧的封建主义的婚姻家庭制度，建立和发展新的社会主义的婚姻家庭制度。1950 年《婚姻法》的颁布有力地打击了旧的婚姻家庭制度，并取得了可喜的成绩，但旧制度、旧思想、旧习俗的影响还十分深远。为进一步排除干扰，进一步巩固婚姻家庭制度的改革成果，党和政府在 1952 年和 1953 年先后 3 次发出贯彻《婚姻法》的指示，并把 1953 年 3 月作为贯彻《婚姻法》的运动月。这次贯彻《婚姻法》运动从法律上彻底废除了封建主义的婚姻家庭制度，取得了中华人民共和国成立初期婚姻家庭制度改革的决定性胜利。事实证明，1950 年《婚姻法》为建立一个全新的社会主义婚姻家庭制度奠定了坚实的理论基础与历史基础。

（二）1980 年《婚姻法》是 1950 年《婚姻法》的继续和发展

我国婚姻家庭制度的改革不是一帆风顺的，而是一个长期斗争的过程。自中华人民共和国成立至 20 世纪 70 年代后期的几十年，我国社会生活的各个领域发生了很大变化。婚姻家庭领域呈现出不少新的问题，比如封建婚姻开始回潮，包办买卖婚姻、换亲、转亲、干涉婚姻自由的现象比较突出，道德水平下降；因受一些不良思潮的影响，社会上轻率对待婚姻家庭问题、结婚时铺张浪费、家庭中不赡养老人的现象比较严重；法制观念淡漠，分不清合法与非法的界限。为适应国家发展的新形势，更好地调整新时期人们的婚姻家庭关系，国家于 1978 年年底成立了修改《婚姻法》小组，对 1950 年《婚姻法》进行了修订，新的《婚姻法》于 1980 年 9 月 10 日公布，并自 1981 年 1 月 1 日起正式实施。

1980 年《婚姻法》是在 1950 年《婚姻法》的基础上修改而成的，是 1950 年《婚姻法》的继续和发展。它继承了 1950 年《婚姻法》行之有效的部分，并且根据现实情况在 1950 年《婚姻法》的基础上进行了适当的补充和修改。这一发展主要体现在以下几个方面：

1. 补充和完善了婚姻家庭法的基本原则

1950 年《婚姻法》规定了四项基本原则。1980 年《婚姻法》除保留这四项基本原则外，对第四项基本原则进行了完善，增加了保护老人的合法权益的内容，从而将保护妇女、儿童合法权益的原则扩大为保护妇女、儿童、老人合法权益的原则。1980 年《婚姻法》根据现实需要，增加了一条原则即实行计划生育的原则。在保障这些原则实施的规定中，1980 年《婚姻法》增加了禁止包办买卖婚姻和禁止家庭成员间的虐待和遗弃的内容。

2. 对结婚条件进行了两点修改

（1）提高了法定婚龄。1980 年《婚姻法》将 1950 年《婚姻法》中规定的法定婚龄男性为 20 岁、女性为 18 岁提高到男性为 22 周岁、女性为 20 周岁。（2）明文禁止三代以内旁系血亲间结婚。1950 年《婚姻法》仅对五代以内旁系血亲是否结婚作了从习惯的规定。1980 年《婚姻法》则明文禁止三代以内旁系血亲间结婚。

3. 扩大了对家庭关系的调整范围

1950 年《婚姻法》仅规定了夫妻间、父母子女间的权利义务关系。1980 年《婚姻法》将祖父母、外祖父母与孙子女、外孙子女，兄弟姐妹间的关系列入了法律的调整范畴。

4. 增补了离婚方面的条款

其内容涉及判决离婚的法定条件、离婚的法律程序以及离婚后子女的抚育、财产和生活等诸多方面。1950 年《婚姻法》关于离婚问题仅规定："男女一方坚决要求离婚的，经区人民政府和司法机关调解无效时，亦准予离婚。"可见，1950 年《婚姻法》对判决离婚的法定条件未作出明确规定。1980 年《婚姻法》增加了判决离婚的法定条件，即夫妻感情确已破裂、调解无效。1980 年《婚姻法》增加了一方要求离婚可以直接向人民法院起诉的程序规定。1980 年《婚姻法》对 1950 年《婚姻法》中离婚后子女的抚育、财产和生活等内容，进行了增补和完善。

1980 年《婚姻法》的出台，标志着我国婚姻立法进入新的历史发展阶段。这是婚姻家庭法走向成熟的时期。

（三）2001 年对《婚姻法》的修正

20 世纪 90 年代以来，经济逐步实现转型，家庭生活的变化呈现出多元化趋势。修正《婚姻法》，调整婚姻家庭领域出现的新问题与新情况，成为重要而紧迫的任务。2001 年 4 月 28 日，第九届全国人民代表大会第二十一次常委会通过了《中华人民共和国婚姻法》（修正案），于 2001 年 4 月 28 日公布并施行。与 1980 年《婚姻法》相比，这一修正案的修改与完善，主要体现在下列问题上：

1. 基本原则得到了强化与完善

（1）在原则中增加了"禁止家庭暴力"。2001 年《婚姻法（修正案）》明确规定了禁止家庭暴力。2001 年 12 月 25 日最高人民法院公布的《关于适用〈中华人民共和国婚姻法〉若干问题的解释（一）》第 1 条明确界定了家庭暴力的概念，并使之与虐待有所区别。

（2）在原则中增加了禁止有配偶者与他人同居。在 1980 年《婚姻法》中规定了禁止重婚，有配偶者与他人同居的行为没有被列入禁止之列。而有配偶者与他人同居与重婚是既有联系又有区别的两个概念，2001 年《婚姻法（修正案）》明确规定了禁止有配偶者与他人同居。

2. 在总则中增加了夫妻应互相忠实的规定

在近代，男女平等原则的提出，使夫妻间互相忠实已成为夫妻结合的基本条件。法国民法、意大利民法、瑞士民法以及瑞典的婚姻家庭法都明确规定忠实为夫妻互负的义务。我国司法实务中发现婚外恋、第三者插足等破坏夫妻互相忠实观念的现象已经较为严重。因此，2001 年《婚姻法（修正案）》增设这一规定作为一夫一妻原则的补充。

3. 增加了无效婚姻与可撤销婚姻制度

2001 年《婚姻法（修正案）》首次提出无效婚姻概念。结婚时存在重婚、有禁止结婚的近亲关系、婚前患医学上认为不应结婚疾病、未达到结婚年龄等严重不符合结婚条件的，婚姻将被认定为无效。《婚姻法（修正案）》还规定可撤销婚姻的概念，对因胁迫而结婚的，受胁迫的一方有权撤销该婚姻。《婚姻法（修正案）》采用了双轨无效婚姻制度，使结婚制度更为科学与完善。

4. 在家庭关系方面，增加了夫妻个人特有财产制，完善了祖孙关系和兄姐与弟妹的关系

2001 年《婚姻法（修正案）》缩小了夫妻共同共有财产的范畴，增加了个人特有财产制，细化了财产约定的规定，使夫妻财产制更为公正。1980 年《婚姻法》没有规定成年孙子女、外孙子女对孤独无依的祖父母、外祖父母赡养的条件以及成年弟妹对老年兄姐扶养的条件，最高人民法院用司法解释的形式对这项内容进行了补充。2001 年《婚姻法（修正案）》将该司法解释纳入法律当中，增强了法律的可操作性。

5. 对离婚制度进行了修改与完善

（1）离婚标准改用例示性立法模式。1980 年《婚姻法》关于离婚标准仅是概括性的

规定，2001 年《婚姻法（修正案）》在保留原离婚标准的基础上，同时规定了五种情况来认定夫妻感情是否确已破裂。离婚标准更具本土化、科学化，并且更符合国际婚姻立法发展的趋势。

（2）增设了离婚后不直接抚养子女的父或母对子女探望权的内容。

6. 增加离婚损害赔偿制度

家庭暴力、重婚、通奸、恶意遗弃等原因造成的离婚中，无过错方往往身心备受伤害，却极少有受害方离婚时得到补偿的情形。特别是重婚行为已构成犯罪，而法律却没有加害方补偿受害方的规定，造成婚姻家庭法与刑法之间的不衔接。2001 年《婚姻法（修正案）》规定对因一方重婚、有配偶者与他人同居、家庭暴力、虐待、遗弃等原因导致离婚的，无过错方有权请求过错方进行损害赔偿。

7. 救助措施与法律责任单列一章

为了解决婚姻家庭法操作性差及对一些违法行为缺乏有力度的强制措施的问题，2001 年《婚姻法（修正案）》将"救助措施和法律责任"作为第 5 章单独设立。

（四）2020 年婚姻家庭法律制度纳入《中华人民共和国民法典》

2020 年 5 月 28 日，第十三届全国人民代表大会第三次会议表决通过了《中华人民共和国民法典》（以下简称《民法典》），于 2021 年 1 月 1 日起施行。《民法典》第 5 编是婚姻家庭编，该编共 5 章 79 条。《民法典》是我国现行有效的规范婚姻家庭关系的基本法律规范，没有溯及力。《民法典》第 5 编的制度创新主要表现在以下几个方面：

1. 对一般规定进行了完善

（1）修订了基本原则。在基本原则中增加了"婚姻家庭受国家保护原则"，明确了在保护婚姻家庭中的国家责任；增加了保护残疾人合法权益的内容，把"保护妇女、儿童、老人的合法权益"原则，修订为"保护妇女、未成年人、老年人、残疾人的合法权益"原则；增加了"收养应当遵循最有利于被收养人的原则"，进一步落实了联合国《儿童权利公约》关于儿童利益最大化的原则；为与国家计划生育政策相协调删除了"计划生育原则"和"收养不得违背计划生育的法律、法规原则"；删除了"收养不得违反社会公德原则"。

（2）完善了在家庭关系中的倡导性规定。增加规定家庭应当树立优良家风，弘扬家庭美德，重视家庭文明建设。

（3）明确界定了亲属、近亲属、家庭成员的范围。

2. 对结婚制度进行了修订

（1）修订结婚条件。如《民法典》中不再将"患有医学上认为不应当结婚的疾病"作为禁止结婚的条件。

（2）完善可撤销婚姻制度和无效婚姻制度；如规定一方隐瞒重大疾病的，另一方可以向人民法院请求撤销婚姻；将受胁迫一方请求撤销婚姻的期限起算点由"自结婚登记之日起"修改为"自胁迫行为终止之日起"；增加规定婚姻被认定无效或者被撤销的，无过错方可以请求损害赔偿。

3. 对家庭关系进行了修订

（1）明确了夫妻共同债务的范围。《民法典》吸收了司法解释的经验，明确了夫妻共同债务的范围，将"共债共签"作为认定夫妻共同债务的一般标准。

（2）明确规定了亲子关系确认和否认之诉。《民法典》吸收了司法解释的经验，规范了亲子关系确认和否认之诉的相关制度。

4. 对离婚制度进行了完善

（1）增加离婚冷静期制度。《民法典》规定，在行政程序离婚中，双方提交离婚登记申请后30日内，任何一方均可以向登记机关撤回离婚申请。

（2）对认定夫妻感情确已破裂的情形加以补充。针对离婚诉讼中出现的"久调不判"的问题，增加规定，经人民法院判决不准离婚后，双方又分居满一年，一方再次提起离婚诉讼的，应当准予离婚。

（3）扩大离婚经济补偿的范围。将采用法定共同共有财产制的夫妻纳入离婚经济补偿的范围。

（4）扩大离婚损害赔偿制度的适用范围。对适用离婚损害赔偿的情形增加了"有其他重大过错"的兜底性规定。

5. 对收养制度进行了完善

（1）扩大被收养人范围。删除被收养的未成年人仅限于不满14周岁的限制，修改为符合条件的未成年人均可被收养。

（2）收养人条件与国家计划生育政策相协调。将"收养人需无子女"的条件改为"收养人无子女或只有一名子女"，"无子女的可以收养两名子女，有一名子女的只能收养一名子女"。

（3）收养人条件中，进一步强化对被收养人利益的保护。增加规定收养人"无不利于被收养人健康成长的违法犯罪记录"。

（4）收养程序中增加规定民政部门应当依法进行收养评估。

第四节　我国婚姻家庭法的渊源

婚姻家庭法的渊源是指婚姻家庭法借以表现和存在的形式。婚姻家庭法的渊源是法院判决的根据，是不同职业的法律职业人处理纠纷的基础。我国婚姻家庭法的渊源主要来自各种调整婚姻家庭关系的规范性文件。

一、宪法和法律

宪法在我国法律体系中居于统帅地位，其效力高于其他法律。《中华人民共和国宪法》（以下简称《宪法》）中的有关规定是我国婚姻家庭法的立法依据和必须遵守的原则，一切调整婚姻家庭关系的规范性文件，均不得违反宪法的相关规定。

宪法外的有关法律是我国婚姻家庭法的重要渊源。作为法律渊源的法律，是狭义的严格意义上的法律，专指全国人民代表大会及其常务委员会制定的规范性文件。其中又可分为：一是构成独立法律部门的基本法，如《中华人民共和国民法典》（以下简称《民法典》）、《中华人民共和国刑法》（以下简称《刑法》）、《中华人民共和国民事诉讼法》（以下简称《民事诉讼法》）、《中华人民共和国刑事诉讼法》（以下简称《刑事诉讼法》）等，这些法律中涉及婚姻家庭的相应法律规范是婚姻家庭法的组成部分。其中，《民法典》中的相关规范是婚姻家庭法律渊源的重要组成部分，是基本法。二是具有独立地位和效力，但却无具体的法律部门归属的法律。如 2018 年 10 月 26 日修订、同日施行的《中华人民共和国妇女权益保障法》（以下简称《妇女权益保障法》），于 2021 年 8 月 20 日通过、同日施行的《中华人民共和国人口与计划生育法》（以下简称《人口与计划生育法》），2020 年 10 月 17 日修订、2021 年 6 月 1 日起施行的《中华人民共和国未成年人保护法》（以下简称《未成年人保护法》），2018 年 12 月 29 日修订、同日起施行的《中华人民共和国老年人权益保障法》（以下简称《老年人权益保障法》），2018 年 10 月 26 日修订、同日起施行的《中华人民共和国残疾人保障法》（以下简称《残疾人保障法》）等。三是调整婚姻家庭关系的单行法律，即 2015 年 12 月 27 日通过，2016 年 3 月 1 日起实施的《中华人民共和国反家庭暴力法》（以下简称《反家庭暴力法》）。

二、行政法规和国务院所属部门制定的有关规章

行政法规是作为国家最高行政机关国务院制定的规范性文件，行政规章是国务院各部门在各自的权限内制定的规范性文件。行政法规和行政规章的内容比较具体，比法律具有更大的操作性。属于婚姻家庭立法的规范文件主要是国务院 2003 年 7 月 30 日通过、8 月 8 日颁布，并于 2003 年 10 月 1 日起施行的《婚姻登记条例》；民政部于 1999 年 5 月 25 日颁布，2019 年 3 月 2 日国务院修订的《中国公民收养子女登记办法》。

三、地方性法规和民族自治地方的有关规定

地方立法机关依法制定的有关婚姻家庭事项的法规以及具有一般规范性内容的决定、命令等，是结合本行政区的实际情况，保证全国性婚姻家庭立法的贯彻执行的必要措施。这方面的规范性文件很多，内容涉及婚姻登记、收养等。民族自治地方制定的有关婚姻家庭事项的文件，如贯彻执行婚姻家庭法的变通或补充规定，具有法律效力的文件。地方性法规和民族自治地方的自治条例和单行条例仅在其辖区内具有法律效力。

四、我国缔结或参加的国际条约

根据《中华人民共和国涉外民事关系法律适用法》（以下简称《法律适用法》）处理涉外婚姻家庭关系可以适用我国缔结或参加的国际条约。如果我国参加或缔结的国际条约同我国的民事法律有不同的规定，适用国际条约的规定，但我国法律声明保留的条款除外。在法定情形下，还可以适用国际惯例。适用外国法律和国际惯例时，不得违背我国的公共利益。

五、不与法律相冲突的社会习惯

婚姻家庭法具有伦理性。根据《民法典》的有关规定，当法律没有明确的规定的情况下，符合社会主义婚姻家庭道德要求的社会习惯可以作为适用法律的依据，适用习惯时不得违背公序良俗。

六、最高人民法院的司法解释

从严格意义上说，最高人民法院的司法解释不是法律渊源。法律解释是将现有法律

规范适用于个案纠纷的方法，有关文件不是法律。但人民法院在审判过程中具体适用法律、法规，并不是一项消极被动的"对号入座"，而是积极主动的创造性工作。最高人民法院所作的有关适用婚姻家庭法的司法解释对全国各级人民法院均具有约束力，可以作为裁判的依据，是广义上的法的渊源。随着《婚姻法》被废止，《民法典》生效，与婚姻家庭法有关的最高人民法院的司法解释，现主要是 2020 年 12 月 31 日颁布，2021 年 1 月 1 日实施的《最高人民法院关于适用〈中华人民共和国民法典〉婚姻家庭编的解释（一）》（以下简称《婚姻家庭编解释（一）》）以及《最高人民法院关于办理人身安全保护令案件适用法律若干问题的规定》、2001 年 12 月 27 日起实施的《最高人民法院关于适用〈中华人民共和国婚姻法〉若干问题的解释（一）》、2004 年 4 月 1 日起实施的《最高人民法院关于适用〈中华人民共和国婚姻法〉若干问题的解释（二）》、2011 年 8 月 13 日起实施的《最高人民法院关于适用〈中华人民共和国婚姻法〉若干问题的解释（三）》、2018 年 1 月 18 日起实施的《关于审理涉及夫妻债务纠纷案件适用法律有关问题的解释》。1989 年 11 月 21 日起实施的《最高人民法院关于人民法院审理离婚案件如何认定夫妻感情确已破裂的若干具体意见》、《最高人民法院关于审理未办结婚登记而以夫妻名义同居生活案件的若干意见》、1993 年 11 月 3 日起实施的《最高人民法院关于人民法院审理离婚案件处理财产分割问题的若干具体意见》、《最高人民法院关于人民法院审理离婚案件处理子女抚养问题的若干具体意见》等文件是《民法典》实施以前的司法解释，依据《最高人民法院关于废止部分司法解释及相关规范性文件的决定》均已失去法律效力。

我国婚姻家庭法的渊源是一个开放的复合结构，它是一个由不同形式的规范所组成的有机关联的整体。作为婚姻家庭法渊源的各种规范文件，各处于不同的层次，具有不同的法律效力，在适用范围上亦相应有所区别。

思考与练习

一、思考

1. 婚姻的含义是什么？家庭的含义是什么？
2. 婚姻家庭关系的性质与特点是什么？
3. 婚姻家庭的社会职能是什么？
4. 婚姻家庭制度有哪些历史类型？
5. 婚姻家庭法的含义是什么？
6. 婚姻家庭法的主要渊源是什么？

二、练习

（一）判断题

1. 婚姻家庭的本质是由其自然属性所决定的。（　　）
2. 伦理性是婚姻家庭法最显著的特征。（　　）

（二）单项选择题

1. 与文明社会相对应的婚姻形式是（　　）。

    A. 群婚　　　　　　B. 亚血缘群婚　　　C. 对偶婚　　　　　D. 个体婚

2. 我国的婚姻家庭法是调整（　　）的法律。

    A. 恋爱关系　　　　B. 婚姻关系　　　　C. 财产关系　　　　D. 婚姻家庭关系

3. 婚姻家庭的本质属性是（　　）。

    A. 自然属性　　　　　　　　　　　　　B. 社会属性

    C. 自然属性与社会属性的结合　　　　　D. 以上都不对

（三）多项选择题

1. 我国婚姻家庭法的特点有哪些？（　　）

    A. 普遍性　　　　　B. 伦理性　　　　　C. 强制性　　　　　D. 任意性

2. 我国封建社会婚姻家庭制度的基本特征有哪些？（　　）

    A. 包办强迫　　　　B. 男尊女卑　　　　C. 漠视子女利益　　D. 一夫多妻

3. 婚姻家庭关系的性质和特点是什么？（　　）

    A. 自然性　　　　　B. 伦理性　　　　　C. 社会性　　　　　D. 普遍性

4. 下列哪些说明了婚姻家庭法规范的强制性？（　　）

    A. 结婚完全在于男女双方的合意

    B. 在子女不孝的情况下，父母可以登报宣告与他们断绝亲子关系

    C. 结婚不得附有条件或期限

    D. 离婚不解除子女与父母的法律关系

（四）简答题

简述婚姻家庭的性质和特点。

第二章 婚姻家庭法基本原则

知识目标

● 能够准确再现婚姻家庭受国家保护原则、婚姻自由原则、一夫一妻原则、男女平等原则和保护妇女、未成年人、老年人、残疾人的合法权益原则的含义。

● 能够准确再现婚姻自由原则、一夫一妻原则、男女平等原则及保护妇女、未成年人、老年人、残疾人的合法权益原则在婚姻家庭法中的贯彻。

能力目标

● 能够准确识别日常生活中不符合我国婚姻家庭法诸原则要求的行为。

● 面对婚姻家庭纠纷,在缺乏法律规则的情况下,能够准确运用婚姻家庭法诸原则处理各种法律事务。

素养目标

● 逐渐培养按照婚姻家庭法诸原则处理婚姻家庭事务,维护家庭成员之间的平等、团结、和睦关系,弘扬优良家风,重视家庭美德,建设家庭文明的内心自觉。

● 逐渐培养严谨务实的职业素养。

婚姻家庭法的基本原则,是一定国家婚姻家庭立法的指导思想,集中反映该国婚姻家庭法律制度的本质特征。我国婚姻家庭法的基本原则集中体现了我国婚姻家庭制度的社会主义本质,是制定和适用我国婚姻家庭法的重要依据。

《民法典》从正、反两方面概括了我国婚姻家庭法的五项基本原则。《民法典》第1041条规定:"婚姻家庭受国家保护。实行婚姻自由、一夫一妻、男女平等的婚姻制度。保护妇女、未成年人、老年人、残疾人的合法权益。"第1042条规定:"禁止包办、买卖婚姻和其他干涉婚姻自由的行为。禁止借婚姻索取财物。禁止重婚。禁止有配偶者与他人同居。禁止家庭暴力。禁止家庭成员间的虐待和遗弃。"

习近平总书记指出:"家风是社会风气的重要组成部分。家庭不只是人们身体的住处,更是人们心灵的归宿。家风好,就能家道兴盛,和顺美满;家风差,难免殃及子孙、贻害社会……广大家庭都要弘扬优良家风,以千千万万家庭的好家风支撑起全社会的好风气。"[①] 为了强化和完善五项基本原则,《民法典》第1043条规定:"家庭应当树立优良

---

① 习近平:《在会见第一届全国文明家庭代表时的讲话》,载《人民日报》2016年12月16日,第2版。

家风，弘扬家庭美德，重视家庭文明建设。夫妻应当互相忠实，互相尊重，互相关爱；家庭成员应当敬老爱幼，互相帮助，维护平等、和睦、文明的婚姻家庭关系。"这些倡导性规定是我国婚姻家庭法伦理性的体现，它将道德准则融入法律规范，以立法形式明确告诉人们，国家提倡什么样的婚姻家庭关系。

第一节　婚姻家庭受国家保护原则

家庭是国家发展、民族进步、社会和谐的重要基点。家庭和睦则社会安定，家庭幸福则社会祥和，家庭文明则社会文明。我们要认识到，千家万户都好，国家才能好，民族才能好。婚姻家庭受国家保护原则是《民法典》新增加的一项基本原则。《民法典》第1041条第1款规定："婚姻家庭受国家保护。"这一基本原则反映了我国宪法的要求。《宪法》第49条第1款规定："婚姻、家庭、母亲和儿童受国家的保护。"

坚持婚姻家庭受国家保护原则，是社会主义核心价值观和中华民族优秀传统文化的法律规范表现，更是体现了中国特色社会主义婚姻家庭制度和婚姻家庭法的鲜明时代特征。坚持婚姻家庭受国家保护原则，是实现国家治理体系和治理能力现代化的必然要求，是完善社会治理体系、提升社会治理能力的重要基础性工作，反映了国家安全、社会安定、家庭安宁的内在规律。正确理解婚姻家庭受国家保护原则，应把握以下三点：第一，国家通过制定和实施一系列保护婚姻家庭的法律和法规，赋予自然人在婚姻家庭领域里的一系列民事权利。这些民事权利包括婚姻自由权、夫妻之间的人身权和财产权、父母和子女间的人身权和财产权、祖孙之间的人身权和财产权、兄弟姐妹之间的人身权和财产权。婚姻家庭成员行使上述婚姻家庭权利，将实现自然人在婚姻家庭关系中的根本利益。第二，当婚姻家庭成员所享有的婚姻家庭权利受到侵害时，国家将采取一系列措施，为婚姻家庭成员提供有效的法律救济。婚姻家庭权利受到侵害时，受害者有权请求损害赔偿，并对加害人进行民事处罚。国家赋予受害严重的当事人民事法律救济手段。第三，一切党政机关、基层组织、社会组织、群众团体、企事业单位，都要树立以人民为中心的理念，关心婚姻家庭，重视婚姻家庭，保护婚姻家庭，积极从事家庭文明建设。国家、社会尊重和保障自然人的婚姻家庭权利，维护婚姻家庭的稳定。

《民法典》婚姻家庭编将"婚姻家庭受国家保护"吸收作为该编的首要基本原则，是宪法关于保护公民基本人权的法律要求在《民法典》中的具体落实。调整好婚姻关系和家庭关系，保护婚姻家庭关系幸福和谐，将在国家和社会稳定与和谐、团结、发展中发挥巨大的作用。

第二节　婚姻自由原则

【案例2-1】蔡某与同村青年林某自由恋爱，并约定2019年年底登记结婚。但是，蔡某的父亲嫌林某家贫，不赞成这桩婚事。某日，蔡某约林某在河边见面，蔡父尾随而至，嘲讽林某。蔡某苦苦哀求，蔡父不为所动，强行将她带回家，锁在房间里，不让其外出。后来林某报警，警察对蔡父提出严肃批评，指出粗暴干涉子女婚姻自由是违法的。蔡父不服气，认为自己只不过是管教女儿，没有违法。

任务：请回答蔡父的想法对吗？

婚姻自由是我国婚姻家庭法的一项重要原则，也是宪法赋予公民的一项基本权利。根据这项原则，公民有权按照法律的规定，自主自愿地决定自己的婚姻问题，排除任何人的强制与干涉。在我国，婚姻自由为法律所确认和保护，社会主义建设为公民行使这一权利创造了前所未有的条件，这是我国婚姻家庭制度改革的重要成果之一。

一、婚姻自由的内涵

（一）婚姻自由的概念

婚姻自由是指婚姻当事人有权按照法律的规定决定自己的婚姻大事，任何人不得强制和干涉。

这一概念包含了两层含义：

1. 婚姻自由是法律赋予公民的一项权利，任何人不得强制和干涉

在社会主义国家，爱情是婚姻的基础，而爱情只能产生于婚姻当事人自身，只能由当事人自己来表示，这种自由表示爱情的权利为法律所规定并受到法律的保护。任何第三者，包括当事人的父母在内，都不能侵犯这种权利。

2. 婚姻自由的行使必须符合法律的规定

婚姻自由是公民的一项基本权利，但这种权利不是绝对的、毫无限制的。任何自由都是有一定范围和限度的。毛泽东在《关于正确处理人民内部矛盾的问题》中说："在人民内部，不可以没有自由，也不可以没有纪律；不可以没有民主，也不可以没有集中。"[1] "人民享受着广泛的民主和自由；同时又必须用社会主义的纪律约束自己。"[2] 我国婚姻家庭法规定了结婚必须具备的条件和必须履行的程序，规定了离婚的程序和处理原则，具体指明了婚姻自由的范围，划清了婚姻问题上合法与违法、正确与错误的界限。

（二）婚姻自由的内容

婚姻自由包括结婚自由和离婚自由两个方面。

1. 结婚自由

结婚自由是指缔结婚姻关系的自由。即当事人有权依法决定自己结不结婚，和谁结婚，不许任何一方强迫他方或任何第三者加以干涉。只有实行结婚自由，当事人才能按照本人的意愿选择理想的伴侣。

2. 离婚自由

离婚自由是指解除婚姻关系的自由。即夫妻双方有达成离婚协议的权利；在夫妻感情确已破裂的情况下，夫妻任何一方都有提出离婚的权利，其他人不能加以干涉。提倡离婚自由既要反对只允许男方提出离婚，不允许女方提出离婚的思想；又要反对只允许无过错方提出离婚，不允许有过错方提出离婚的思想。当然，因一方过错导致离婚的，过错方应

---

[1] 《毛泽东文集》第7卷，人民出版社1999年版，第209页。
[2] 《毛泽东文集》第7卷，人民出版社1999年版，第209页。

当承担离婚损害赔偿责任。婚姻是以爱情为基础，以双方自愿为条件，那么，在夫妻感情确已破裂，关系无法维持下去的时候，依法解除这种痛苦的婚姻，是完全必要的，这对于双方，对于社会，都是一件幸事。解除痛苦的婚姻，如同列宁在《论民族自决权》所指出的："离婚自由并不意味着家庭'瓦解'，反而会使这种关系在文明社会中唯一可能的和稳固的民主基础上巩固起来。"① 但是离婚毕竟是一种重要的法律行为，它关系着家庭和子女、社会的利益，因此婚姻当事人应以慎重的态度对待离婚问题，我们既要保障离婚自由，又要反对轻率离婚。

3. 结婚自由和离婚自由的关系

结婚自由和离婚自由是互相结合，缺一不可的。保障结婚自由是为了使当事人能够完全按照自己的意愿结成共同生活的伴侣。保障离婚自由，则是为了使感情确已破裂、无法共同生活的夫妻能够通过法定途径解除婚姻关系。结婚自由是普遍行为，是婚姻自由的主要方面；离婚自由是特殊行为，毕竟离婚是少数人的事情。结婚自由与离婚自由虽然各有侧重，但其目的都是巩固和发展社会主义的婚姻家庭关系。因此只有同时确认和保障结婚自由和离婚自由，婚姻自由才能全面实现。

二、婚姻自由原则的贯彻

《民法典》第 1042 条第 1 款规定："禁止包办、买卖婚姻和其他干涉婚姻自由的行为。禁止借婚姻索取财物。"要贯彻婚姻自由原则，必须做到上述两个禁止。

（一）禁止包办、买卖婚姻和其他干涉婚姻自由的行为

1. 包办、买卖婚姻的概念

包办婚姻和买卖婚姻是干涉婚姻自由的两种主要形式。包办婚姻是指第三者（包括父母在内）违背婚姻自由的原则，包办强迫他人婚姻的行为。某些父母干涉子女的婚事，是封建家长作风的表现，是对儿女人身权利（尤其是婚姻自主权）的严重侵犯。买卖婚姻是指第三者（包括父母在内）以索取大量财物为目的，包办强迫他人婚姻的行为。

包办婚姻和买卖婚姻既有联系又有区别。其共同之处在于两者均是违背当事人的意愿，对婚事包办、强迫。区别包办婚姻和买卖婚姻，主要看是否以索取大量的财物为目的。如果包括父母在内的第三人，包办自己的子女或他人婚姻，是以索取大量财物为目的的就是买卖婚姻；如果包括父母在内的第三人强迫包办自己的子女和他人的婚姻，并不是以索取大量财物为目的的，则是包办婚姻。包办婚姻不一定都是买卖婚姻，但是买卖婚姻一定是包办婚姻。

包办婚姻和买卖婚姻都是干涉他人婚姻自由的行为，其特征在于婚姻关系以外的第三人对婚姻当事人缔结婚姻关系的干涉、阻挠和强迫，侵犯当事人的婚姻自由。买卖婚姻是以封建社会的聘娶婚为主要表现形式，并加以演变而来。旧社会将女性当成商品买卖，所谓"嫁出去的姑娘泼出去的水"，正是这种金钱交易婚姻的后果之一。此外，封建的换亲、转亲、童养媳、指腹为婚、娃娃亲等也都是包办买卖婚姻不同形式的表现。

---

① 《列宁选集》第 2 卷，人民出版社 2012 年版，第 396 页。

2. 其他干涉婚姻自由的行为

其他干涉婚姻自由的行为表现形式很多，如父母干涉儿女婚事，即父母因子女选择的对象不如己意，以种种借口阻挠、干涉；子女干涉父母再婚，即子女以各种借口对离异或丧偶的父母的再婚进行干涉、阻挠。目前，子女干涉离异、丧偶的父母再婚，甚至威胁父母要保持"晚节"的事情时有发生。对此，《民法典》第 1069 条明确规定："子女应当尊重父母的婚姻权利，不得干涉父母离婚、再婚以及婚后的生活。"

案例 2-1 中，蔡某与林某自由恋爱，自愿缔结婚姻关系，是行使婚姻自主权的表现。蔡父嫌贫爱富，反对蔡某与林某结婚，对女儿实施非法拘禁行为，粗暴干涉女儿婚姻，侵害了蔡某的婚姻自主权利。

干涉婚姻自由除包括干涉结婚自由外，还包括干涉离婚自由和干涉复婚自由。干涉离婚自由，即对他人的离婚进行强制或阻挠。干涉复婚自由，即对他人的复婚行为进行强制阻挠。

包办、买卖婚姻和其他干涉婚姻自由的行为，都是违法行为，侵害公民婚姻自由的合法权利，危害广大青年尤其是妇女的切身利益，同时也容易造成各种纠纷，不利于社会安定团结和妇女解放。

禁止包办、买卖婚姻和其他干涉婚姻自由的行为，首先要加强法制宣传教育，帮助广大群众树立正确的法制观念，划清合法与违法的界限。同时，要运用法律手段处理违法行为，对违法者进行严肃的批评和教育，视其情节和后果，予以相应的制裁。如果情节恶劣构成犯罪，要依照刑法的有关规定，依法追究刑事责任。我国《刑法》第 257 条规定："以暴力干涉他人婚姻自由的，处二年以下有期徒刑或者拘役。""犯前款罪，致使被害人死亡的，处二年以上七年以下有期徒刑。""第一款罪，告诉的才处理。"

（二）禁止借婚姻索取财物

借婚姻索取财物是指男女双方结婚基本上是自主自愿的，但是一方（主要是女方或者女方父母）以向另一方索要一定的财物作为结婚的先决条件。

这种行为和买卖婚姻的共同点都是以索取财物为结婚的条件，不同点是买卖婚姻通常是包办强迫的婚姻，而借婚姻索取财物，基本上是自主婚。这样的婚事，不是以感情作为基础，而是把满足自己的物质欲望作为缔结婚姻的首要条件；不是正确行使婚姻自由的权利，而是滥用了这一权利。借婚姻索取财物的行为，妨碍婚姻自由原则的贯彻，腐蚀人们的思想，败坏社会风气，往往会给许多家庭造成悲剧。有的人为了筹集财物，东借西贷，以致债台高筑，在婚后造成沉重的经济和思想负担，影响家庭的和睦、团结；有的人甚至搞歪门邪道，走上了贪污、盗窃等犯罪道路，其危害性是不可低估的。

当然，男女双方出于生活上的关心，在力所能及和本人自愿的条件下，赠与对方或其父母某些财物，不能视为"借婚姻索取财物"的行为。

（三）注意划清几个界限

不论是包办婚姻、买卖婚姻和其他干涉婚姻自由的行为，还是借婚姻索取财物的行为，都是建立和发展社会主义婚姻关系，贯彻婚姻自由的障碍。在具体处理因此引起的纠纷时，要正确掌握法律的精神，注意划清以下界限：

1. 包办婚姻和父母主持、经人介绍，本人自愿同意的界限

前者由父母决定，违背婚姻当事人的意愿，违反了婚姻自由原则，是违法行为；后者虽由父母出面主持，但婚姻当事人是同意的，它符合婚姻自由原则，是合法行为。

2. 买卖婚姻和一般借婚姻索取财物的界限

前者是以包办强迫为手段索取大量财物，后者是在婚姻自由的情况下索取财物。虽然两者都是违法行为，但情节、后果不同，处理方法也不同。

3. 借婚姻索取财物和男女自愿赠与的界限

前者是女方或女方父母主动索取，是违法行为；后者是男女双方自愿赠与，是合法行为。

4. 说媒骗财和正当介绍的界限

前者是以说媒为手段骗取财物的违法行为；后者是一种人们之间的正当的帮助，甚至是一种社会职业行为，如婚姻介绍所的婚姻介绍行为，这是合法行为。

第三节　一夫一妻原则

一夫一妻原则

一夫一妻是婚姻家庭法规定的第三个基本原则，它是我国社会主义婚姻家庭制度的重要组成部分。维护并实行这一原则，对于巩固社会主义婚姻家庭制度，有着重要的意义。

一、一夫一妻制的概念

一夫一妻制，是一男一女结为夫妻的婚姻形式，即一个人只能有一个配偶，不能同时有两个或更多的配偶的婚姻制度。这一概念包含以下三层含义：

（1）任何人不论其地位高低，财产多少，都不能同时与两个或更多的配偶结婚。

（2）已婚者在配偶死亡（包括自然死亡和宣告死亡）前或双方离婚前，不得再行结婚。

（3）一切公开的、隐蔽的一夫多妻或一妻多夫的两性关系都是非法的。

一夫一妻制产生于原始社会的崩溃时期，它是财产私有制和阶级不平等的产物。一夫一妻制从产生之日起，就具有一种特别的性质：它只是对妇女而言的一夫一妻制，而不是对男子的一夫一妻制。男子可以通过纳妾、多妻等形式公开拥有多个配偶。在旧中国，娼妓制度也是剥削阶级多妻制的补充。中华人民共和国成立后，中央人民政府在全国范围内彻底废除了娼妓制度，对受迫害的妇女从医疗、教育、就业等方面做了妥善安排，使她们获得了谋生的技能，成为有正当职业能自食其力的公民。这一重大社会改革，深受广大人民群众的拥护，对促使妇女解放、巩固社会主义婚姻制度，对贯彻一夫一妻制起了积极作用。社会主义经济的发展，为实现一夫一妻制提供了根本的物质保证。在社会主义条件下，消灭了剥削和压迫，妇女在政治、经济、文化和社会等各方面取得了与男子平等的地位，为实现一夫一妻制奠定了可靠的基础。

二、一夫一妻制的贯彻

为了使一夫一妻制原则在现实生活中得到全面的贯彻落实，《民法典》第 1042 条第 2

款明确规定："禁止重婚。禁止有配偶者与他人同居。"

（一）禁止重婚

【案例 2-2】 张某某与杨某某于 2005 年在原籍山东登记结婚，婚后育有一子一女。2011 年间，张某某通过 QQ 与陈某某聊天相识，后二人在天津市蓟州区一起生活。2012 年间，陈某某发现张某某有妻子、有家庭便与其分手。2015 年间，张某某联系陈某某，称自己已经离婚，陈某某便同意与其一起生活，二人在蓟州区居住。陈某某以二人是夫妻的身份将张某某介绍给自己的家人和朋友。2017 年，陈某某生育一女，女儿出生 10 天时，张某某为其女操办"十日宴"，宴请亲朋好友。后来，陈某某到张某某的原籍，发现张某某并未离婚，二人发生矛盾。2019 年，陈某某向公安机关报案。蓟州区人民检察院以张某某犯重婚罪向人民法院提起公诉。

任务： 请回答张某某是否构成重婚罪？陈某某是否构成重婚罪？

1. 重婚的概念

重婚是指有配偶者再行结婚的行为。也就是说，已经有了一个合法的婚姻关系，后又与他人缔结了第二个婚姻关系，前者叫前婚，后者叫后婚，也叫重婚。重婚是违法行为，是对一夫一妻制原则的严重破坏。重婚有两种形式：一是法律上的重婚，是指前婚未解除，又与他人办理了婚姻登记手续，即有配偶者又与他人登记结婚。只要双方办理了结婚登记手续，不论是否同居，重婚就已形成。二是事实上的重婚，是指前婚未解除，又与他人以夫妻名义同居生活，但未办理结婚登记手续。

在现实生活中，事实重婚占多数，因为法律上的重婚需要进行结婚登记，如果不是隐瞒和欺骗，很难通过审查，也就很难形成法律重婚。所谓以夫妻名义共同生活，表现形式是多样的，有的公开举行婚礼，有的以夫妻身份外出探亲等。

2. 重婚的法律后果

重婚是对一夫一妻制的严重破坏，禁止重婚是当代各国立法的通例。我国法律也不例外。依现行法律，重婚行为在婚姻家庭法、刑法方面都会产生相应的法律后果。

（1）婚姻家庭法方面。一是，重婚为无效婚姻，不产生合法婚姻的效力；二是，重婚是认定夫妻感情破裂，法院准予离婚的情形之一；三是，因重婚导致离婚的，无过错方有权请求损害赔偿。

（2）刑法方面。重婚者如果主观上存在故意，则构成重婚罪，应依法给予刑事制裁。我国《刑法》第 258 条规定："有配偶而重婚的，或者明知他人有配偶而与之结婚的，处二年以下有期徒刑或者拘役。"不知对方是有配偶者而受骗与之结婚的，不能成为重婚罪的主体，不承担刑事责任，但仍需承担婚姻无效的民事法律后果。案例 2-2 中，被告人在已有配偶的情况下，与他人以夫妻名义同居，生育一女，并为其女举办"十日宴"宴请亲朋，公开二人的夫妻关系，形成事实上的重婚，其行为已经构成刑法上的重婚罪。陈某某由于缺乏重婚的主观故意，不构成重婚罪。

此外，我国对军婚予以特别保护，《刑法》第 259 条规定，明知是现役军人的配偶而与之同居或者结婚构成妨害军婚罪，处三年以下有期徒刑或者拘役。

（二）禁止有配偶者与他人同居

有配偶者与他人同居，也称姘居，是指有配偶者与婚外异性，不以夫妻名义，持续、稳定地共同居住。如俗称的"包二奶""包二爷"等。其构成要件有三：①在主体上必须是有配偶者与婚外异性之间的同居，这是与未婚同居的区别；②在名分上不以夫妻名义，这是与事实重婚的主要界限；③持续、稳定地共同居住，这是它与通奸、一夜情等行为的重要区分。

同居是夫妻共同生活的基础要件，是婚姻本质所确定的义务。有配偶者与他人同居，是对夫妻间义务的违反和对配偶权利的侵犯。婚姻关系是责任，受法律保护，又受法律制约。

为了更有效地维护一夫一妻制原则的实施，《民法典》第1042条第2款关于"禁止有配偶者与他人同居"的规定，增强了保护婚姻家庭、维护一夫一妻制的力度，为受害者主张权利提供了法律依据。同时《民法典》第1079条和第1091条也规定，有配偶者与他人同居，是判决离婚的法定理由和承担离婚损害赔偿责任的理由。这对于维护正常的婚姻家庭关系、保障社会秩序的稳定、保护无过错当事人一方的合法权益必将起到重大的积极作用。

（三）夫妻应当互相忠实

为了强化一夫一妻原则，《民法典》第1043条规定："夫妻应当互相忠实，互相尊重，互相关爱。"夫妻之间互相忠实，是婚姻的本质所决定的。

夫妻的忠实义务在不同的历史阶段表现是不同的。在父权家族制度下，对妻子的忠实义务规定得极为严格，而对丈夫的忠实义务则规定得极为宽松。我国古代法律以及习惯都要求妻子对丈夫要忠实，不能背叛；而丈夫不但可以纳妾，还规定，与有夫之妇通奸，只有侵害了该有夫之妇的丈夫的权利才构成犯罪。而妻子与任何人通奸，都构成犯罪。这是因为一方面妻子处于夫权的支配和统治下，没有自己独立的人格尊严，另一方面也是为了保障男系家族血统的必然结果。

在近代，男女平等原则的规定和提倡，夫妻间互相忠实已成为夫妻结合的基本条件。法国民法、意大利民法、瑞士民法以及瑞典的婚姻家庭法都明确规定忠实为夫妻互相的义务，因此夫或妻任何一方的重婚、通奸，都是离婚的原因，并构成刑法上的犯罪。

由于受历史条件的限制，我国婚姻法对夫妻间的忠实义务这一夫妻关系的最核心内容一直没有作出规定。2001年《婚姻法（修正案）》第一次明文规定了"夫妻应当互相忠实、互相尊重"，2021年《民法典》婚姻家庭编把它保留下来，既有利于维护平等、和睦、文明的婚姻家庭关系，也使无过错方在离婚时的请求损害赔偿有法可依。

第四节　男女平等原则

【案例2-3】沈老汉生有五个女儿，盼儿养老；肖老汉生有三个儿子，家庭生活条件比较紧张。两人同村，关系较好。后来，沈老汉的二女儿沈芳与肖老汉的大儿子肖良相恋。四人签署协议，肖良入赘到沈家，承担对沈老汉养老送终的责任，不再承担肖家一切负担；生育子女随沈姓。后来，肖良外出务工，因交通事故不幸死亡，肇事者给付死亡赔偿金64万多元。该笔赔偿金被沈芳及其与肖良的婚生儿子沈中领走。肖老汉要求分割死亡赔偿金遭拒。沈家认为，肖良已经入赘，不再承担赡养父母的义务，肖家父母也就无权要求分割死亡赔偿金。

任务：请回答肖良入赘沈家之后，肖老汉是否享有作为肖良法定继承人的权利？

男女平等原则是我国婚姻家庭法的基本原则，它彻底否定了男尊女卑、父权统治的旧传统、旧习俗，是妇女解放的法律保障，是巩固和发展我国婚姻家庭制度的重要法律武器。

一、男女平等的概念

我国宪法明确规定了男女平等的原则，它包括妇女在政治、经济、文化、社会和家庭等各个方面享有与男子平等的权利。

婚姻家庭法规定的男女平等原则，是指男女在婚姻关系和家庭生活的一切方面，都平等地享有权利、承担义务，禁止对女性任何形式的歧视、虐待和压迫。

男女两性在婚姻家庭中的地位，首先取决于他们在社会、经济、政治等方面的地位。历史充分证明，生产资料私有制和阶级剥削制度是男女不平等的社会根源。自有阶级社会以来，男女就处于不平等的地位。奴隶社会、封建社会和资本主义社会，都是以私有制为核心的人剥削人的社会，在这些社会里，男尊女卑、男主女从、男天女地的状况一直没有改变。欧洲中世纪的一次宗教会议上甚至讨论过妇女是否为人的问题。虽然资产阶级提出并在法律中规定了男女平等，在历史上是一大进步，但是这种男女平等带有极大的局限性和虚伪性。在有些资本主义国家，男女之间连形式上和法律上的平等都没有。随着社会的发展进步和妇女运动的兴起，资本主义国家废弃了早期立法中男女不平等的条款，男女两性的法律地位渐趋平等。但只要不根除资本主义私有制及剥削制度，就不可能实现真正的男女平等。

在旧中国，男女之间是主从、尊卑、依附的关系。这种男女不平等为封建社会的礼制和法律所保护。"三从四德"等种种清规戒律成为束缚妇女、奴役和压迫妇女的沉重锁链。中国共产党自建党以来，始终把解放妇女、实现男女平等作为革命事业的重要组成部分。中华人民共和国成立后，彻底废除了一切歧视妇女、压迫妇女的反动法律。我国历次宪法都规定，妇女在政治的、经济的、文化的、社会的和家庭的生活各方面享有同男子平等的权利，男女同工同酬，在有关选举、劳动、教育等法律中，妇女的权利都得到了有效保障。我国《妇女权益保障法》《民法典》等许多法律中，都明确规定了男女平等。

二、男女平等的内容

（一）在婚姻问题上，男女的权利义务平等

按照婚姻家庭法的规定，在结婚、离婚方面男女的权利义务是平等的。例如，结婚应当男女双方完全自愿，禁止任何一方对另一方加以强迫，禁止任何组织或者个人加以干涉。女方可以成为男方的家庭成员，男方可以成为女方的家庭成员。男女双方均有提出离婚的权利。离婚时，男女双方都有抚养子女、分割共同财产、清偿债务等方面的权利和义务。在旧中国，男女在婚姻问题上权利是不平等的，如妇女必须从夫居；男子有休妻的特权，而女子无离婚的自由。

（二）在家庭关系中，不同性别的家庭成员的权利和义务是平等的

1. 夫妻关系平等

夫妻在家庭中地位平等，人格独立。夫妻双方都有各自使用自己姓名的权利；都有参加生产、工作、学习和社会活动的自由；平等享有对未成年子女抚养、教育和保护的权利，共同承担对未成年子女抚养、教育和保护的义务；对共同的财产有平等的处理权；有相互扶养的义务和相互继承遗产的权利。

2. 父母子女关系中男女平等

父和母都有抚养教育子女的义务，都有受子女赡养扶助的权利；子和女都有接受父母抚养教育的权利，都有赡养扶助父母的义务；父和母、子和女的继承权利全都是平等的。

《民法典》第1050条规定："登记结婚后，按照男女双方约定，女方可以成为男方家庭的成员，男方可以成为女方家庭的成员。"这是男女平等的一种表现。案例2-3中，肖老汉的大儿子肖良"入赘"女方家里，并不能消除与肖老汉的血缘与法律上的父子关系。因此，肖老汉作为肖良的父亲，有权利与沈芳及其与肖良的婚生儿子沈中共同获得死亡赔偿金。

3. 其他不同性别的家庭成员间的法律地位平等

在祖孙、兄弟姐妹这些不同性别的家庭成员间，男女地位完全平等，享有平等的权利，履行平等的义务。祖父母和外祖父母地位平等，对孙子女和外孙子女平等地享有权利、平等地承担义务。孙子女和外孙子女地位平等，对祖父母和外祖父母平等地享有权利、平等地承担义务。兄和姐地位平等，对弟妹承担扶养义务的条件完全相同；弟和妹地位平等，对兄和姐承担扶养义务的条件完全相同，兄弟姐妹互为第二顺序继承人。

三、男女平等原则的贯彻

男女平等的真正实现并不是一蹴而就的。中华人民共和国成立以来我们在男女平等方面已经取得了很大成就，但是，男尊女卑的旧制度、旧思想在历史上长期存在，重男轻女、歧视妇女的传统习惯势力还有一定影响。如有的丈夫将妻子当成私有财产，任意地打骂、虐待，甚至打死。家庭中的暴力案件不断发生，由于人们将其当成家务纠纷，使很多女性得不到法律的救济。有的人重男轻女的思想极为严重，遗弃、虐待女婴、女孩，任意剥夺女儿合法的继承权。一些农村在土地承包经营、集体经济组织收益分配等方面存在男女不平等。部分妇女参加工作、学习和社会活动的自由还没得到保障。所以，男女两性在"法律上的平等还不是实际生活中的平等"。社会主义物质文明和精神文明的高度发展，是男女平等进一步实现的必要条件。

贯彻男女平等的原则，一方面贯彻宪法尊重和保障人权以及男女平等的精神，消除妇女发展的障碍，采取特别措施保障妇女切实有效地实现与男子平等的权利，对弱势群体给予倾斜保护与救济扶助；另一方面要强化保障措施和法律责任，加大依法行政、依法维权的力度，增强相关法律的操作性。

第五节　保护妇女、未成年人、老年人和残疾人的合法权益原则

【**案例2-4**】　申请人赵某（女）与被申请人叶某系夫妻关系，因赵某向法院提起离婚诉讼，叶某不定时发送大量短信，通过辱骂、揭露隐私及暴力恐吓等形式对赵某进行语言威胁。自叶某收到离婚诉讼案件副本后，对赵某的恐吓威胁形式及内容进一步升级，发送短信频率增加，总量已近万条，内容包括"不把你全家杀了我誓不为人""我不把你弄死，我就对不起你这份起诉书""要做就做临安最惨的杀人案"等。因此，赵某向法院申请人身安全保护令。

任务：请回答叶某的行为是否属于家庭暴力？

保护妇女、未成年人、老年人和残疾人的合法权益，在我国宪法中有明确的规定，同时也是婚姻家庭法的一项重要原则。1950年《婚姻法》规定了保护妇女、儿童的合法权益的原则，1980年《婚姻法》补充了"保护老人合法权益"的内容，从而使这一规定更加全面和完善。《民法典》以保护民事权利为出发点和落脚点，切实回应人民的法治要求。在婚姻家庭编中更加注重对妇女、未成年人、老年人和残疾人的保护，补充了"保护残疾人合法权益"的内容，有力地维护了弱势群体的根本利益，切实增强了人民群众的获得感、幸福感和安全感。

一、保护妇女的合法权益

（一）为什么要保护妇女的合法权益

保护妇女的合法权益是对男女平等原则的重要补充。我国妇女虽然在法律地位上已经获得了与男子平等的权利，但是在实际生活中还存在着妨碍妇女行使平等权利的消极因素。列宁指出："有人说，妇女的法律地位最能说明文明程度。这句话很有些道理。从这个观点来看，只有无产阶级专政，只有社会主义国家才能够达到而且真正达到了高度的文明。"[1] 妇女的法律地位如何及妇女的合法权益能否得到切实的保护，是衡量一个国家文明程度的重要标准之一。因此，必须在强调男女平等原则的同时，对妇女的合法权益加以特殊的保护。其原因主要有两个：

一是根除妇女受迫害的历史影响的需要。在旧中国，妇女深受政权、神权、族权、夫权四重压迫，她们所遭受的痛苦比男子更深重。早在1931年《中华苏维埃共和国婚姻条例》的决议案中就曾强调："女子刚从封建压迫中解放出来，她们的身体许多受了很大的损害（如缠足），尚未恢复，她们的经济尚未独立，所以关于离婚问题，应偏于保护女子，而把因离婚而引起的义务和责任，多交给男子担负。"[2] 后来，各边区、解放区有关婚姻家庭的条例和中华人民共和国成立后的1950年《婚姻法》、1980年《婚姻法》和

---

[1] 《列宁全集》第38卷，人民出版社1986年版，第203页。

[2] 1931年11月26日《中共苏维埃共和国中央执行委员会第一次会议决议》，载中国政法大学民法教研室编：《婚姻法资料汇编》，1984年4月，第8页。

2001 年《婚姻法（修正案）》及《民法典》，都把保护妇女的合法权益作为一项重要的基本原则。

二是妇女在生理上具有特殊性。根据妇女的特殊需要，规定只有妇女才能享有的权利。这一点，在《民法典》《妇女权益保障法》中有突出的体现，在其他法律中（如《刑法》《劳动法》）也有明确规定。

（二）婚姻家庭法如何保护妇女的合法权益

1. 禁止家庭暴力

（1）家庭暴力的概念和原因。家庭是社会的细胞，是构建和谐社会的基础。家庭暴力严重损害家庭成员的身心健康，破坏家庭的和谐，成为影响社会稳定的重要因素。2016年 3 月 1 日，《反家庭暴力法》正式施行，这是我国第一部预防和制止家庭暴力的专门法律。"法不入家门"已经成为历史，反对家庭暴力是社会文明进步的标志。《最高人民法院关于办理人身安全保护令案件适用法律若干问题的规定》已于 2022 年 6 月 7 日由最高人民法院审判委员会第 1870 次会议通过，自 2022 年 8 月 1 日起施行。

《反家庭暴力法》第 2 条规定："本法所称家庭暴力，是指家庭成员之间以殴打、捆绑、残害、限制人身自由以及经常性谩骂、恐吓等方式实施的身体、精神等侵害行为。"家庭暴力的实质是家庭中权利不平等，体现的是家庭成员的不平等关系，是强势家庭成员对其他家庭成员的控制。主要表现形式有：①身体暴力，如殴打、捆绑、体罚、残害、限制人身自由；②精神暴力，如经常性侮辱、诽谤、谩骂、无端指责、恐吓、威胁、跟踪、骚扰等行为，使受害者产生自卑、恐惧、焦虑、抑郁等心理、精神方面的问题。③其他严重侵害人身权利的行为，如经济控制、冻饿、故意剥夺受教育权利等。

需要注意的是，《反家庭暴力法》调整的对象不仅仅是家庭成员之间的暴力行为，还包括家庭成员以外共同生活的人之间实施的暴力行为。《反家庭暴力法》第 37 条规定，"家庭成员以外共同生活的人之间实施的暴力行为，参照本法规定执行。"这意味着监护、寄养、同居、离异等关系的人员之间发生的暴力也被纳入家庭暴力中，受到法律约束。根据《最高人民法院关于办理人身安全保护令案件适用法律若干问题的规定》第 4 条规定，《反家庭暴力法》第 37 条规定的"家庭成员以外共同生活的人"一般包括共同生活的儿媳、女婿、公婆、岳父母以及其他有监护、扶养、寄养等关系的人。

一般夫妻纠纷与家庭暴力是不同的。一般夫妻纠纷中也可能存在轻微暴力甚至因失手而造成较为严重的身体伤害，但其与家庭暴力有着本质的区别。对此区别，应当考虑以下因素：暴力引发的原因和加害人的主观目的是否加害方为了控制受害方、暴力行为是否呈现周期性、暴力给受害人造成的损害程度大小等。家庭暴力的核心是权力和控制。加害人存在着通过暴力伤害达到控制目的的主观故意，暴力行为呈现周期性，并且不同程度地造成受害人的身体或心理伤害后果，导致受害一方因为恐惧而屈从于加害方的意愿。而一般夫妻纠纷不具有这些特征。

（2）家庭暴力的救助措施与法律责任。一是婚姻家庭法上的法律后果。家庭暴力是认定夫妻感情破裂，法院准予离婚的情形之一。同时，家庭暴力导致离婚的，无过错方有权提出损害赔偿。通常受害方多为女性，这一规定，突出体现了法律对妇女和弱者的保护和照顾。

二是人民法院作出人身安全保护令。人身安全保护令即人身安全保护裁定，是为保护家庭暴力受害人及其特定亲属的人身安全，防止家庭暴力继续发生，由人民法院作出的具有强制力的裁定。人身安全保护裁定属于一种民事强制措施。《反家庭暴力法》第23条规定："当事人因遭受家庭暴力或者面临家庭暴力的现实危险，向人民法院申请人身安全保护令的，人民法院应当受理。"第29条规定："人身安全保护令可以包括下列措施：（一）禁止被申请人实施家庭暴力；（二）禁止被申请人骚扰、跟踪、接触申请人及其相关近亲属；（三）责令被申请人迁出申请人住所；（四）保护申请人人身安全的其他措施。"《反家庭暴力法》第30条规定："人身安全保护令的有效期不超过六个月，自作出之日起生效。人身安全保护令失效前，人民法院可以根据申请人的申请撤销、变更或者延长。"根据第34条规定，被申请人违反人身安全保护令，仍然实施家庭暴力行为的，构成犯罪的，依法追究刑事责任；尚不构成犯罪的，人民法院应当给予训诫，可以根据情节轻重处以1000元以下罚款、15日以下拘留。人身安全保护令由人民法院执行。《反家庭暴力法》第32条规定："人身安全保护令由人民法院执行，公安机关以及居民委员会、村民委员会等应当协助执行。"

案例2-4中，被申请人叶某虽然未实施殴打、残害等行为给申请人赵某造成肉体上的损伤，但以经常性谩骂、恐吓等方式实施侵害申请人赵某精神的行为，属于家庭暴力。法院有权制作人身安全保护令，禁止叶某骚扰、跟踪、接触赵某及其近亲属，对赵某给予保护。

三是其他法律责任。家庭暴力受害人及其法定代理人、近亲属都可以向公安机关报案。公安机关接到家庭暴力报案后应当及时出警，制止家庭暴力，按照有关规定调查取证，协助受害人就医、鉴定伤情。家庭暴力情节较轻，依法不给予治安管理处罚的，由公安机关对加害人给予批评教育或者出具告诫书。加害人实施家庭暴力，构成违反治安管理行为的，依法给予治安管理处罚；构成犯罪的，依法追究刑事责任。家庭暴力不再是家务事，惩治家庭暴力成为公安机关和有关部门法定的责任和义务。

2. 在离婚问题上，对妇女的保护

（1）女方在怀孕期间、分娩后一年内或者终止妊娠后六个月内，男方不得提出离婚。在一定时期限制男方的离婚请求权，有助于保护妇女和婴幼儿的身心健康。女方提出离婚或人民法院认为确有必要受理男方离婚请求的，不在此限。

（2）在离婚时共同财产分割问题上，规定了照顾女方的原则。离婚时夫妻共同财产的分割，先由双方协议处理；协议不成的，由人民法院根据财产的具体情况，按照照顾子女、女方和无过错方权益的原则判决。由于历史的原因，男女的经济地位还存在实际的差别，女子一般低于男子，所以法律规定了照顾女方的原则。

（3）离婚时，如果一方生活困难，有负担能力的另一方应当给予适当帮助。从实际执行的情况看，接受经济帮助的多为女方。

（4）夫妻一方因抚育子女、照料老年人、协助另一方工作等负担较多义务的，离婚时有权向另一方请求补偿，另一方应当给予补偿。

以上规定有利于保障妇女离婚后的生活和子女的抚养、教育。

二、保护未成年人的合法权益

【案例2-5】 1岁时，小玲的父母离婚，小玲被入赘河南的父亲带回徐州，由爷爷奶奶抚养。从那时起，她就再也没得到过来自母亲的关爱。爷爷奶奶去世后，小玲和父亲共同生活。父亲对小玲动辄打骂，后来竟发展为性侵、猥亵。10岁的小玲失去了原本天真的笑容，这个背负着身体和心灵双重伤害长大的孩子，过早地见识了现实的丑陋。2014年10月，小玲的父亲被判处有期徒刑11年。生父入狱后，"小玲的监护权归谁"成了一个问题。

任务： 请回答小玲父母的监护权是否可以被撤销？民政部门是否可以提起撤销监护权的诉讼？

（一）为什么要保护未成年人的合法权益

保护未成年人的合法权益，是振兴国家和民族的需要，是培养和造就社会主义建设事业接班人的需要，也是巩固和发展社会主义婚姻家庭关系的需要。《宪法》第46条明确规定："国家培养青年、少年、儿童在品德、智力、体质等方面全面发展。""婚姻、家庭、母亲和儿童受国家的保护。"为了有效保障未成年人的合法权益，1991年9月4日第七届全国人大常委会第二十一次会议通过，并于2006年第十届全国人大常委会第二十五次会议修订的《未成年人保护法》从家庭、社会、学校、司法等方面对儿童的合法权益做了全面、具体的保障性规定。

但是在现实生活中，侵犯未成年人的权益的现象仍然存在，如遗弃女婴、残疾儿童，甚至出卖亲生子女的行为时有发生；由于重婚和非法同居等带来的非婚生子女问题也日益突出，非婚生子女往往遭到遗弃、虐待、残害和歧视。因此，保护未成年人的合法权益，仍然是一个极为重要的原则。

（二）如何保护未成年人的合法权益

1.《民法典》婚姻家庭编中保护未成年人的合法权益的具体规定

（1）明确规定了父母对未成年子女有抚养、教育、保护的义务。父母有教育、保护未成年子女的权利和义务，如果父母不履行抚养义务的，未成年子女或者不能独立生活的成年子女有要求父母付给抚养费的权利。而且这种义务不因父母离婚而消除。为了更好地保护未成年人的合法权益，《民法典》规定"禁止家庭暴力。禁止家庭成员间的虐待和遗弃"。虐待、遗弃子女的行为，情节严重的，构成虐待罪、遗弃罪，将受到刑事制裁。

（2）规定了不同情况的子女的平等地位。在我国，除了婚生子女以外，还有非婚生子女、继子女和养子女，不论是哪种子女，他们的地位都是平等的。我国《民法典》规定"非婚生子女享有和婚生子女同等的权利，任何组织或者个人不得加以危害和歧视""养父母和养子女间的权利和义务，适用父母子女关系的规定""继父母和继子女间，不得虐待或者歧视"，这切实保障了非婚生子女、继子女和养子女的合法权益。

（3）规定了特定情形下祖父母、外祖父母对孙子女、外孙子女以及兄姐对弟妹的扶养义务。我国《民法典》第1074条规定："有负担能力的祖父母、外祖父母，对于父母已经死亡或者父母无力抚养的未成年孙子女、外孙子女，有抚养的义务。"第1075条规定："有负担能力的兄、姐，对于父母已经死亡或者父母无力抚养的未成年的弟、妹，有扶养的义务。"这一规定符合我国家庭的实际情况，更有利于保护未成年人的合法权益原则的贯彻执行。

（4）离婚后的子女抚养问题。父母与子女间的关系，不因父母离婚而消除。离婚后，子女无论由父或者母直接抚养，仍是父母双方的子女。离婚后，父母对于子女仍有抚养、教育、保护的权利和义务。离婚后，子女随一方生活的，另一方应当支付部分或全部的抚育费。

2. 《民法典》总则编保护未成年人的合法权益的具体规定

（1）监护人应当按照最有利于被监护人的原则履行监护职责。监护人应当按照最有利于被监护人的原则履行监护职责。监护人严重侵害被监护人合法权益的，人民法院可以依法撤销其监护人资格。《民法典》第36条规定："监护人有下列情形之一的，人民法院根据有关个人或者组织的申请，撤销其监护人资格，安排必要的临时监护措施，并按照最有利于被监护人的原则依法指定监护人：（一）实施严重损害被监护人身心健康行为的；（二）怠于履行监护职责，或者无法履行监护职责并且拒绝将监护职责部分或者全部委托给他人，导致被监护人处于危困状态的；（三）实施严重侵害被监护人合法权益的其他行为。本条规定的有关个人、组织包括：其他依法具有监护资格的人、居民委员会、村民委员会、学校、医疗机构、妇女联合会、残疾人联合会、未成年人保护组织、依法设立的老年人组织、民政部门等。前款规定的个人和民政部门以外的组织未及时向人民法院申请撤销监护人资格的，民政部门应当向人民法院申请。"《反家庭暴力法》第21条规定："监护人实施家庭暴力严重侵害被监护人合法权益的，人民法院可以根据被监护人的近亲属、居民委员会、村民委员会、县级人民政府民政部门等有关人员或者单位的申请，依法撤销其监护人资格，另行指定监护人。"2015年最高人民法院、最高人民检察院、公安部、民政部联合印发的《关于依法处理监护人侵害未成年人权益行为若干问题的意见》第36条第3款规定，没有合适人员和其他单位担任监护人的，人民法院应当指定民政部门担任监护人，由其所属儿童福利机构收留抚养。

案例2-5中，生父性侵猥亵未成年女童，生母多年不管不问，怠于履行监护职责，严重损害了被监护人的身心健康。在没有个人和其他组织及时向法院申请撤销监护人资格时，民政部门应当向人民法院申请撤销生父母的监护人资格。本案为全国首例由民政部门申请撤销监护资格的案件。此案中，检察机关及时发现问题并向民政机关提出建议，民政机关接受建议并积极作为，向人民法院申请撤销生父母的监护资格，进而经人民法院判决承担替代性监护责任。不同国家机关各司其职、衔接有序，充分体现出其作为抽象"国家"之共同代表履行国家监护职责的能力和担当。

（2）诉讼时效制度的特别规定更有利于保护未成年人的合法权益。《民法典》总则编第190条规定："无民事行为能力人或者限制民事行为能力人对其法定代理人的请求权的诉讼时效期间，自该法定代理终止之日起计算。"无民事行为能力人、限制民事行为能力人的监护人是其法定代理人，未成年人的法定代理人侵害了其人身权益和财产权益时，只有当未成年人取得了民事行为能力，法定代理终止，未成年人才能有效地行使。从这时开始起算诉讼时效期间能够更好地保护他们的合法权益。《民法典》第191条规定，"未成年人遭受性侵害的损害赔偿请求权的诉讼时效期间,自受害人年满十八周岁之日起计算。"这样规定是为了给受害的未成年人在成年后寻求法律救济的机会,以更有利地保护未成年人的利益。《民法典》第 196 条规定,请求支付抚养费、赡养费或者扶养费的,不适用诉讼时效的规定。义务人若以时效经过而不支付费用将使权利人的生活没有保障,既违背公序良俗原则,也违背法律,因此这些请求权不适用诉讼时效。

三、保护老年人的合法权益

【案例2-6】 现年 83 岁的陈老伯体弱多病、无经济来源,陈老伯与妻子共生有 3 个儿子 2 个女儿。他们都已经成家立业,2 个女儿虽不在身边,但平时经常看望老父亲,在经济上也有一定的照顾。2007 年 2 月,陈老伯因患心血管病住院治疗,共花去医疗费、护理费等共计 3.5 万余元,经过医院减免、合作医疗报销,实际花费 1.9 万余元。近 2 万元的钱大部分是陈老伯向他人借来的,陈老伯与三个儿子协商,让他们承担这笔开支,但三个儿子都不愿意支付。所以陈老伯向法院起诉要求三个儿子平均负担医疗费。

大儿子认为,父亲要求支付的医疗费、护理费等计算有误,要求按合理的费用重新计算。而且父亲一共生有五个子女,赡养他的责任应该由五人共同承担,第二、三个儿子认为,父亲的诉请是事实,但只愿意承担治疗合理费用中的五分之一。

任务: 请回答陈老伯是否可以要求儿子承担治疗疾病支付的费用?为什么?

(一)为什么要保护老年人的合法权益

尊敬老年人是中华民族的传统美德。老人为国家、民族、社会和家庭贡献了毕生的精力,创造了物质财富和精神财富。在年老体弱、丧失劳动能力的时候,他们理应得到社会和家庭的尊敬和照顾。子女理应在生活上给以关心,在经济上给予照顾,在精神上给予安慰,使他们能够安度晚年。这不仅是法律规定的义务,也是社会主义道德的要求。我们应当弘扬中华民族孝亲敬老的传统美德,引导人们自觉承担家庭责任、树立良好家风,强化家庭成员赡养、扶养老年人的责任意识,促进家庭老少和顺。《中华人民共和国宪法》规定:"中华人民共和国公民在年老、疾病或者丧失劳动能力的情况下,有从国家和社会获得物质帮助的权利。国家发展为公民享受这些权利所需要的社会保险、社会救济和医疗卫生事业。"

2013 年 7 月 1 日,新修订的《中华人民共和国老年人权益保障法》正式施行,该法首次将"常回家看看"精神赡养写入条文。在其第 18 条条文中,着重指出:家庭成员应当关心老年人的精神需求,不得忽视、冷落老年人。与老年人分开居住的家庭成员,应当经常看望或者问候老年人。

(二)《民法典》如何保护老人的合法权益

1. 明确规定了子女对父母有赡养扶助的义务

子女对父母有赡养扶助的义务,如果子女不履行赡养义务,缺乏劳动能力或者生活困难的父母,有要求成年子女付给赡养费的权利。子女对父母的赡养义务不因父母婚姻关系的变化而终止,子女对父母赡养扶助的义务不因父母的离婚、再婚而消除。另外,在一定条件下,孙子女或外孙子女有赡养祖父母或外祖父母的义务。

《民法典》第1067条规定："成年子女不履行赡养义务的，缺乏劳动能力或者生活困难的父母，有要求成年子女给付赡养费的权利。"案例2-6中，原告要求被告负担因病支出的医疗费、护理费，合情合理，法院予以支持。不论儿子还是女儿，均有赡养父母的义务。原告有子女五人，应当共同承担对原告的赡养义务。据此，法院判决三被告各承担陈老伯的医疗费、护理费的五分之一。

2. 明确规定了禁止虐待和遗弃家庭成员

禁止虐待和遗弃家庭成员在《宪法》中有明确的规定，《民法典》也有同样的规定。《民法典》第1042条所规定的"禁止家庭成员间的虐待和遗弃"就是具体体现宪法精神的。

虐待是指以作为或不作为的形式，对家庭成员歧视、折磨、摧残，使其在精神上、肉体上遭受损害的违法行为，如打骂、恐吓、冻饿、患病不给治疗、限制人身自由等。家庭暴力和虐待都是对其他家庭成员造成身体或心理伤害的行为，区别在于一般的打骂就可以构成家庭暴力，但不构成虐待；持续性、经常性的家庭暴力，构成虐待。

遗弃是指家庭成员中负有赡养、抚养、扶养义务的一方，对需要赡养、抚养或扶养的另一方，不履行义务的违法行为，如父母不抚养未成年子女，成年子女不赡养无劳动能力或生活困难的父母等。遗弃以不作为的方式出现，应为而不为，致使被遗弃人的权益受到侵害。

在家庭成员间，受虐待和遗弃的多数为妇女、儿童和老人。而近年来，虐待、遗弃老人的问题更加突出。有的把丧失劳动能力的老人当成"包袱"和"累赘"，寻找种种借口，不承担赡养扶助的义务；有的采取种种手段，虐待老人，逼得老人自杀身亡。这不仅是违反社会主义道德的行为，也是违法行为，情节恶劣，构成虐待罪、遗弃罪的，还要受到刑事惩罚。

四、保护残疾人的合法权益

【案例2-7】宋某为贰级残疾人，表现为口齿不清、身体协调性差。2017年4月，宋某在某银行领取粮食补贴款，并给其父亲缴纳养老保险金时，因忘记银行卡密码，需要办理重置密码业务。工作人员告知其需到开户行办理，因双方交流不畅发生口角。该银行工作人员不了解宋某身体残疾情况，见宋某行为异常，遂启动银行报警系统。宋某听到警铃声后，匆忙跑出营业场所。宋某以侵害其人格权为由，向人民法院起诉请求该银行向其赔礼道歉，赔偿精神损失费40 000元。

任务：请回答银行使用警铃的行为是否侵犯宋某的人格权？

家庭不仅是残疾人生活的主要载体，更是他们维持稳定生活的重要依靠，但是他们在婚姻家庭生活中却遇到了许多健康人难以想象的问题和困难，如结婚自由权的实现相对困难，婚检孕检率低，监护规定落实不到位，养老问题没有得到真正解决，离婚时法律没有规定特殊的保障措施。

党的十八大以来，习近平总书记一直格外关心残疾人这个困难的特殊群体，明确强调"全面建成小康社会，残疾人一个也不能少"。党的十九届五中全会提出，要"健全多层次社会保障体系。健全老年人、残疾人关爱服务体系和设施，完善帮扶残疾人、孤儿等社会福利制度"。为更好地保护残疾人的合法权益，《民法典》婚姻家庭编也专门增加了"保护残疾人合法权益"原则。这不仅反映了现代社会人权保障的共识性要求，更体现了中国特色社会主义婚姻家庭法律制度的显著特征和先进性、优越性。残疾人自尊自立、自强不息的精神就是我们的民族精神、时代精神，也是社会主义核心价值观的应有之义。

《残疾人保障法》第 9 条规定："残疾人的扶养人必须对残疾人履行扶养义务。残疾人的监护人必须履行监护职责，尊重被监护人的意愿，维护被监护人的合法权益。残疾人的亲属、监护人应当鼓励和帮助残疾人增强自立能力。禁止对残疾人实施家庭暴力，禁止虐待、遗弃残疾人。"

人格尊严是民事主体作为"人"所应有的最基本社会地位、社会评价，并得到最起码尊重的权利。《民法典》第 109 条规定，自然人的人身自由、人格尊严受法律保护。《残疾人保障法》第 3 条第 2 款规定："残疾人的公民权利和人格尊严受法律保护。"残疾人在社会适应力、心理承受力方面弱于普通人，更加需要社会的理解与关怀。案例 2-7 中，某银行在没有证据证实宋某在该行办理业务过程中有抢劫企图或者有危及银行工作人员生命健康安全行为的情况下，仅是为办理业务事宜时和工作人员发生争执，就使用警铃。宋某作为残疾人，社会适应能力差。某银行工作人员的行为给身为残疾人的宋某适应社会平添了心理障碍，造成精神上的严重伤害。法院判决某银行赔偿宋某精神损害抚慰金 5 000 元，并就使用警铃不当行为给宋某造成精神伤害作出书面赔礼道歉。

总之，保护妇女、未成年人、老年人、残疾人的合法权益，是我国婚姻家庭法的重要原则。随着物质文明和精神文明建设的提高，这一原则将会得到更好的贯彻、落实。

思考与练习

一、思考

1. 我国婚姻家庭法有哪些基本原则？
2. 如何理解社会主义制度下的婚姻自由原则？
3. 如何理解保护妇女的合法权益原则？
4. 如何理解男女平等原则的概念和内容？
5. 如何贯彻一夫一妻制原则？

二、练习

（一）单项选择题

《民法典》第 1042 条第 2 款规定："……禁止有配偶者与他人同居……"所谓"有配偶者与他人同居"是指(　　)。

 A. 有配偶者与婚外异性，以夫妻名义持续、稳定地共同居住

 B. 有配偶者与婚外异性，以夫妻名义共同居住

 C. 有配偶者与婚外异性，不以夫妻名义持续、稳定地共同居住

 D. 通奸

（二）多项选择题

重婚的形式是（　　　）。

    A. 前婚未解除，又与他人登记结婚的行为

    B. 前婚未解除，又与他人长期姘居的行为

    C. 前婚未解除，又与他人长期通奸的行为

    D. 前婚未解除，又与他人以夫妻名义同居生活的

（三）案例练习

申请人吴某某（女）与被申请人杨某某（男）于 2009 年相识后确立恋爱关系，并居住在一起。2018 年农历春节过后吴某某向杨某某提出分手，杨某某同意。2018 年 4 月，杨某某开始对吴某某进行跟踪、骚扰、殴打并强行闯入吴某某的住所和工作场地，限制吴某某的人身自由，抢夺吴某某的钥匙、手机，在吴某某住所地张贴污蔑、辱骂、威胁吴某某的材料。吴某某多次向住所地、工作场地所在的派出所报警，杨某某在经警察教育、警告之后仍屡教不改，并且变本加厉骚扰吴某某。吴某某遂向法院申请人身安全保护令。

【任务】请回答人民法院是否应当作出人身安全保护令？

实训一　婚姻家庭法入门

　　制作法律意见书是法律职业者实际的工作任务，它既可以是独立的工作任务又可以是用于与当事人协商，以指导下一步工作的工作方案。制作法律意见书是法律职业者的一项简单工作任务，因此可以作为训练初学者处理法律事务能力的有效工具。法律意见书是律师提供法律服务的一种综合性的书面文件。其内容包括向咨询者提供法律依据、法律建议以及解决问题的方案。律师以出具法律意见书的方式解答法律询问，应当注意为咨询者提出的法律问题作出完整、准确、肯定、有法律依据的回答，为咨询者的决策提供具体、明确、可靠的参考意见。这次的实训任务主要围绕制作法律意见书进行。

　　【案件来源】

　　2021年1月，洪某来到某律师事务所对自己遇到的法律纠纷进行咨询，请求律师出具法律意见书，某律师接待了洪某。洪某的基本情况：洪某，女，1998年7月4日出生，汉族，务农，现住×省×市×区××街×号。

　　【案情简介】

　　2020年1月，张某与洪某经朋友介绍相识，经过一段时间的相处后，二人决定结婚。经双方家长协商，双方决定按照张某老家的习惯，先举办结婚典礼然后再去民政局办理结婚登记手续。2020年6月，张某给洪某彩礼20万元，后双方于张某老家举办结婚典礼。由于婚礼过程中洪某与张某的母亲发生争执，婚礼过后，洪某携带20万元的彩礼回到自己的老家，张某多次前往洪某家中要求洪某与自己返回家中生活，洪某均未予同意。直至2020年12月，洪某从未与张某在一起生活也没有与张某去民政局登记结婚。张某遂将洪某诉至人民法院，要求洪某解除婚姻关系并退还20万元的彩礼。

　　2021年1月，洪某接到法院的传票、应诉通知书和对方的起诉状及证据材料。洪某认为两家发生纠纷系张家引起，张家理应承担责任；况且双方婚礼已经举行完毕，双方已经成立夫妻关系，张某无权取回彩礼。

　　【任务前提】

　　律师接受委托后为洪某提供了如下法律意见书：

法律意见书

　　致洪女士：

　　我所接受您的委托，认真研读了您提供的证据资料，承办律师在此信息基础上，就您与张某婚约财产纠纷一案依法出具法律意见书，仅供参考。

　　一、案件基本事实

　　2020年1月，您与张某经朋友介绍相识，经过一段时间的相处后，决定结婚。经双方家长协商，双方决定按照张某老家的习惯，先举办结婚典礼然后再去民政局办理结婚登记手续。2020 年 6 月，您接受彩礼 20 万元，并于张某老家举办结婚典礼。由于婚礼过程中您与张某的母亲发生争执，婚礼过后，您携带 20 万元的彩礼回到自己的老家，张某多次前往您家中要求与您一起返回家中生活，您均予以拒绝。直至 2020 年 12 月，您与张某从未在一起生活过，也没有去民政局办理结婚登记。张某将您诉至人民法院，要求解除婚姻关系并退还 20 万元的彩礼。

二、当事人提供的证据材料

1. 洪某的基本身份信息、张某的基本身份信息；

2. 结婚相关请帖、费用发票；

3. 银行转账流水；

4. 您与张某、张某的父母的微信聊天记录；

5. 与张某电话通信录音及通过录音整理的文字资料。

三、归纳双方争议的焦点

1. 双方的婚姻关系是否成立；

2. 请求返还彩礼是否有依据。

四、案情分析及相关法律法规

1. 当事人双方未形成婚姻关系。根据《中华人民共和国民法典》第 1049 条之规定，要求结婚的男女双方应当亲自到婚姻登记机关申请结婚登记。符合本法规定的，予以登记，发给结婚证。完成结婚登记，即确立婚姻关系。未办理结婚登记的，应当补办登记。

具体到本案中，虽然您与张某按照老家的风俗习惯举办了结婚典礼，但是因为没有履行登记手续，因此不能形成法律意义上的夫妻关系，故本案不涉及解除婚姻关系的问题。

2. 当事人应当酌情退还彩礼。根据《最高人民法院关于适用〈中华人民共和国民法典〉婚姻家庭编的解释（一）》第 5 条之规定："当事人请求返还按照习俗给付的彩礼的，如果查明属于以下情形，人民法院应当予以支持：（一）双方未办理结婚登记手续；（二）双方办理结婚登记手续但确未共同生活；（三）婚前给付并导致给付人生活困难。适用前款第二项、第三项的规定，应当以双方离婚为条件。"

具体到本案中，您虽然与张某举办了结婚典礼，但没有办理婚姻登记手续，故依据该解释第 5 条第 1 款第 1 项规定，您应当退还 20 万元彩礼。因为双方举办了结婚典礼，您可以根据开销情况酌情扣除一部分费用。

本法律意见书的出具仅限于为当事人提供参考，用于帮助您分析案情，确定法律关系，决定诉讼策略，不具有其他法律效力。

出具人：××××律师事务所

××律师

××××年××月××日

【学习任务】

（1）该律师出具的法律意见书有什么明显的不妥？

（2）制作法律意见书的基本要点是什么？

【任务提示】

首先，本案是关于婚姻成立纠纷的案件，应当属于婚姻家庭法的调整范围。关于婚姻关系是否成立的问题，应当考虑婚姻家庭法对于婚姻成立的程序是否有明确的规定。彩礼不同于一般的赠与，关于彩礼的问题应当考虑婚姻家庭法的有关规定。其次，中华人民共和国成立后的《婚姻法》一共有三个文本，分别是 1950 年、1980 年、2001 年修正案，另外还有《民法典》，应当核实文本的生效时间，确定法律渊源。最后，"法律意见书"属于公函式应用文，应当从公函的制作要点，并结合法律意见书的功能，归纳法律意见书的制作要点。法律意见书的制作要点须完整、具体、明确。

第二单元　婚姻成立

第三章　结婚制度

知识目标
- 能够准确说出结婚的概念和特征。
- 能够准确说出聘娶婚、共诺婚的概念。
- 能够准确说出我国法律规定的结婚的条件。

能力目标
- 面对准备结婚的当事人，能够辨别当事人的情况是否符合结婚条件，能够指导当事人依法进行结婚登记，指导意见应当最大限度保护当事人的结婚自由，同时避免违法婚姻。
- 能够依法处理结婚过程中出现的财物纠纷。

素养目标
- 逐渐培养最大限度保护当事人结婚自由的自觉意识。
- 逐渐培养服务意识、精益求精的职业自觉。

结婚是一项严肃的民事法律行为，必须具备一定的条件，履行一定的程序，才具有法律效力。

第一节　结婚制度概述

一、结婚的概念和特征

结婚又称婚姻的成立，是指男女双方依照法律规定的条件和程序建立夫妻关系的民事法律行为。

结婚的概念有广义和狭义之分。广义的结婚除包括夫妻关系的确立外，还包括婚约的订立；狭义的结婚仅指婚姻的成立而不包括订立婚约。从历史的发展沿革来看，结婚经历了一个由广义向狭义演变的过程。我国古代多采用广义说，而现代多采用狭义说。我国《民法典》不承认婚约的法律效力，因此采用的是狭义的结婚的概念。结婚这一法律行为具有以下三个方面的法律特征：

（一）结婚行为的主体必须是男女两性

结婚这种法律行为只能发生于男女两性之间，同性是不能结婚的，这是婚姻关系自然属性的体现。虽然一些国家通过立法承认同性婚姻，但同性结合的合法化主要是为了保护个人对生活方式的选择权利。目前我国婚姻家庭法不承认同性婚姻。人工手术变性人或自然变性人，在更改户籍身份证件的性别登记后，可以该证件证明的身份与异性结婚。

（二）结婚行为要符合法律规定的条件，按照法律规定的方式进行

男女结婚后要组织家庭、生儿育女，产生家庭与社会责任。由于结婚行为具有一定的社会意义，因此它要受到法律的调整。古今中外的婚姻立法，皆对结婚的条件、程序作了具体的规定。根据我国《民法典》的规定，结婚必须符合法定的实质要件和形式要件，只有如此才合法有效，才能得到法律的承认和保护。男女双方不按结婚条件和程序自行结合的，一般不发生婚姻的效力。

（三）结婚行为的法律后果是建立婚姻关系

男女双方依法结婚后，确立夫妻关系，互为配偶，双方开始享有法律规定的夫妻权利，承担法律规定的夫妻义务。一方擅自与他人另行确立夫妻关系的，将构成重婚。

二、结婚制度的历史沿革

结婚制度始于个体婚制，在人类婚姻漫长的进化过程中，经历了不同的发展阶段，主要存在着掠夺婚、有偿婚、聘娶婚、宗教婚和共诺婚这五类结婚方式。

（一）掠夺婚

掠夺婚也称为抢婚，是指男子以暴力劫夺女子为妻的婚姻。掠夺婚有两个特点：一是以暴力为手段，二是强迫女子与之结合。掠夺婚是原始社会群婚向个体婚过渡的重要标志。恩格斯在《家庭、私有制和国家的起源》中指出："抢劫妇女的现象，已经表现出向个体婚制过渡的迹象，至少是以对偶婚的形式表现出这种迹象。"① 这种用暴力方式形成的婚姻具有不稳定、易分离的因素。因为它毕竟是一种野蛮的求婚方式，不仅容易遭到女方的反抗，而且有可能遭到女方亲属的报复，女方仍有被夺回去的可能。因此，随着社会文明程度的提高，掠夺婚已成为历史的遗迹。一些少数民族地区仍残存抢婚习俗，但仅作为一种结婚的仪式，已不再具有暴力和违背女方意志的内容，我国法律对此不予干预。

（二）有偿婚

有偿婚是指男子支付给女子或其父母一定的代价而成立的婚姻。有偿婚是在掠夺婚的基础上演变而来的。根据给付代价的不同形式，有偿婚可具体分为买卖婚、交换婚和劳役婚等，其特点就是把女子当作物品进行交换。

1. 买卖婚

买卖婚是指男子以金钱或实物换取女子为妻。它是世界古代普遍存在的结婚方式，并有公开的买卖婚和变相的买卖婚之别。买卖婚为我国《民法典》所禁止。但由于封建婚姻制度的影响，买卖婚在我国并未绝迹，尤其在偏远的农村，买卖婚的现象仍然较为严重。

2. 交换婚

交换婚亦称互易婚，是指双方父母各以其女交换为子妇，或男子各以其姊妹交换为

---

① 《马克思恩格斯选集》第4卷，人民出版社1972年版，第41页。

妻。在我国某些地区还盛行的"换亲""转亲"皆是这种包办婚姻习俗的残余。

3. 劳役婚

劳役婚是指男子以给女方家服一定期限的劳役为代价而形成的婚姻。这种求妻方式也是有偿的，因为是以力代财，故这种婚姻中男子的地位相对较低。男方入赘就是由此演变而来的。

（三）聘娶婚

聘娶婚是指男子向女方或其父母纳送一定数量的聘财而成立的婚姻。它是长期存在于我国封建社会的一种最主要的求妻方式。从实质上看，聘娶婚是一种变相的买卖婚。《礼记》中记载："非受币，不交不亲""无币不相见"。西周始创的"六礼"是聘娶婚的主要程序。"六礼备，谓之聘；六礼不备，谓之奔。"

根据《礼记·昏义》记载，男女结婚必须经过纳采、问名、纳吉、纳征、请期、亲迎等礼仪程序，才能为社会所承认。现将"六礼"简述如下：

（1）纳采。纳采是男方请媒人到女方家提亲，如果不被女方家拒绝，即备礼正式求婚。

（2）问名。问名是男方遣媒人问请女方的名字及出生年、月、日、时，以便卜其吉凶；还要问请女方母亲的姓名，了解女方母亲的身份，是正妻还是妾。

（3）纳吉。即求神问卜，如卜得吉兆，男方再派媒人告知女方家，又称文定或通书。

（4）纳征。纳征也称为纳币，即男方向女方家交纳聘财，婚约至此成立，对男女双方均有约束力，不得反悔。行纳征礼依身份、地位的不同而有所区别。

（5）请期。男方择定婚期，并在形式上商请女方家同意。后世演变为男方告知女方家迎娶的日期。

（6）亲迎。新郎到女方家去迎娶新娘。迎亲后先履行"成妻之仪"即举行婚礼，确立夫妻关系；"成妻之仪"之后还要履行"成妇之仪"，就是要拜夫家祖先，这些程序完成后女子才能成为男家宗族的正式成员。

"六礼"以纳征为中心环节。六礼的程序虽几经变迁，但聘娶婚的本质始终如一。如宋代曾将六礼简化为四礼，即纳采、纳吉、纳征、亲迎。《朱子家礼》中将纳吉并入纳征。元代增议婚一项。明、清基本沿用《朱子家礼》。在民间，"六礼"对我国婚姻的成立至今仍有一定的影响。结婚要财礼、婚礼铺张浪费仍被某些人视为天经地义。因索要财礼导致家庭不和、夫妻离异的现象屡禁不止。

（四）宗教婚

宗教婚指欧洲中世纪盛行的结婚方式。当时基督教成为国教，基督教的寺院法凌驾于世俗法之上，规范着人们的结婚行为。当时的基督教认为婚姻是"神作之合"，若想使婚姻成立及有效，结婚必须向当地的教会申请，经公告程序并在教会的神职人员面前举行宣誓仪式。欧洲宗教改革和婚姻还俗运动之后，宗教婚被法律婚所取代。

（五）共诺婚

共诺婚是指依男女双方合意而成立的婚姻。共诺婚又称为自由婚。近代自由婚是随着资本主义制度的确立而出现的。自由婚强调男女双方合意，契约说是其理论基础。一些资产阶级学者认为，婚姻是夫妻双方以互相占有、共同生活为目的而自愿订立的契约，因此必须以双方的合意为婚姻成立的条件。因此,资产阶级的自由婚称契约婚。共诺婚的产生对否定封建婚姻和宗教婚姻观,无疑是一种历史的进步。

我国社会主义制度的建立,为确立以爱情为基础的自由婚创造了良好的经济条件和社会条件。我国自 1950 年《婚姻法》就规定了婚姻自由原则,要求结婚的男女双方必须完全自愿,禁止封建社会的包办婚姻和买卖婚姻,为实现真正的婚姻自由提供了可靠的法律保障。

第二节 结婚的实质要件

【案例 3-1】 吕某(男)和刘某(女)经人介绍相识,相处中两人发现他们是同年同月同日生,更觉是天赐良缘。在两人都满 21 周岁时,两人决定登记结婚。吕某认为两人的年龄相加已足 42 周岁,可以登记。

任务: 请回答吕某的解释符合婚姻家庭法的规定吗,为什么?

结婚条件又称结婚的实质要件,包括结婚的必备要件和结婚的禁止要件。

一、结婚的必备要件

结婚的必备要件,也称为结婚的积极要件,是指男女结婚时必须具备、缺一不可的法定条件。按照我国《民法典》的规定,结婚的必备要件有三个。

(一)应当男女双方完全自愿

我国《民法典》第 1046 条规定:“结婚应当男女双方完全自愿,禁止任何一方对另一方加以强迫,禁止任何组织或者个人加以干涉。”这一规定的核心就是国家将结婚的决定权完全交给婚姻当事人,即在法律规定的条件内,是否结婚、与谁结婚的决定权属于当事人。这是由婚姻的本质决定的。婚姻是男女两性以永久共同生活为目的的结合,这种结合在法律上将产生身份与财产上的效力,并由当事人承担由此产生的法律上的权利和义务关系。“结婚应当男女双方完全自愿”作为结婚的首要条件,是婚姻自由原则在结婚制度上的具体体现。

“男女双方完全自愿”具有十分深刻的含义:

1. 强调男女双方自愿,而不是一厢情愿

因为结婚是两个人的事情,应以互爱为基础,如果其中一方不同意就不能结合,这层含义强调“双方”,旨在排除一方对他方的强制。

2. 强调男女本人自愿,而不是父母或其他第三人同意

结婚是男女本人的事情,应由男女本人决定。父母、其他第三人可以基于关心提出建议,但不能包办强迫。这层含义排斥了父母或他人对婚姻的包办强迫。

3. 强调男女双方完全自愿,而非勉强同意

真正的自愿结婚,是不附加任何条件的。在我国,婚姻的基础是感情,婚姻应是男女双方真爱的结合。当事人因受到威吓、强迫或暴力强制而作的同意结婚的意思表示,不是当事人的真实意愿,是不自由的意思表示,基于该意思表示而缔结的婚姻,违背了婚姻自

由原则，应该否认其法律效力。《瑞士民法典》第 126 条规定受胁迫而结婚，可诉请法院撤销其婚姻。我国《民法典》第 1052 条也规定了胁迫婚姻属于可撤销婚姻。

（二）应当达到法定婚龄

1. 法定婚龄的概念

法定婚龄就是法律规定的结婚的最低年龄。男女只有到了这个年龄，才能结婚，没有达到这个年龄，就不许结婚。我国《民法典》第 1047 条规定："结婚年龄，男不得早于二十二周岁，女不得早于二十周岁。"除沙皇俄国曾在民法中规定男女逾 80 岁者不得结婚以外，古今中外各国立法对结婚年龄的上限未作规定。

我国《民法典》第 1047 条规定是对申请结婚的男女双方分别作出的强制性要求。案例 3-1 中，吕某（男）才 21 周岁，不符合婚姻家庭法关于男性不得早于 22 周岁的规定，不可用双方年龄相加已足 42 周岁替代法定婚龄的规定。因此，吕某和刘某不满足结婚的实质性要件。

《民法典》规定的法定婚龄具有强制性和普遍适用性，但不排除在某些特殊情况下，允许法律对婚龄作出特殊规定。《民法典》授权民族自治地方的人民代表大会可结合当地民族婚姻家庭的具体情况，对法定婚龄等问题制定变通规定。

2. 确定法定婚龄的依据

古今中外，法定婚龄的规定都是基于自然因素和社会因素确立的。

（1）自然因素主要是指男女身心发育的情况。由于结婚是一项重要的法律行为，这就要求行为人具备一定的心理条件和生理条件。根据自然规律，男女性只有达到一定年龄，生理和心理才能发育成熟，才具备适合结婚的生理条件和心理条件，才具备结婚行为能力，才能正确履行夫妻间的权利和义务，才能承担对家庭、子女和社会的责任，才能正确认识和处理婚姻家庭问题。一般而言，女子从 12 岁到 14 岁，男子从 14 岁到 16 岁，开始进入青春发育期，女子在 19 岁左右，男子在 21 岁左右，身体发育基本成熟。所以世界各国规定的法定婚龄虽略有差异，但大体都在 16~20 岁。这也正是尊重自然因素的结果。

（2）社会因素是指一定的生产方式以及与之相适应的其他社会条件，如政治、经济、文化、人口状况、道德、宗教及民族习惯。其中最主要的是社会生产力发展状况和人口状况，这是确定法定婚龄的主要依据。

（三）应当符合一夫一妻制

一夫一妻制是我国婚姻家庭法的基本原则，一夫一妻制就是要求结婚的男女必须是单身、无配偶身份，即要求结婚的当事人只能是未婚者、丧偶者或者离异者。有配偶者只能在原婚姻关系终止后始得再婚，已经有了配偶又与他人结婚的，便构成了重婚。重婚无效，触犯刑律构成重婚罪的，应当依照刑法的规定，追究其刑事责任。离婚的双方要求复婚，必须是双方均为单身的情况。

二、结婚的禁止要件

结婚的禁止要件，也称为结婚的消极要件或婚姻的障碍，是指结婚时应该排除的情况。

（一）禁婚亲的范围

1. 直系血亲

直系血亲，是指具有直接血缘关系的各代亲属。如父母与子女间的关系，祖父母、外祖父母与孙子女、外孙子女间的关系；曾祖父母、曾外祖父母与曾孙子女、曾外孙子女间的关系。

2. 三代以内旁系血亲

三代以内旁系血亲是同源于祖父母、外祖父母的除直系血亲外的血亲。其范围包括：

（1）同源于父母的兄弟姐妹，包括同父同母的全血缘的兄弟姐妹，以及同父异母和同母异父的半血缘的兄弟姐妹。

（2）同源于祖父母或外祖父母的不同辈分的叔伯与侄女、姑与侄、舅与外甥女、姨与外甥。

（3）同源于祖父母或外祖父母的相同辈分的堂兄弟姐妹、姑表兄弟姐妹、舅表兄弟姐妹和姨表兄弟姐妹。

在我国历史上表兄弟姐妹间有提倡通婚的习俗，称为"中表婚"，所以该规定的立法精神的实质意义，就是禁止中表婚。因为表兄弟姐妹与堂兄弟姐妹一样，都是三代以内旁系血亲，其血缘亲疏远近完全相等，只因我国历史上长期存在的小农经济和与此相关的聚族而居，及宗法制度推行"亲上加亲"的政治联姻制度，所以中表婚的习俗才一直延续下来。现在，随着社会经济的发展和人们科学文化水平的提高，广大人民群众逐渐认识到近亲结婚的危害，故我国自1980年修订《婚姻法》以来，法律一直明文禁止中表婚。它既符合科学的要求，也是可行的。

另外，许多外国法还有禁止某些姻亲结婚的规定，其中以禁止直系姻亲结婚最为普遍，如日本、法国等。所谓姻亲，是指除配偶外，以婚姻关系为中介而产生的亲属。例如公公与儿媳的关系、岳母与女婿间的关系。《日本民法典》第735条规定："直系姻亲间，不得结婚。即使在姻亲关系解除后，也不得结婚。"《意大利民法》第87条和《法国民法典》第162条也有类似的规定。我国《民法典》中对此无明文规定。姻亲不是血亲，对于直系姻亲，立法并未禁止诸如公公和儿媳结婚这种情况。

（二）禁止近亲结婚的目的与意义

1. 基于伦理道德要求

人们在长期的社会生活中形成的婚姻禁忌和两性关系的伦理道德观念，认为近亲结婚有碍教化，有悖于婚姻道德，容易造成亲属身份上和继承上的紊乱。《白虎通·嫁娶》有云："不娶同姓者，重人伦，防淫佚，耻于禽兽同也。"孟德斯鸠在《论法的精神》中同样指出，儿子和母亲结婚，就要扰乱事物的秩序。儿子应该对母亲有无限的尊敬……如果母亲和儿子结婚的话，就将把双方的天然地位都推翻了。父亲和女儿结婚同样是违背自然的。禁止父女和兄弟姐妹间的婚姻行为的是保持家庭合乎自然的贞洁。

2. 基于优生学的原理

禁止近亲结婚，充分反映了自然选择规律的要求，是有遗传学和生物学上科学依据的。实践证明，近亲结婚极易把双方生理上、精神上的某些缺陷遗传给下一代，违反优生学原理，不利于民族的健康和人类的发展。摩尔根曾提出，没有血缘亲属关系的民族之间的婚姻，会创造出在体质和智力上都更加强健的人种。我国古籍《左传》中也有"男女同姓，其生不蕃"之说。根据有关部门统计，人类大约有 3 千多种遗传性疾病，仅"隐性遗传"一类就有 1 千多种，如先天性痴呆、白化病等。"隐性遗传"的发生需要两个相同的"病态基因"相结合。如果父母双方仅有一方带"病态基因"，不至于导致下一代发病。但父母双方如果是近亲，子女的发病率要比非近亲结婚的高 150 倍。

第三节　结婚的形式要件

【案例 3-2】 2018 年 9 月，张某决定与女友王某结婚。双方于 9 月 9 日完成结婚登记，领取了结婚证，并计划于国庆节举行婚礼，宴请双方好友。按照当地的习俗，两人仍各自在父母家中居住。9 月 18 日，张某外出不幸遭遇车祸，经抢救无效死亡。王某与张某的父母办理完张某的丧事后，提出分割并继承张某的遗产。张某的父母认为二人还未举行婚礼，以尚未以夫妻名义共同生活为由拒绝，王某遂向法院提起诉讼。

任务：请回答王某的请求能否得到支持？

一、结婚的形式要件概说

（一）结婚形式要件的概念和类型

结婚的形式要件也称为结婚程序，是指法律规定的缔结婚姻所必须履行的法定手续。在通常情况下，要求结婚的男女除必须具备婚姻家庭法规定的实质要件外，还要具备法律规定的形式要件，才能形成合法的夫妻关系。基于传统、文化和婚姻习俗，各国规定的结婚程序并不相同，目前各国结婚程序可分为登记制、仪式制、登记与仪式结合制三种类型。

1. 登记制

登记制是指依法进行结婚登记为婚姻成立的唯一形式要件，无须举行仪式。登记制是近代发展起来的。因这种方式简便，故当代许多国家采取此制，如日本、墨西哥、苏联、古巴。《民法典》第 1049 条规定："要求结婚的男女双方应当亲自到婚姻登记机关申请结婚登记。符合本法规定的，予以登记，发给结婚证。完成结婚登记，即确立夫妻关系。"这一规定说明我国实行登记制，确立婚姻关系的唯一法定手续就是结婚登记。

2. 仪式制

仪式制是指履行一定的仪式为婚姻成立的形式要件。这是一项古老的结婚制度，历史上长期盛行。我国古代的聘娶婚以"六礼"为形式要件，实行仪式制。国民党民法亲属编规定结婚实行仪式制，要求"结婚应有公开之仪式及两人以上之证人"。

目前国外一些国家的法律仍规定采用仪式制。结婚仪式有三种：

（1）宗教仪式。即按宗教要求，由神职人员主持的结婚仪式。

（2）世俗仪式。即按民间习俗举行的结婚仪式，一般由主婚人和证婚人参加。

（3）法律仪式。即依法在政府官员面前举行的仪式。当代各国对结婚仪式的规定繁简不同。其目的除表示对结婚的重视外，主要是为防止不符合结婚条件的人结婚。

3. 登记与仪式结合制

登记与仪式结合制是指既要进行登记，又要举行仪式，只有这样婚姻才合法、有效。有的规定先登记，再举行仪式；有的则规定先举行仪式，再进行登记。

（二）结婚登记的目的和意义

根据我国《婚姻登记条例》第 1 条规定："为了规范婚姻登记工作，保障婚姻自由、一夫一妻、男女平等的婚姻制度的实施，保护婚姻当事人的合法权益，根据《中华人民共和国婚姻法》，制定本条例。"据此规定，我国实行结婚登记的目的与意义体现在以下几方面：一是维护和巩固社会主义的婚姻家庭制度。中华人民共和国成立后，我国实行婚姻自由、一夫一妻的婚姻制度，采用登记制作为结婚形式，有利于消除封建婚姻的历史影响，防止包办婚姻、买卖婚姻和重婚。二是落实结婚条件。采用登记制的结婚形式，由专门机关审查结婚条件，有利于预防和制止违法婚姻的发生。三是保护婚姻当事人的合法权益。采用登记制的结婚形式，有利于减少婚姻纠纷，保障家庭稳定，保护男女双方的合法权益。

二、婚约

（一）婚约的概念

婚约是男女双方以结婚为目的而订立的婚姻预约。订立婚约的行为被称为订婚或者定婚，订立了婚约的当事人为未婚夫妻。

我国历代封建法律和一些资本主义国家的婚姻立法，都把婚约作为结婚的必经程序。

早期型婚约渊源于买卖婚姻，买卖女子的要约成为婚姻成立的前提条件。故古代订婚是婚姻成立的组成部分，并具有法律效力。从我国古代礼、法来看，婚约是从"六礼"中的"纳征"演变而来的。订婚后，男女双方不得任意悔约，否则将受到法律制裁。如唐律规定，已订立婚书而反悔者，杖六十，虽无许婚书，但受聘财亦视婚约成立；如更许他人，杖一百；虽成婚者徒一年半。后来的元、明、清律亦有类似的规定。

从外国古代法和中世纪寺院法来看，婚约也具有法律效力。直至现代寺院法上仍保留对违约者有请求赔偿的权利，但无结婚请求权。

晚期型婚约的主要特征是婚约已不是婚姻成立的组成部分和必经程序。尽管现代各国关于婚约的效力已日趋微薄，但婚约事实上在现代各国仍普遍存在。如法国法律规定，违约造成他方损害时，按侵权行为处理。英、美等国也规定如违反婚约，按不履行契约追究经济责任。

（二）我国法律对婚约的态度

我国现行法律未对婚约问题进行规定。因此，婚约关系只是一般的社会关系，婚约不具有法律上的约束力。男女双方是否同意结婚，完全以他们在登记时所表达的意愿为依据。如果男女双方自愿订立婚约，法律并不禁止，只是不予承认和保护。婚约成立后，一方不履行时，另一方不得依诉讼程序请求权利救济，人民法院不受理婚约履行之诉。解除婚约无须通过任何法律手续。一方要求解除婚约，只要通知对方即可，不必征得对方的同意；双方要求解除婚约，可自行解除。

我国法律不承认婚约的目的是防止早婚，防止他人借婚约干涉婚姻自由，同时还考虑到男女在恋爱期间对婚姻态度可能出现的变化。因此，废除婚约制度，对充分实现婚姻自由的原则有着积极的意义。

（三）关于解除婚约后引起的财物纠纷的处理

婚约关系不予法律保护，不等于对双方当事人之间所发生的财产纠纷不予处理。男女双方订立婚约，一方给予另一方的财物，在婚约解除时就会产生是否返还的纠纷。根据最高人民法院公布的《民事案件案由规定》，此类纠纷为婚约财产纠纷。

对于男女在恋爱期间，为增进感情赠送的一些财物，在解除婚约后应否归还，人们看法不同。有的人认为，恋爱期间男女互赠财物具有无偿性和实践性，不能要求返还；有的人认为，这类赠与是以达到结婚为目的的，是有条件的，如果结婚目的未达到，则应予返还。对此应区别情况妥善解决。

对属于包办买卖婚姻性质的订婚所受的财物，应依法没收或酌情返还。对以订婚为名诈骗钱财的，原则上应将诈骗所得的财物返还给受害人。对以结婚为目的赠与、价值较高的财物，应酌情返还；对于婚约期间的一般赠与物，受赠人无返还义务。当事人于婚前约定一方所有的房产赠与另一方或者归双方共有，赠与方在赠与房产变更登记之前撤销赠与，另一方请求判令继续履行的，人民法院可以按照《民法典》第658条有关撤销赠与合同的规定处理。

"彩礼"又称财礼、聘礼、聘财等。彩礼区别于恋爱期间的一般赠与。彩礼是婚约期间赠与物的主要形式，但恋爱阶段的赠与物并不一定是彩礼。其区别主要为：首先，赠与目的不同，彩礼的赠送应是以缔结婚约为目的或是有缔结婚约的意思表示，一般赠与往往是为增进感情而为之，多为赠与人自愿无偿赠与的意思表示；其次，赠与的时间和场合不同，彩礼给付时间和场合相对正式，多发生在特殊日子，如订婚日等，同时交付的场合有亲友、媒人等在场，一般赠与的给付时间和场合则相对随意；再次，彩礼通常为数额较大的财物，该财物常用于婚姻缔结男女双方后期结婚用品的购置，而一般赠与是双方为增进感情互赠一些金额相对不大的礼物或赠送给对方父母礼品，如价值不高的服饰、生活用品，及外出就餐、看电影等娱乐消费。彩礼是婚姻缔结双方的一种礼仪，是一种地方风俗。现实中，给付彩礼几乎是每一对新人的必经程序，且随着不断攀比，彩礼给付的数额也不断上涨。与此同时，彩礼的返还纠纷也不断增加。2021年最高人民法院《婚姻家庭编解释（一）》第5条规定："当事人请求返还按照习俗给付的彩礼的，如果查明属于以下情形，人民法院应当予以支持：（一）双方未办理结婚登记手续；（二）双方办理结婚登记手续但确未共同生活；（三）婚前给付并导致给付人生活困难。适用前款第二项、第三项的规定，应当以双方离婚为条件。"给付彩礼本身就包含着以对方答应结婚为前提。如果双方最终没有结婚或者结婚后未同居即离婚或给出资方造成生活困难，彩礼应当酌情退还。

三、我国的结婚登记制度

我国现行有效的规范婚姻登记的法律规范是国务院颁布的于2003年10月1日起生效的《婚姻登记条例》，它对民政部颁布1994年2月1日起生效的《婚姻登记管理条例》进行了完善，在《民法典》生效后，《婚姻登记条例》仍然有效。自2021年1月1日起施行的《民政部关于贯彻落实〈中华人民共和国民法典〉中有关婚姻登记规定的通知》，针对《民法典》对《婚姻法》的修订部分，对《婚姻登记条例》进行了完善。

（一）结婚登记的机关

《婚姻登记条例》第 2 条规定："内地居民办理婚姻登记的机关是县级人民政府民政部门或者乡（镇）人民政府，省、自治区、直辖市人民政府可以按照便民原则确定农村居民办理婚姻登记的具体机关。中国公民同外国人，内地居民同香港特别行政区居民（以下简称香港居民）、澳门特别行政区居民（以下简称澳门居民）、台湾地区居民（以下简称台湾居民）、华侨办理婚姻登记的机关是省、自治区、直辖市人民政府民政部门或者省、自治区、直辖市人民政府民政部门确定的机关。"

划分登记机关的管辖范围时，应以当事人的户籍为依据。内地居民结婚，男女双方应当共同到一方当事人常住户口所在地的婚姻登记机关办理结婚登记。当事人双方的户口不在同一地区的，可到任何一方户口所在地的婚姻登记机关办理结婚登记。申请结婚当事人的户口，都不在本婚姻登记机关管辖区内，一般不予登记。中国公民同外国人在中国内地结婚的，内地居民同香港居民、澳门居民、台湾居民、华侨在中国内地结婚的，男女双方应当共同到内地居民常住户口所在地的婚姻登记机关办理结婚登记。

（二）结婚登记的程序

结婚登记的程序，可以分为申请、审查和登记三个步骤。

1. 申请

申请是当事人双方正式向婚姻登记机关提出结婚的请求。申请要求结婚的男女双方共同到婚姻登记处提出，不能采用代理方式，也不能用书面意见代替本人亲自到场。

申请办理结婚登记的内地居民应当出具下列证件和证明材料：（1）本人的户口簿、身份证。居民身份证与常住户口簿上的姓名、性别、出生日期应当一致。（2）本人无配偶以及与对方当事人没有直系血亲和三代以内旁系血亲关系的签字声明。一般是由自愿结婚的双方各填写一份《申请结婚登记声明书》（样式见节后附件 1），《申请结婚登记声明书》中"声明人"一栏的签名必须由声明人在监誓人面前完成并按指纹；当事人现场复述声明书内容，婚姻登记员作监誓人并在监誓人一栏签名。此外，当事人还需提交 3 张大 2 寸双方近期半身免冠合影照片。

根据《婚姻登记条例》的规定，结婚无须单位开具婚姻状况证明、不需要介绍信、不要求当事人出具婚前医学健康检查证明，改强制体检为自愿体检。

办理结婚登记的香港居民、澳门居民、台湾居民应当出具下列证件和证明材料：

（1）本人的有效通行证、身份证。

（2）经居住地公证机构公证的本人无配偶以及与对方当事人没有直系血亲和三代以内旁系血亲关系的声明。

办理结婚登记的华侨应当出具下列证件和证明材料：

（1）本人的有效护照。

（2）居住国公证机构或者有权机关出具的、经中华人民共和国驻该国使（领）馆认证的本人无配偶以及与对方当事人没有直系血亲和三代以内旁系血亲关系的证明，或者中华人民共和国驻该国使（领）馆出具的本人无配偶以及与对方当事人没有直系血亲和三代以内旁系血亲关系的证明。

办理结婚登记的外国人应当出具下列证件和证明材料：

（1）本人的有效护照或者其他有效的国际旅行证件。

（2）所在国公证机构或者有权机关出具的、经中华人民共和国驻该国使（领）馆认证或者该国驻华使（领）馆认证的本人无配偶的证明，或者所在国驻华使（领）馆出具的本人无配偶的证明。

2. 审查

《婚姻登记条例》第7条规定："婚姻登记机关应当对结婚登记当事人出具的证件、证明材料进行审查并询问相关情况，认定当事人是否符合结婚的条件。"

3. 登记

婚姻登记机关审查后，对当事人符合结婚条件的，应当当场予以登记，发给结婚证。完成结婚登记，即确立夫妻关系。

《婚姻登记条例》第6条规定："办理结婚登记的当事人有下列情形之一的，婚姻登记机关不予登记：（一）未到法定结婚年龄的；（二）非双方自愿的；（三）一方或者双方已有配偶的；（四）属于直系血亲或者三代以内旁系血亲的；（五）患有医学上认为不应当结婚的疾病的。"婚姻登记机关对不符合结婚登记条件的，不予受理。当事人要求出具《不予办理结婚登记告知书》（样式见节后附件2）的，应当出具。

离婚的男女双方自愿恢复夫妻关系的，应当到婚姻登记机关办理复婚登记。复婚登记适用结婚登记的规定。申请补办结婚登记的，婚姻登记机关也按照结婚登记程序办理，婚姻关系的效力从双方均符合结婚的实质要件时起算。

根据《婚姻登记条例》的规定，当事人办理婚姻登记或者补领结婚证、离婚证应当交纳工本费。工本费的收费标准由国务院价格主管部门会同国务院财政部门规定并公布。婚姻登记机关办理婚姻登记，除按收费标准向当事人收取工本费外，不得收取其他费用或者附加其他义务。

（三）结婚登记的效力

结婚登记是有效婚姻确立的唯一必经程序。当事人完成结婚登记，即确立夫妻关系，不论当事人是否已经同居或举行结婚仪式。反之，若男女双方已同居或举行了结婚仪式，但未办理结婚登记，则不能产生合法有效的婚姻关系。

案例3-2中，张某与王某于2018年9月9日完成结婚登记，不论双方是否举行婚礼，是否共同居住，双方的夫妻关系已经确立。张某死亡时，王某已是合法配偶，按照继承法的规定，配偶、父母都是第一顺序的法定继承人，王某有权与张某的父母共同继承遗产，因此，王某的请求理应得到支持。

结婚证是婚姻登记机关签发的证明婚姻关系有效成立的法律文书。结婚证遗失或者损毁的，根据《婚姻登记条例》第17条的规定，当事人可以持户口簿、身份证向原办理婚姻登记的机关或者一方当事人常住户口所在地的婚姻登记机关申请补领。婚姻登记机关对当事人的婚姻登记档案进行查证，确认属实的，应当为当事人补发结婚证。

（四）结婚登记瑕疵的问题

【案例3-3】 2002 年 10 月 15 日，拥有近亿元资产的温州富商胡某某因肝功能衰竭在上海瑞金医院去世，年仅 38 岁。胡某某没留下有关遗产的遗嘱，妻子张某某与婆婆郑某某因遗产分割发生了纠纷。2003 年 1 月，张某某以自己和女儿的名义，向上海市第二中级人民法院（以下简称上海二中院）递交了起诉状，要求继承遗产的 50%。上海二中院受理本案后不久，婆婆郑某某在乐清市人民法院也递交了起诉状，请求法院判决胡某某和张某某的结婚登记无效。郑某某称，胡某某和张某某的结婚登记是"张某某瞒着胡某某一手包办的"。经法院调查，两人的结婚证是胡某某委托他人代为办理的。当时，胡某某和张某某来到乐清市婚姻登记机关办理结婚登记手续，胡某某系离婚后再婚，由于缺少胡某某的离婚证明和男女双方的婚检证明，当时婚姻登记机关未予二人办理结婚登记。此后，胡某定受堂兄胡某某委托来拿结婚证时，帮他们填写了结婚登记申请书，在声请人栏和背面均签上胡某某与张某某的名字，并按了手印。2003 年 5 月 20 日，乐清法院以结婚登记应当双方当事人亲自到场为由，判决撤销了胡、张两人的结婚证。张某某不服，向温州市中级人民法院提出上诉。

任务： 请回答胡某某和张某某之间的婚姻登记是否有效？

近年来，现实生活中发生了大量的结婚登记瑕疵的案件，主要包括婚姻登记当事人委托他人代理登记或者弄虚作假冒名顶替骗取登记，以及婚姻登记机关违反规定进行登记的情形。

由于婚姻家庭法对存在登记瑕疵的婚姻未作任何规定，结婚登记瑕疵问题又不属于欠缺实质要件的无效婚姻和可撤销婚姻，如果不符合提起民事诉讼的条件，很难通过民事诉讼解决。因此，婚姻当事人往往将婚姻登记部门告上法庭，要求撤销婚姻登记行为或者确认登记部门颁发结婚证的行为无效。

《婚姻家庭编解释（一）》第 17 条规定："当事人以民法典第 1051 条规定的三种无效婚姻以外的情形请求确认婚姻无效的，人民法院应当判决驳回当事人的诉讼请求。当事人以结婚登记程序存在瑕疵为由提起民事诉讼，主张撤销结婚登记的，告知其可以依法申请行政复议或者提起行政诉讼。"

结婚登记程序固然会为保护婚姻当事人的利益而设定，但法律更注重结婚登记的实质。对于有程序瑕疵的结婚登记行政行为，要综合考虑程序违法的程度，应先尽量补正瑕疵。如果无法补正，人民法院应当根据案件的具体情况和当事人的诉讼请求，确认婚姻登记机关的登记行为违法或者撤销婚姻登记机关作出的婚姻登记。最高人民法院行政审判庭《关于婚姻登记行政案件原告资格及判决方式有关问题的答复》（法〔2005〕行它字第 13 号）中对违反法定程序婚姻登记行为的撤销问题，答复如下：根据《中华人民共和国婚姻法》第 8 条规定，婚姻关系双方或一方当事人未亲自到婚姻登记机关进行婚姻登记，且不能证明婚姻登记系男女双方的真实意思表示，当事人对该婚姻登记不服提起诉讼的，人民法院应当依法予以撤销。也就是说，单纯的婚姻登记瑕疵并不必然导致婚姻被撤销，还要考虑违法的严重程度以及婚姻当事人的结婚意愿的真实性。

案例 3-3 中，胡某某未亲自到婚姻登记机关办理结婚登记，委托他人代为办理，婚姻登记机关进行登记确实违反法定程序，但两人符合结婚的实质要件，不属于无效婚姻和可撤销婚姻。根据司法解释的规定，只有婚姻关系双方或一方当事人未亲自到婚姻登记机关进行婚姻登记，且不能证明婚姻登记系男女双方的真实意思表示，当事人对该婚姻登记不服提起诉讼的，人民法院才应当依法予以撤销。2005 年 12 月，温州市中级人民法院作出终审判决，认定胡、张两人结婚是他们的真实意思表示，婚姻登记有效。

四、男方成为女方家庭成员问题

我国《民法典》第 1050 条规定，"登记结婚后，按照男女双方约定，女方可以成为男方家庭的成员，男方可以成为女方家庭的成员。"这一规定是对旧的婚姻习俗的重要改革，有利于破除男婚女嫁、妻从夫居的传统观念，从立法上对男女双方互为对方的家庭成员，尤其是男方到女方家庭落户提供了法律上的保障。

在执行《民法典》第 1050 条的规定时，必须根据男女双方的自愿约定。不论男方到女方家落户，还是女方到男方家落户，或组建新家庭，男方或女方仍保持自己的独立人格，与其配偶地位平等，与配偶的亲属形成姻亲关系，与自己的父母仍保持父母子女权利、义务关系，承担对生父母的赡养义务，这一权利受法律的保护，不许任何人加以强迫或干涉。在这个问题上，一定要将男方成为女方家庭的成员同旧式的入赘婚加以区别，妥善地保护男方在女方家庭中依法享有的各项权益。

［附件］

附件 1：申请结婚登记声明书

本人申请结婚登记，谨此声明：

本人姓名：＿＿＿＿＿＿　性别：＿＿＿＿　国籍：＿＿＿＿

出生日期：＿＿年＿＿月＿＿日　民族：＿＿＿＿　职业：＿＿＿＿

文化程度：＿＿＿＿　身份证件号：＿＿＿＿＿＿＿＿

常住户口所在地：＿＿＿＿＿＿＿

婚姻状况：＿＿＿＿（未婚/离婚/丧偶）

对方姓名：＿＿＿＿　性别：＿＿＿＿　国籍：＿＿＿＿

出生日期：＿＿年＿＿月＿＿日　民族：＿＿＿＿　职业：＿＿＿＿

文化程度：＿＿＿＿　身份证件号：＿＿＿＿＿

常住户口所在地：＿＿＿＿＿＿＿＿＿＿

婚姻状况：＿＿＿＿（未婚/离婚/丧偶）

本人与对方均无配偶，没有直系血亲和三代以内旁系血亲关系，了解对方的身体健康状况。现依照《中华人民共和国民法典》的规定，自愿结为夫妻。

本人上述声明完全真实，如有虚假，愿承担法律责任。

声明人：＿＿＿＿　监誓人：＿＿＿＿

＿＿年＿＿月＿＿日　　＿＿年＿＿月＿＿日

（注：声明人签名须在监誓人面前完成）

附件 2：不予办理结婚登记告知书

_____、_____：

你们于____年____月____日在本处申请结婚登记，因欠缺下列□中划√的要件，根据《婚姻登记条例》的规定，不予办理结婚登记。

□非双方自愿；

□男不满 22 周岁/女不满 20 周岁；

□双方有直系血亲或三代以内旁系血亲关系；

□男/女方已有配偶；

□双方未共同到婚姻登记机关申请办理结婚登记；

□本婚姻登记机关不具有管辖权；

□缺男/女方户口簿；

□缺男/女方身份证；

□缺大 2 寸双方近期半身免冠合影照片_____张；

□男/女方身份证不在有效期内；

□男/女常住户口迁出后未重新落户；

□男/女方身份证与户口簿上的姓名、性别、出生日期不一致；

□其他（注明原因）。

婚姻登记机关（印章）

____年____月____日

思考与练习

一、思考

1. 何谓结婚？我国法律规定的结婚条件有哪些？

2. 简答结婚登记的目的和意义。

3. 简答我国禁止近亲结婚的规定及意义。

4. 如何理解婚约的概念？

5. 简述结婚制度的历史沿革。

二、练习

（一）单项选择题

1. 刘男按当地习俗向戴女支付了结婚彩礼现金 10 万元及金银首饰数件，婚后不久刘男即主张离婚并要求返还彩礼。关于该彩礼的返还，下列哪一选项是正确的？（　　）

A. 因双方已办理结婚登记，故不能主张返还

B. 刘男主张彩礼返还，不以双方离婚为条件

C. 已办理结婚登记，未共同生活的，可主张返还

D. 已办理结婚登记，并已共同生活的，仍可主张返还

2. 男女双方以将来结婚为目的的婚约(　　)。

A. 不是婚姻成立的必要手续和条件

B. 有法律约束力

C. 一旦订立，就不能废除

D. 是婚姻成立的必要条件

（二）多项选择题

在我国，禁止结婚的三代以内旁系血亲包括(　　)

A. 全血缘和半血缘的兄弟姐妹　　　　B. 异父异母兄弟姐妹

C. 表兄弟姐妹和堂兄弟姐妹　　　　　D. 姑与侄子、舅与甥女、姨与甥

（三）案例练习

周生、恽某均为重庆某婚介机构会员，2013 年 11 月经婚介机构介绍相识、相恋后，有意结婚。2013 年 11 月 17 日，周生购买一辆轿车，11 月 22 日，恽某购买房屋一套，并签订房屋买卖合同，周生支付了购房款，并进行了装修；车辆和房屋均登记在恽某名下。二人于 2014 年春节后搬入居住，双方共同生活至 2014 年 3 月底。

2014 年 3 月，二人分手，周生将属于自身的物品搬离房屋。后周生和恽某通电话，表示房屋、车辆为彩礼，要求返还。2014 年 5 月至 7 月，恽某母亲分三次向周生转账共计 40 万元。2015 年之后周生仍不断通过电话向恽某主张返还上述财物，2016 年 12 月，周生委托律师向恽某寄出《律师函》。

2017 年 2 月，周生诉至法院，要求判令被告立即返还购房款 110 万元及购车款 41.2 万元。法院另查明，周生已于 2015 年 3 月与他人登记结婚。

【任务】请回答本案应如何处理？

第四章　结婚条件和结婚程序的欠缺

知识目标

- 能够说出无效婚姻的定义和无效婚姻的情形。
- 能够说出可撤销婚姻的定义和可撤销婚姻的情形。
- 能够说出事实婚姻的定义和特征，我国承认事实婚姻效力的条件。

能力目标

- 面对无效婚姻纠纷，能够辨别无效婚姻案件审理过程和普通民事案件审理过程的不同，能判断无效婚姻的法律后果，为当事人提供处理意见，法律意见符合法律规定并且最大限度维护委托人合法权益。
- 面对未办理结婚登记的当事人，能够准确判断是否为事实婚姻。

素养目标

- 逐渐培养在处理欠缺结婚条件和结婚程序的两性结合的纠纷过程中，积极说服违法当事人主动承担法律后果，同时最大限度维护当事人合法权益的自觉意识。
- 逐渐培养缜密的思维习惯，逐渐培养尊重当事人、服务于当事人的职业素养。

第一节　无效婚姻和可撤销婚姻

男女结婚后产生家庭与社会责任，所以结婚行为具有一定的社会意义，应当受到法律的调整。对欠缺法定结婚要件的结合，按无效婚姻或可撤销婚姻处理，不仅维护了婚姻家庭法的严肃性和权威性，同时对违法婚姻缔结者是一种警告，对违法婚姻受害者是一种支持。

一、无效婚姻

【案例4-1】王某（女）和鲍某（男）是姑表兄妹关系。两人明知彼此的爱情不受到社会的祝福，仍不顾父母的阻挠，婚后第八年双方生育了一个孩子。孩子6岁那年，突发癫痫。从此两人的关系开始有了微妙的变化，但王某一直不愿意去承认，仍努力维持着表面的和谐。直到某一天，鲍某跟王某提出，让王某同意自己去外面找人为他生娃传宗接代，不然就离婚。王某对此难以置信，也无法答应这荒谬的要求。于是双方决定离婚，但在孩子的抚养权和财产分割问题上无法协商一致，于是鲍某起诉离婚。

任务： 请回答王某和鲍某的婚姻是否属于无效婚姻？法院能否判决两人离婚？

无效婚姻，是指办理了结婚登记的男女，不符合结婚的实质要件，从而自始不产生法律效力的违法结合。

（一）无效婚姻的情形

《民法典》第 1051 条规定："有下列情形之一的，婚姻无效：（一）重婚；（二）有禁止结婚的亲属关系；（三）未到法定婚龄。"

1. 重婚

重婚是指有配偶者又与他人再行结婚的行为。重婚行为严重违反了一夫一妻制原则，其婚姻关系当然不应产生法律效力。

被宣告死亡的人的婚姻关系，自死亡宣告之日起消除。死亡宣告被撤销的，婚姻关系自撤销死亡宣告之日起自行恢复。但是，其配偶再婚或者向婚姻登记机关书面声明不愿意恢复的除外。因此，婚姻关系中的一方配偶因另一方被宣告死亡而另行结婚的，即使被宣告死亡的人重新出现，死亡宣告被撤销，其再婚也受法律保护，不构成重婚。

2. 有禁止结婚的亲属关系

有禁止结婚的亲属关系即不符合禁止一定范围的血亲结婚这一实质要件的，属于无效婚姻。《民法典》第 1048 条规定，直系血亲或者三代以内的旁系血亲禁止结婚。案例 4-1 中，男女双方为表兄妹关系，属于三代旁系血亲。根据《民法典》第 1051 条的规定，有禁止结婚的亲属关系，婚姻无效。因此，王某和鲍某的婚姻属于无效婚姻。

3. 未到法定婚龄

《民法典》明确规定，结婚年龄，男性不得早于 22 周岁，女性不得早于 20 周岁。也就是说，男女双方或一方未达到法定婚龄而结婚的，在其法定婚龄届至前应认定该婚姻无效。

认定婚姻无效时应当注意，并非不符合法律规定的实质要件和形式条件的婚姻都属于无效婚姻，婚姻无效的原因是法律严格限定的。最高人民法院《婚姻家庭编解释（一）》第 17 条规定，当事人以《民法典》第 1051 条规定的三种无效婚姻以外的情形请求确认婚姻无效的，人民法院应当判决驳回当事人的诉讼请求。

（二）无效婚姻的请求权主体

最高人民法院《婚姻家庭编解释（一）》第 9 条规定，有权依据《民法典》第 1051 条规定向人民法院就已办理结婚登记的婚姻请求确认婚姻无效的主体，包括婚姻当事人及利害关系人。利害关系人因导致婚姻无效的原因不同而有所不同，一是以重婚为由的，为当事人的近亲属及基层组织；二是以未到法定婚龄为由的，为未达法定婚龄者的近亲属；三是以有禁止结婚的亲属关系为由的，为当事人的近亲属。基层组织（包括居委会和村委会）在"以重婚为由申请宣告婚姻无效"中可以作为利害关系人，是因为重婚不仅破坏了一夫一妻制的婚姻关系，而且违反了社会主义婚姻家庭道德观念。

（三）无效婚姻的宣告程序

1. 只能由人民法院宣告婚姻无效

当事人之间、第三人与当事人之间就婚姻是否无效问题发生争议，或者司法行政机关发现婚姻违法需要认定无效时，应当按照法定程序进行。对无效婚姻效力的认定必须经过人民法院的宣告，无效婚姻只能是宣告无效，而非当然无效。

2. 人民法院对婚姻无效案件的审理

根据最高人民法院《婚姻家庭编解释（一）》第 11 条第 1 款、第 2 款的规定，人民法院依法受理请求确认婚姻无效案件后，原告申请撤诉的，不予准许；对婚姻效力的审理不适用调解，应当依法作出判决。婚姻无效的三种情形，是法定的婚姻无效原因，不依个人意愿为转移。婚姻家庭制度直接关系到国家统治秩序的维护，无效婚姻既违反了法律规定，又违反了社会主义婚姻家庭道德观念，直接影响到当事人及其子女的合法权益，对社会的整体利益和社会的安定秩序具有负面影响，需要对其进行干预和制裁。故经人民法院审查确属无效婚姻的案件，不适用调解，不准许原告撤诉。作出婚姻无效判决的，人民法院应当收缴双方的结婚证书并将生效的判决书寄送当地婚姻登记管理机关。婚姻登记机关收到人民法院宣告婚姻无效的判决书副本后，应当将该判决书副本收入当事人的婚姻登记档案。

根据最高人民法院《婚姻家庭编解释（一）》第 11 条第 3 款的规定，人民法院审理无效婚姻案件，涉及财产分割和子女抚养的，可以调解。调解达成协议的，另行制作调解书；未达成调解协议的，应当一并作出判决。

根据最高人民法院《婚姻家庭编解释（一）》第 12 条的规定，人民法院受理离婚案件后，经审理确属无效婚姻的，应当将婚姻无效的情形告知当事人，并依法作出确认婚姻无效的判决。根据最高人民法院《婚姻家庭编解释（一）》第 13 条的规定，人民法院就同一婚姻关系分别受理了离婚案件和请求确认婚姻无效案件的，对离婚案件的审理，应当待请求确认无效婚姻案件作出判决后进行。案例 4-1 中，鲍某虽然起诉离婚，但人民法院只能依法作出确认婚姻无效的判决。

婚姻效力对当事人的财产分割、遗产继承等问题将产生实质性的影响，所以在一方或者双方当事人死亡的情况下，仍有确定婚姻效力的必要。最高人民法院《婚姻家庭编解释（一）》第 14 条规定：“夫妻一方或者双方死亡后，生存一方或者利害关系人依据民法典第 1051 条的规定请求确认婚姻无效的，人民法院应当受理。”利害关系人依据民法典第 1051 条规定请求人民法院确认婚姻无效的，利害关系人为原告，婚姻关系当事人双方为被告。夫妻一方死亡的，生存一方为被告。

根据最高人民法院《婚姻家庭编解释（一）》第 16 条的规定，人民法院审理重婚导致的无效婚姻案件时，涉及财产处理的，应当准许合法婚姻当事人作为有独立请求权的第三人参加诉讼。

（四）无效婚姻的转化

【案例 4-2】赵男（1986 年 4 月 7 日生）与李女（1988 年 12 月 2 日生）自由恋爱，后李女怀孕，二人决定结婚，2008 年 1 月因李女未达到法定婚龄，遂通过使用假身份证隐瞒真实年龄登记结婚。2008 年 7 月生下一个男孩。后因双方感情不和，经常争吵，赵男于 2012 年 3 月诉至法院，请求确认婚姻无效。

任务：请回答法院应当如何处理？

缔结婚姻作为男女双方间的民事法律行为，不仅涉及当事人双方的利益，而且涉及子女和其他亲属的利益和社会公共利益。因此各国均立法对当事人的婚姻行为予以监督干预，设立无效婚姻和相应的法律责任等制度，用以保障法定的秩序。但考虑到婚姻的私权性和对既成秩序的维护，国家在积极干预的同时，为使无效婚姻尽可能有效化，也规定无效婚姻在法定的阻却事由消失后应该转化为有效婚姻。

最高人民法院《婚姻家庭编解释（一）》第 10 条规定，当事人依据《民法典》第 1050 条规定向人民法院请求确认婚姻无效，法定的无效婚姻情形在提起诉讼时已经消失的，人民法院不予支持。即无效婚姻在经过一定时间后，到请求确认婚姻无效时，法定的无效婚姻的情形已经消失，例如男女双方结合时，一方或者双方未达法定婚龄，但随着时间的推移双方均已达到法定婚龄，在这些情形下，该婚姻转化为有效婚姻，这时对提出的确认婚姻无效的请求，人民法院不予支持。

案例 4-2 中，人民法院应当认定赵男与李女之间的婚姻关系合法，依法驳回赵男的诉讼请求。赵男如果想解除与李女的婚姻关系，应当协议离婚或诉讼离婚。

二、可撤销婚姻

【案例 4-3】原告李某与被告江某经人介绍相识后，很快确定了恋爱关系，订婚后开始同居。2020 年 6 月，李某怀孕，双方登记结婚。登记不久，江某终于向妻子坦白，自己已患艾滋病数年且长期服药。虽然李某坚持表示其所罹患的艾滋病已不在传染期内，传染李某及其腹内宝宝的可能性极小，且最终证明李某确实并未被传染，但丈夫的病依然让李某无法接受。尽管两人此前感情基础不错，但李某在几经内心挣扎思量后，还是决定终止妊娠并向人民法院起诉要求撤销婚姻。

任务：请回答法院应当如何处理此案？

可撤销婚姻，是指已成立的婚姻，因当事人欠缺结婚的合意，受胁迫或者受欺诈一方可以向人民法院申请撤销的婚姻。

（一）婚姻撤销的情形

1. 胁迫

《民法典》第 1052 条第 1 款规定："因胁迫结婚的，受胁迫的一方可以向人民法院请求撤销婚姻。"根据最高人民法院《婚姻家庭编解释（一）》第 18 条的规定，所谓"胁迫"，是指行为人以给另一方当事人或者其近亲属的生命、身体、健康、名誉、财产等方面造成损害为要挟，迫使另一方当事人违背真实意愿结婚的情况。

当事人在受胁迫情况下而作的同意结婚的意思表示，不是当事人的真实意愿，基于该意思表示而缔结的婚姻，严重违反婚姻自由原则，为保护当事人的合法权益，应当依法予以撤销。

2. 一方患有重大疾病未在结婚登记前如实告知另一方的

《民法典》第 1053 条第 1 款规定："一方患有重大疾病的，应当在结婚登记前如实告知另一方；不如实告知的，另一方可以向人民法院请求撤销婚姻。"根据该规定，患有重大疾病的当事人负有在结婚登记前如实告知另一方的义务，凡不如实告知的，另一方享有向人民法院请求撤销婚姻的权利。结婚应当男女双方完全自愿，一方恶意隐瞒重大疾病构成欺诈，致使对方同意结婚的意思表示存在瑕疵，受欺诈方有权请求人民法院予以撤销。

关于重大疾病的范围，《民法典》并未作出列举性规定。基于婚姻的自然属性，可以撤销婚姻的"重大疾病"应当是指足以危害到对方或者下一代的健康的传染病、遗传性疾病。根据《中华人民共和国母婴保健法》和《中华人民共和国传染病防治法》的规定，医学上认为不宜结婚的疾病包括：

（1）严重遗传性疾病。严重遗传性疾病，是指由于遗传因素先天形成，患者全部或部分丧失自主生活能力，后代再现风险高，医学上认为不宜生育的遗传性疾病。

（2）指定传染病。指定传染病，是指《中华人民共和国传染病防治法》中规定的艾滋病、淋病、梅毒、麻风病以及医学上认为影响结婚和生育的其他传染病。

（3）有关精神病。此类精神病，是指精神分裂症、躁狂抑郁型精神病以及其他重型精神病。由此可知，婚前已患有上述疾病的公民暂时不适宜结婚，根据举重以明轻的原则，婚姻一方在办理结婚登记前若知晓自身患有上述疾病，无论上述传染病、遗传性疾病以及精神病的发病程度是否严重，均视为符合本条规定的重大疾病，患病一方均应将患病信息告知另一方。至于其他重大疾病的认定，则由个案具体分析而定。

（二）婚姻撤销请求权的行使

1. 撤销婚姻的请求权人

申请撤销婚姻的请求权人应当是受害方婚姻当事人本人。

（1）因受胁迫而请求撤销婚姻的，只能是受胁迫一方的婚姻关系当事人本人，这样才能保证受胁迫的当事人一方充分地表达自己的婚姻意志。

（2）一方患有重大疾病而请求撤销婚姻的，只能是受欺诈的一方当事人本人。其他任何人和单位均无该项请求权。至于受胁迫方或者受欺诈方是否行使撤销请求权，应由本人自行决定。

2. 婚姻撤销请求权的行使期限

为了避免婚姻关系长期处于不稳定状态，促使受胁迫方或者受欺诈方尽快行使权利，法律又为行使其撤销权规定了一定的时效限制。

（1）受胁迫的一方撤销婚姻的请求，应当自胁迫行为终止之日起一年内提出。被非法限制人身自由的当事人请求撤销婚姻的，应当自恢复人身自由之日起一年内提出。

（2）因一方患有重大疾病请求撤销婚姻的，应当自知道或者应当知道撤销事由之日起一年内提出。此处规定的"一年"时间为除斥期间，不适用诉讼时效中止、中断或者延长的规定；受胁迫或者被非法限制人身自由的当事人请求撤销婚姻的，不适用《民法典》第152条第2款的规定。一年期限届满，婚姻当事人的撤销请求权消灭，其所缔结的婚姻为合法有效的婚姻，受胁迫方或者受欺诈方不得再向人民法院申请撤销该婚姻。

（三）婚姻撤销的程序

根据我国《民法典》的规定，有权撤销婚姻的机关只能是人民法院。婚姻撤销请求权人只能依照诉讼程序向人民法院申请撤销婚姻。

人民法院审理婚姻当事人请求撤销婚姻的案件，应当适用简易程序或者普通程序。人民法院根据当事人的请求，依法撤销婚姻的，应当收缴双方的结婚证书并将生效的判决书副本寄送当地婚姻登记管理机关。婚姻登记管理机关收到人民法院撤销婚姻的判决书副本后,应当将该判决书副本收入当事人的婚姻登记档案。

案例4-3中,法院经审理认为,被告在结婚登记之前未如实告知原告其患艾滋病的事实,原告在知情后一年内向法院起诉要求撤销婚姻,应予以支持,故人民法院应当依法判决撤销原告和被告的婚姻关系。

三、婚姻无效与被撤销的法律后果

【案例4-4】 董女士与韩先生于2002年7月登记结婚,双方登记结婚前已于2002年2月生育儿子小韩。双方筹备结婚时为了有个稳定的住处,于2001年12月共同出资在北京市海淀区购买了一套房屋,房屋登记在韩先生名下。这些年董女士、韩先生一家三口在这个小家过着幸福安稳的日子。2018年韩先生去世后,董女士被素不相识的李女士以婚姻无效纠纷诉至法院,方得知自己近二十年的婚姻竟是丈夫韩先生的一场骗局,与自己朝夕相处的丈夫竟是他人的合法配偶。董女士方知韩先生与李女士登记结婚在先并生育了两个女儿大韩和二韩。法院审查后认为韩先生在未与李女士离婚的情况下与董女士取得结婚登记,已构成重婚,遂确认韩先生与董女士的婚姻无效。韩先生的这几位继承人以董女士与韩先生居住的房屋,是韩先生购买的,且登记在韩先生名下,属于韩先生的遗产为由,多次要求对房屋进行继承。董女士无奈之下向法院起诉李女士、大韩、二韩和自己的儿子小韩,要求分割其与韩先生在同居期间取得的房屋,董女士认为该房屋为其与韩先生在同居期间购买,购房贷款由双方共同偿还,属于双方共同共有,其应享有该房屋50%的份额。

任务: 请回答董女士有权要求分割同居期间的财产吗?

我国《民法典》第1054条规定:“无效的或被撤销的婚姻自始没有法律约束力。当事人不具有夫妻的权利和义务。同居期间所得的财产,由当事人协议处理;协议不成的,由人民法院根据照顾无过错方的原则判决。对重婚导致的无效婚姻的财产的处理,不得侵害合法婚姻当事人的财产权益。当事人所生的子女,适用本法关于父母子女的规定。婚姻无效或者被撤销的,无过错方有权请求损害赔偿。”其中的“自始没有法律约束力”,是指无效或者可撤销婚姻在依法被宣告无效或被撤销时,才确定该婚姻自始不受法律保护。

可见我国无效婚姻和被撤销婚姻具有相同的法律后果,均具有溯及既往的效力。自婚姻被宣告无效或撤销时,即确定该婚姻自成立时起不具有法律效力。无效婚姻和被撤销婚姻会引起以下法律后果:

(一)无效的或者被撤销的婚姻当事人不具有基于婚姻的效力而发生的夫妻的权利和义务,不适用法律有关合法婚姻的夫妻人身关系和夫妻财产关系的规定

(1)在姓名权及从事生产、工作、学习和社会活动的自由权等问题上,不适用法律关于夫妻姓名权和人身自由权的规定。

(2)由于无效婚姻和可撤销婚姻中的男女不是合法的配偶,一方与另一方的血亲及其配偶之间,也不发生姻亲关系。

(3)在监护、代理、收养以及告诉才处理的犯罪等问题上,不能适用以夫妻身份为法律关系的规定。

（4）当事人之间不适用夫妻财产制的有关规定。

（5）男女双方不能以配偶的身份互为第一顺序的法定继承人，一方死亡，另一方无权作为配偶来继承遗产，如果符合《民法典》第1131条关于"对被继承人以外的依靠被继承人扶养的人，或者继承人以外的对被继承人扶养较多的人，可以分给适当的遗产"的规定，可以根据相互扶养的具体情况，以法定继承人以外的人的身份适当分得部分遗产。

（6）婚姻无效的男女双方相互之间没有法定的扶养义务。

（二）无效的或者被撤销的婚姻当事人同居期间财产问题的处理

被确认无效或者被撤销的婚姻，当事人同居期间所得的财产，除有证据证明为当事人一方所有的以外，按共同共有处理。具体地说，一方的劳动收入及因继承、遗赠、赠与等途径所得的合法收入，均应归其本人所有。双方共同经营所得的财产，按共同共有处理，但有证据证明为当事人一方所有的除外。对同居期间所得的财产，由当事人协议处理；协议不成的，由人民法院根据照顾无过错方的原则判决。人民法院审理重婚导致的无效婚姻案件时，涉及财产处理的，不得侵害合法婚姻当事人的财产权益，应当准许合法婚姻当事人作为有独立请求权的第三人参加诉讼。

案例4-4中，董女士有权要求分割同居期间的财产。就涉案房屋中董女士的具体份额问题，法院认为应考虑如下因素公平合理地予以分配：第一，就同居过错方面，根据李女士起诉董女士婚姻无效纠纷案中法院查明的事实可知，董女士在与韩先生进行结婚登记时，其对于韩先生与李女士的婚姻状况不知情，其与韩先生处于同居状态时属于善意的无过错方。第二，就共有财产贡献方面，因当事人同居期间所取得的财产，一般按共同共有处理，故董女士与韩先生对涉案房屋的共有时间开始于双方同居之时。根据本案事实，虽然房屋系在双方同居期间由韩先生经办，亦登记于韩先生名下，但涉案房屋采用贷款方式购买，且贷款比例占房屋总价款约80%，房屋贷款偿还时间处于韩先生与董女士同居关系期间。考虑到现有证据不能证明购买房屋的首付款及贷款均来源于韩先生，同时涉案房屋系二十多年前购买，董女士提供其与韩先生购买涉案房屋时的资金往来流水亦属不易，故根据董女士的生产生活收入、提供的装修房屋、物业费缴纳等证据，法院认为董女士以组建家庭的意愿与韩先生长期共同生活，其在协力促成同居财产的形成和积累上有相应的贡献。故法院考虑涉案房屋购买时间、购房出资、房屋居住使用情况、房屋维护情况、董女士在同居期间不具有主观过错的情况，酌定董女士在涉案房屋中享有50%的份额。

（三）无效的或者被撤销的婚姻的当事人所生的子女的抚养问题

确认婚姻无效或撤销婚姻的判决具有溯及既往的效力，因此，在婚姻被宣告无效或被撤撤销后，当事人所生的子女应为非婚生子女。《民法典》第1071条明确规定，非婚生子女享有与婚生子女同等的权利，任何组织或者个人不得危害和歧视。因此，当事人与所生子女之间的权利义务仍适用法律有关父母子女关系的规定。具体地说，父母对该子女负有抚养、教育、保护的权利和义务，该子女成年后对父母也有赡养的义务，父母与该子女之间有相互继承遗产的权利。

（四）无效的或者被撤销的婚姻中无过错方的损害赔偿请求权

我国《民法典》第 1054 条第 2 款规定："婚姻无效或者被撤销的，无过错方有权请求损害赔偿。"这里需要注意的是，《民法典》规定的无过错方损害赔偿请求权的权利主体仅限于无过错方，对婚姻确认无效或者被撤销有过错的，不享有损害赔偿请求权；若双方均有过错的，双方均不享有该权利。

第二节　事实婚姻和同居

【案例 4-5】张某，男，生于 1967 年；肖某，女，生于 1968 年。两人经人介绍相识，于 1986 年按农村习俗举行了婚礼，婚后一起生活并生育一儿一女，子女均落户，且在户口簿上登记张某与肖某系夫妻，但双方一直未办理结婚登记手续。1995 年，张某与肖某共同将居住的旧房翻建成四间砖混结构的房屋，房屋产权登记在张某名下。2002 年，肖某以双方感情破裂为由诉至法院，要求离婚并分割四间房屋。张某认可双方感情破裂，但认为双方至今未办理结婚登记，主张双方仅是同居关系。

任务：请回答张某与肖某是婚姻关系还是同居关系，法院应如何分割共同生活期间所得的财产？

一、事实婚姻的概念和特征

事实婚姻是指没有配偶的男女，未经结婚登记，便以夫妻名义同居生活，群众也认为他们是夫妻的两性结合。事实婚姻是我国现实生活中长期存在的一种婚姻形式，旧的婚姻习俗的影响是形成事实婚姻的主要思想根源。几千年来，我国长期盛行仪式制的结婚制度，群众普遍重结婚仪式轻结婚登记，认为举行婚礼就是合法婚姻成立的标志。另外，法制宣传不够深入，人们法制观念淡漠，对结婚登记的重要性缺乏足够的认识，因而无视法律规定，自行举行仪式结婚。事实婚姻给社会及当事人带来了不容忽视的危害，主要体现在以下三点：一是婚姻在缔结时就脱离了国家的指导和监督，使一些违法婚姻，如包办婚姻、买卖婚姻、近亲结婚、早婚、重婚等得以发生。二是损害了当事人的身心健康，影响了优生优育，降低了我国的人口素质。三是事实婚姻的当事人尤其是妇女和子女的合法权益难以得到及时有效的保护，在一定程度上带来了婚姻家庭的不稳定，同时增加了处理某些婚姻纠纷的难度。事实婚姻具有如下特征：

1. 男女双方具有婚姻的合意和共同生活的事实

婚姻的合意和共同生活的事实，是婚姻的本质特征。事实婚姻作为婚姻的一种，也应该具备这一特征。这是事实婚姻与一切非婚两性关系在内容上的区别。

2. 男女双方具有公开的夫妻身份

以夫妻名义同居生活，并为周围的群众所公认，这是事实婚姻与非婚两性关系在形式上的区别。

3. 男女双方符合结婚的实质要件

同居生活的男女，如果具有共同生活的目的和夫妻名义，但欠缺结婚实质要件的，则属非法婚姻。假如男女一方有配偶的，则构成事实重婚。这是事实婚姻区别于非法婚姻的重要特征。

4. 男女双方未办理结婚登记

不具备结婚的形式要件，是事实婚姻与法律婚姻的主要区别。

二、我国对事实婚姻的处理

最高人民法院《婚姻家庭编解释（一）》第 7 条对事实婚姻的处理作了明确的规定。对于未办理结婚登记而以夫妻名义共同生活的男女，起诉到人民法院要求离婚的，应当区别对待：（1）1994 年 2 月 1 日民政部《婚姻登记管理条例》公布实施以前，男女双方已经符合结婚实质要件的，按事实婚姻处理。凡被认定为事实婚姻的，双方当事人互为配偶，适用婚姻法关于夫妻权利义务的规定，所生子女为婚生子女，解除关系应按照离婚程序处理。（2）1994 年 2 月 1 日民政部《婚姻登记管理条例》公布实施以后，男女双方符合结婚实质要件的，人民法院应当告知其在案件受理前补办结婚登记。补办结婚登记的，婚姻关系的效力从双方均符合《民法典》所规定的结婚实质要件时起算；未补办结婚登记的，双方属于同居关系，因此引发的离婚纠纷按解除同居关系的规定处理。可见，我国仅承认 1994 年 2 月 1 日以前形成的符合结婚实质要件的事实婚姻。

此外，最高人民法院《婚姻家庭编解释（一）》第 8 条规定："未依据民法典第 1049 条规定办理结婚登记而以夫妻名义共同生活的男女，一方死亡，另一方以配偶身份主张享有继承权的，依据本解释第 7 条的原则处理。"即形成合法事实婚姻关系的，一方死亡，另一方才可以配偶的身份主张享有继承权；未形成合法事实婚姻关系的，一方死亡，另一方不可以配偶的身份主张享有继承权。

三、事实婚姻与非婚同居

非婚同居是指没有合法婚姻关系的男女共同居住生活。广义的非婚同居包括非法同居和未婚同居。非法同居是指违反法律规定的各种同居，主要是指一方有配偶而又与其他异性同居生活，如重婚、姘居等；未婚同居是指没有配偶的男女同居生活而又未形成合法婚姻关系的两性结合，未婚同居虽未形成合法的婚姻关系，但也不违反法律规定。狭义的非婚同居仅指未婚同居。

司法解释对未婚同居关系的认定经历了一个从"非法同居关系"到"同居关系"的变化过程。1989 年最高人民法院《关于人民法院审理未办结婚登记而以夫妻名义同居生活案件的若干意见》，将未办理结婚登记而以夫妻名义同居的两性结合区分为"事实婚姻"与"非法同居关系"，将非婚同居一律称为非法同居。该意见第 3 条明确指出，自民政部新的《婚姻登记管理条例》施行之日起，未办结婚登记即以夫妻名义同居生活，按非法同居关系对待。我国法律虽然没有禁止无婚姻关系者同居的规定，法律没有规定同居关系的合法性，但也不能够反向推出同居关系就是非法的结论。为此，2001 年最高人民法院《婚姻法司法解释（一）》删去了"非法"二字，将没有形成事实婚姻关系而又未补办结婚登记的两性结合称为同居关系，这里的同居关系是指狭义的非婚同居。

我们认为，只有符合结婚的法定条件，才具有夫妻身份，才享有法定的夫妻权利和义务，这是婚姻的法律层面的要求。当双方选择同居而不是登记结婚时，就意味着选择了一种不受法律保护、不享有夫妻间权利和义务的同居关系。同居不具有婚姻的效力，同居的男女双方不具有配偶身份，不产生夫妻的人身权利和义务。同居关系的形成不需要履行特定手续，是一种既定的事实状态，但是同居却会在当事人之间产生复杂的财产关系。有鉴于此，最高人民法院《婚姻家庭编解释（一）》第 3 条指出："当事人提起诉讼仅请求解除同居关系的，人民法院不予受理；已经受理的，裁定驳回起诉。当事人因同居期间财产分割或者子女抚养纠纷提起诉讼的，人民法院应当受理。"在司法实践中，解除同居关系时，双方所生子女为非婚生子女，由哪一方抚养，由双方协商；协商不成时，人民法院应根据子女的利益和双方的具体情况判决。在审理同居关系纠纷时，对当事人同居期间所得的工资、奖金和生产、经营的收益以及因继承、赠与等途径所得的合法收入，原则上归其本人所有；如果双方在同居期间有共同购置的财产或有共同经营所得的收入，应当按照双方的出资份额、所作贡献等公平合理地予以分割。非婚同居不违反法律规定，但也不宜提倡。面对越来越多的年轻人未婚同居现象，中老年人离婚或丧偶后只同居不结婚的现象，如果法律不加以规制，就会损害当事人的利益，尤其是弱者的合法利益。

案例 4-5 中，张某与肖某在 1994 年 2 月 1 日前即以夫妻名义在一起生活，并且符合结婚的实质要件，双方的结合应认定为事实婚姻，具有婚姻效力，肖某有权提起离婚之诉。张某为什么主张双方是同居关系呢？因为在婚姻关系存续期间取得的财产，只要不能证明是个人财产，即应认定为夫妻共同财产；同居关系则不同，如无约定，在同居期间取得但登记在一方名下的财产，只要不能证明是双方共同所有的，应认定为个人财产。故本案中四间房屋应认定为夫妻共同财产，原则上离婚时肖某有权分得一半。

思考与练习

一、思考

1. 什么是无效婚姻？无效婚姻有几种情形？

2. 简述可撤销婚姻的概念及其情形。

3. 什么是事实婚姻？我国现行法律对事实婚姻的态度是怎样的？

4. 什么是非婚同居？法院应如何处理非婚同居的纠纷？

二、练习

（一）单项选择题

1. 甲（男，22 周岁）与乙（女，19 周岁）为达到结婚的目的，故意隐瞒乙的真实年龄办理了结婚登记。2 年后，因双方经常吵架，乙以办理结婚登记时未达到法定婚龄为由向人民法院起诉，请求认定婚姻无效。人民法院应如何处理？（   ）

    A. 以办理结婚登记时未达到法定婚龄为由确认婚姻无效

    B. 对乙的请求不予支持

    C. 确认婚姻无效，确认为非法同居关系，并予以解除

    D. 认定为可撤销婚姻，乙可行使撤销权

2. 甲与乙登记结婚 3 年后，乙向人民法院请求确认该婚姻无效。乙提出的下列哪一理由可以成立？（　　）

    A. 乙在登记结婚时的实际年龄与法定婚龄相差 2 年

    B. 甲在婚前谎称是海归博士且有车有房，乙在结婚后发现上当受骗

    C. 甲与乙是表兄妹关系

    D. 甲以揭发乙父受贿胁迫乙与自己结婚

3. 胡某与黄某长期保持同性恋关系，胡某创作同性恋题材的小说发表。后胡某迫于父母压力娶陈某为妻，结婚时陈某父母赠与一套房屋，登记在陈某和胡某名下。婚后，胡某收到出版社支付的小说版税 10 万元。此后，陈某得知胡某在婚前和婚后一直与黄某保持同性恋关系，非常痛苦。下列哪一说法是正确的？（　　）

    A. 胡某隐瞒同性恋重大事实，导致陈某结婚的意思表示不真实，陈某可请求撤销该婚姻

    B. 陈某受欺诈而登记结婚，导致陈某父母赠与房屋意思表示不真实，陈某父母可撤销赠与

    C. 该房屋不属于夫妻共同财产

    D. 10 万元版税属于夫妻共同财产

4. 甲（男）与乙（女）在外地打工期间结识，之后二人确立了恋爱关系并同居。后乙发现甲有很多缺点，两人并不适合在一起，遂提出分手。甲不同意，并用乙的裸照相威胁（实际并没有裸照）称如果乙不同意与之结婚便在网上发布乙的裸照。乙无奈，遂与之结婚。关于本案，下列哪一说法是正确的？（　　）

    A. 甲和乙的婚姻关系合法有效

    B. 因甲欺诈，婚姻可撤销

    C. 因甲胁迫，婚姻可撤销

    D. 婚姻因并非乙的真实意思表示而无效

5. 根据《民法典》的规定，下列情形属于无效婚姻的是（　　）。

    A. 与丙同居多年的甲与乙缔结的婚姻

    B. 甲因受胁迫与乙缔结的婚姻

    C. 甲因受欺诈与乙缔结的婚姻

    D. 甲与其祖父的外孙女缔结的婚姻

（二）多项选择题

孙新和孙立系双胞胎兄弟，2021 年 3 月 10 日，弟弟孙立拿着哥哥孙新的身份证以哥哥的名义与哥哥的女友韩孟前往民政部门办理了结婚登记手续。4 月 2 日，哥哥孙新因病前往医院治疗。住院期间，孙新爱上了照顾自己的护士马冬梅，二人欲办理结婚登记手续。关于本案，下列说法错误的是（　　）。

    A. 韩孟可以向法院提起民事诉讼主张撤销婚姻

    B. 孙新可以向法院提起民事诉讼主张撤销婚姻

    C. 法院应当宣告孙立和韩孟的婚姻无效

    D. 韩孟可以向法院提起行政诉讼

（三）案例练习

1. 原告王某、被告许某系表兄妹关系，双方隐瞒三代以内旁系血亲关系，骗取了结婚登记。婚后两人感情较好，但一直没有生育。因承受不了无子的压力，王某离开原籍到外地谋求发展。其间，王某又经历了父亲死亡和事业失败的打击，而许某没有给予应有的理解，从此双方感情逐渐淡薄。王父死亡后，王某继承遗产 20 万元。王某处理完父亲的善后事宜，即向人民法院提起诉讼，请求宣告其与许某的婚姻无效。经人民法院主持调解，王某、许某双方就婚姻无效和财产分割均达成一致意见。

【任务】（1）王某、许某对无效婚姻达成的一致，人民法院能否以调解书的形式确认？（2）王某、许某在无效婚姻存续期间所取得的财产，应如何确定其归属？（3）若王某、许某就王某继承的 20 万元遗产达成平均分割协议，该协议是否有效？

2. 原告付某经人介绍与被告李某相识恋爱，一年多后登记结婚。登记结婚前，双方签订财产协议，约定付某在婚前所有的一套房屋，在婚后归双方共有。在婚姻关系存续期间，李某父亲去世，李某继承遗产 180 万元。付某在当地一医院拔牙后出血十多天不止，经不断询问并经医院确诊方才得知，付某患有严重的家族型遗传性疾病血友病 A 型。付某在婚前已知晓自己患有此病，其在办理结婚登记时未如实告知李某，且未治愈。于是李某知情后便向法院起诉请求撤销婚姻。庭审中，李某对付某婚前所有的房产提出了分割请求，付某对李某继承所得的遗产也提出了分割请求，但双方的要求均被对方拒绝。

【任务】（1）付某、李某的婚姻应当如何处理？（2）李某是否有权主张分割付某的房屋？（3）付某是否有权请求分割李某继承的遗产？

实训二 婚姻成立

【案件来源】

2021 年 6 月，安某与张某来到某律师事务所对自己遇到的法律纠纷进行咨询，某律师接待了二人。两人的基本情况：安某，女，1998 年 1 月 4 日出生，汉族，现住石家庄市某区某镇某村某街某号；张某，男，1998 年 7 月 20 日出生，汉族，现住石家庄市桥西区某路某号。

【案情简介】

安某与张某共同在某公司打工时相识，工作期间安某与张某确立恋爱关系。2019 年，安某与张某二人共同在张某的家乡举办结婚仪式，此后，安某与张某一直以夫妻身份对外示人，周围邻居与同事均认为二人已经正式结婚。2021 年，安某与张某共同生育一名男孩张小某。当张某到派出所为张小某办理户籍登记时，办理户籍登记的民警答复，他与安某并未确立夫妻关系，不能为张小某办理户籍登记。安某与张某得知这一消息十分着急，他们认为自己已经是事实婚姻，遂找律师进行咨询：二人是否已经确立夫妻关系，如果二人确实不能被视为夫妻，二人应当如何进行补救；张小某能否算婚生子。

【任务前提】

律师根据法律意见书的范本，撰写了最简单的部分：

法律意见书

致安女士、张先生：

我所接受贵方的委托，认真研读了贵方提供的资料，承办律师在此信息基础上，就您提出的法律问题依法出具法律意见书，仅供参考。

一、案件基本事实

2019 年，您二人共同在张先生的家乡举办结婚仪式，此后，你们一直以夫妻身份对外示人，周围邻居与同事均认为你们已经正式结婚。2021 年，你们共同生育一名男孩张小某。当张先生到派出所为张小某办理户籍登记时，办理户籍登记的民警告知你们并未确立夫妻关系，不能为张小某办理户籍登记。现询问你们二人是否已经确立夫妻关系，如果确实不能被视为夫妻，应当如何进行补救；张小某能否算婚生子。

二、当事人提供的证据材料

1. 安某与张某的身份信息；

2. 张小某的身份信息。

三、案情分析及相关法律法规

……

【学习任务】

请根据案件情况，按照法律意见书格式的基本要求，补全该份法律意见书的核心部分，即案情分析及相关法律法规部分。

要求：完整、明确地答复当事人的疑问，为当事人提供完整、准确的指导意见，指导意见要明确指出当事人有可能出现的错误，并帮助当事人避免错误。

【任务提示】

首先，确定需要引用的法律渊源。《民法典》的规定较为笼统，而《婚姻登记条例》的规定相对详细一些，但仍然不够详细。因此，除了要看以上两个法律规范之外，须重点查找民政部的《婚姻登记工作规范》《民政部关于贯彻落实〈中华人民共和国民法典〉中有关婚姻登记规定的通知》。其次，完整地考虑所有的法律问题。既要考虑结婚登记问题，还要考虑事实婚姻问题和非婚同居问题。最后，重点向当事人说明办理结婚登记需要注意的事项。

第三单元　家　庭　关　系

第五章　亲属制度

知识目标
- 能够准确再现亲属、亲系和亲等的概念、特征。
- 能够准确再现亲属的法律效力。

能力目标
- 面对亲属关系，能够准确辨别属于哪种亲属关系，属于何亲系，能够准确辨别亲属关系的亲疏远近。
- 面对亲属关系纠纷，能够准确判断亲属关系是否存续，能够准确判断有哪些权利和义务。

素养目标
- 逐渐培养依法履行亲属义务的自觉意识。
- 逐渐培养知法尚法的内心自觉。

第一节　亲属概说

一、亲属的概念和特征

（一）亲属的概念

亲属，是指基于婚姻、血缘和法律拟制而形成的一种人与人之间的社会关系。婚姻为亲属之源，血亲为亲属之流，姻亲则借婚姻而产生。亲属，是一种网络化的结构，无边无际。法律意义上的亲属只是其中的一部分，是对最亲最近的亲属关系的确认。

"亲属"一词，在我国古已有之。最早见《礼记·大传》中"六世，亲属竭矣"的记载。《说文》中释亲为"至也"，释属为"连也"，可见二者有亲疏远近之分。一般情况下，较近之亲称为亲，较远之亲称为属。

将亲属作为法律上的概念，始于《唐律·户婚》中："亲属，谓本服缌麻以上亲及大功以上婚姻之家"；之后的《大明律》对"同居亲属有罪得相互容隐""同姓亲属相殴""亲属相盗"等均有较为详细的规定。从清末的《大清民律草案》起，至北洋军阀的《民律草案》及国民政府的《中华民国民法》，则将亲属独立为一编。

我国没有关于亲属系统的立法。只是在《民法典》一般规定中提到亲属的分类和近亲属的种类，家庭关系中对夫妻、父亲、子女、祖父母、外祖父母、孙子女、外孙子女以及兄姐弟妹的权利义务进行了规定。

（二）亲属的特征

1. 亲属是基于婚姻、血缘和法律拟制而形成的

（1）因血缘关系而自然形成。因出生而形成自然血亲，如因子女出生的法律事实而形成的父母子女关系及由此而形成的兄弟姐妹、伯、叔、姑、侄子女等亲属关系，即使是非婚生子女也与其生父母形成了亲属关系。

（2）因婚姻或法律拟制而人为形成。如因婚姻成立的法律行为而形成配偶关系和姻亲关系；因收养、再婚等法律行为或抚养事实而形成养父母子女关系或继父母子女关系。

2. 亲属是有固定的身份和称谓的

亲属间都有固定的身份与称谓，如自然形成的父母子女、兄弟姐妹等血缘身份关系，其身份和称谓是永久性的，除法律另有规定的以外，不能随意变更或解除。此外，还有人为形成夫妻、养父母子女等法律设定的身份关系，其身份和称谓可因离婚、解除收养而终止，但当事人不得任意解除。

3. 依法确定的亲属间具有特定的权利和义务

恩格斯指出："父亲、子女、兄弟、姊妹等称谓，并不是简单的荣誉称号，而是一种负有完全确定的、异常郑重的相互义务的称呼。这些义务的总和便构成这些民族的社会制度的实质部分。"[①] 法律确定的亲属间的权利和义务，有的是无条件的，如父母子女间的抚养、赡养义务；有的则需具备法定的条件，如祖孙、兄弟姐妹间的抚养、赡养义务，以有负担能力为前提条件。

（三）亲属与家属、家庭成员等概念有联系、有区别

1. 家属是与家长相对应的称谓，是封建家长制家庭的产物

按古代礼制，家庭由家长和家属组成，家长是家庭的主宰和统治者，在家庭中享有极大的支配权；家属是指家庭中除家长以外的人员，在家庭中处于从属地位。一般情况下，家属多为亲属，但并非所有的家属都是亲属，如《唐律疏议》中"同居家""家人不限良贱"的记载，妾、奴婢、家丁等只是家属而不是亲属；同样，也并非所有的亲属都是家属，如不在一起共同生活的外祖父母、岳父母等，就只是亲属而不是家属。因此，家属的概念比亲属要广泛，是指在一起共同生活的所有人。中华人民共和国成立以后，已废除封建家长制，家长与家属的称谓仍在民间沿用，只是已不再是法律术语，也不再具有法律上的意义。

2. 家庭成员是指同居一家共同生活，有权利义务关系的亲属

根据《民法典》的规定，家庭成员主要是指配偶、父母、子女和其他共同生活的近亲属。而伯、叔、姑、舅、姨等虽是血缘关系较近的亲属，但一般情况下不同居一家生活，分属于不同的家庭，他们就不是家庭成员，也不具有法律规定的亲属间的权利和义务。可见，家庭成员一般是亲属，而亲属并不都是家庭成员，亲属关系涉及的范围比家庭关系的范围大。

---

① 《马克思恩格斯选集》第4卷，人民出版社1972年版，第24页。

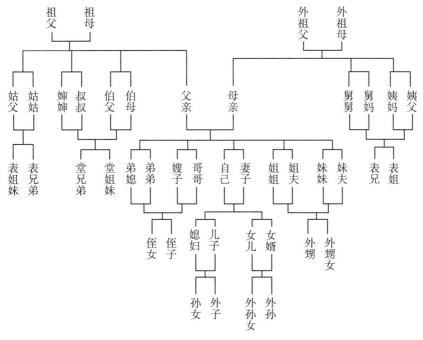

图 5-1　中国主要亲属关系称谓图

二、亲属的种类

亲属关系以形成的原因不同为基础,在不同的历史时期、不同的社会制度下,从不同的角度、按不同的标准,有不同的分类。

(一)我国古代对亲属的分类

封建宗法制度,是确定我国古代社会亲属关系亲疏远近的基础。依据重男轻女的原则,早期将亲属分为宗亲和外亲;至明清律中,将妻亲另列一类,确立了宗亲、外亲和妻亲三分法的亲属分类体制,一般又称为"三族"或"三党"。

1. 宗亲

宗亲,也称为内亲、本亲、本族、宗族等,指同祖同宗的亲属,即源于同一祖先的父系男性血亲与本族未嫁女子及嫁入本族的女子。宗亲是封建礼教和法律承认的最主要的一类亲属,具体分为两部分:

(1)自然形成的宗亲,又称为"本宗"或"正宗",包括出自同一祖先的父系男性血亲及尚未结婚的父系女性血亲。其范围以九族为限,由己上推父、祖父、曾祖父、高祖父共四世,下推子、孙、曾孙、玄孙也是四世,加自身一世共九世,称九族。九族范围内的有血缘关系的人都是宗亲亲属,除男性血亲外,还包括出自同一祖先、但尚未结婚的父系女性血亲(称为"在室女"),即本宗未出嫁的女儿,如姑、姐妹、女儿、侄女等。

(2)人为形成的拟制宗亲,出自同一祖先父系男性血亲的配偶,如:祖母、伯母、母、婶母、儿媳、孙媳等。这些亲属本为外姓,因与"本宗"的男性结婚而成为宗亲。

2. 外亲

外亲，也称为外姻、外族、女族等，指除妻子以外的以女性血统联系的亲属。具体包括两部分：

（1）母族，即与母亲血缘相联系的亲属，如：外祖父母、舅、姨等。

（2）出嫁族，即出自同一祖先、已结婚的父系女性血亲，其配偶及其生育的后代。如：姑之夫族，姑父及子女；姐妹之夫族，姐夫、妹夫及子女；出嫁女儿之夫族，女婿及外孙子女等。

3. 妻亲

妻亲，也称为妻族，指以自己的妻子为中介联系的亲属。如：妻之父母、岳父母，妻之兄弟姐妹及配偶子女等。唐代、宋代之前的法律，"妻族"包括在外亲之中，不算一类亲属。至明代、清代法律，才将"妻族"从外亲中独立出来，称妻亲。严格来讲，除妻之父母外，妻的其他亲属一般不算己之亲属。

（二）现代对亲属的分类

现代世界各国大多以亲属产生的原因不同为标准，按照男女平等的原则，将亲属划分为血亲、姻亲和配偶三种。我国《民法典》也作出同样的规定。

1. 血亲

血亲，是指因血缘联系而形成的亲属。其原意本为自然血亲，即生物学意义的血亲；但后来扩大为，也可因法律拟制而形成的拟制血亲。因此，血亲有两种：

（1）自然血亲。自然血亲，是指因出生而自然形成的，源于共同祖先、被血缘纽带联结的亲属。如：父母子女，兄弟姐妹，祖父母与孙子女，外祖父母与外孙子女，伯、叔、姑与侄子女，舅、姨与外甥、外甥女等。

自然血亲又有全血缘和半血缘自然血亲之分。全血缘的自然血亲是指同胞兄弟姐妹，即同父母的兄弟姐妹；半血缘的自然血亲是指同父异母或同母异父的兄弟姐妹。只要血缘联系客观存在，无论是婚生还是非婚生，无论是全血缘还是半血缘，均为自然血亲。

（2）拟制血亲。拟制血亲，是指本无自然血缘联系，但法律确认其与自然血亲有同等的权利义务的亲属。因这种血亲是依法形成的，所以，又称为法定血亲、准血亲等。

拟制血亲包括：养父母与养子女、有抚养关系的继父母与继子女等两类。根据《民法典》第1111条规定，养父母与养子女的权利和义务与生父母子女的权利义务关系相同。根据《民法典》第1072条规定，继父或继母和受其抚养教育的继子女间的权利和义务，与生父母子女的权利和义务相同。

2. 姻亲

姻亲是指除配偶外，以婚姻关系为中介而产生的亲属。姻亲因婚姻而生，男女结婚后，男、女一方与对方的亲属间形成姻亲关系。姻亲又分为三类：

（1）血亲的配偶。血亲的配偶是指自身与自己的血亲的配偶形成的姻亲。血亲的配偶包括直系血亲的配偶，如儿媳、女婿、孙媳、孙女婿等；旁系血亲的配偶，如嫂、弟媳、姐夫、妹夫、婶、姑父、舅妈、姨夫等。

（2）配偶的血亲。配偶的血亲是指自身与自己配偶的血亲形成的姻亲。如夫的父母（公婆）、夫的兄弟姐妹（叔伯、小姑）、妻的父母（岳父母）、妻的兄弟姐妹（大舅子、小姨子）等。未形成扶育关系的继父母与继子女间亦属于姻亲关系。

（3）配偶的血亲的配偶。配偶的血亲的配偶是指自身与自己配偶的血亲的配偶形成的姻亲。如；夫的兄弟之妻（妯娌）、夫的姐妹之夫、妻的兄弟之妻、妻的姐妹之夫（连襟）等。

以上为我国法学界通认的姻亲种类。但现实生活中血亲的配偶的血亲也常作为姻亲，例如儿子之妻的父母或女儿之夫的父母（亲家公、亲家母）。但是姻亲的范围扩张或延长，就使其失去了法律意义。我国婚姻家庭法并未规定姻亲之间的权利义务关系。

3. 配偶

配偶，即夫或妻的对称，是指与自身有婚姻关系的人。男女因婚姻而互为配偶，在婚姻关系存续期间，夫为妻的配偶，妻为夫的配偶。没有配偶的结合，便不会产生血亲；没有配偶的婚姻，便不会形成姻亲。配偶是产生血亲和姻亲的基础，是亲属关系的源泉。

世界各国法学界对于配偶是否为亲属一直有争议。有的认为，配偶仅是血亲和姻亲发生的源泉，但其本身既无亲系又无亲等，因而不应列入亲属的范围，如德国旧民法典和瑞士民法典，不承认配偶是亲属；有的则认为，配偶既然是血亲和姻亲产生的基础，当然是亲属，日本和韩国的民法，明文规定配偶属于亲属的范围。我国《民法典》第 1045 条明确规定亲属的种类，配偶不仅是亲属，而且还是居于首位的近亲属。

（三）近亲属

按亲疏远近的不同，亲属还可分为近亲属和其他亲属。关于近亲属的范围，我国目前尚无统一的法律规定。有四部法律、法规对"近亲属"一词划定了范围，详见表 5-1。

表 5-1

法律、法规、司法解释依据	近亲属的范围	
	相　同	不　同
《刑事诉讼法》第 108 条第 6 项	夫、妻、父、母、子、女	同胞兄弟姐妹
《民法典》第 1045 条第 2 款	配偶、父母、子女	兄弟姐妹、祖父母、外祖父母、孙子女、外孙子女
《最高人民法院关于适用〈中华人民共和国行政诉讼法〉的解释》第 14 条	配偶、父母、子女	兄弟姐妹、祖父母、外祖父母、孙子女、外孙子女和其他具有扶养、赡养关系的亲属
劳动和社会保障部第 18 号令《因工死亡职工供养亲属范围规定》第 2 条	配偶、父母、子女	兄弟姐妹、祖父母、外祖父母、孙子女、外孙子女

第二节　亲系与亲等

【案例 5-1】甄某年幼丧父，其母带其改嫁异乡。师范院校毕业后，甄某至某小学任教，与该校教师胡某相恋。某天，甄某应邀至胡某家做客，交谈中方知甄某的母亲与胡某的祖母是同胞姐妹，甄某与胡某的父亲是姨表兄弟，甄某与胡某乃表叔与表侄女关系。双方父母认为两家是"亲戚"又辈分不同，结婚不妥。但甄某、胡某二人感情甚笃，坚持要结婚。

任务：请回答婚姻登记机关能否给有"亲戚"关系的甄某和胡某办理结婚登记？

一、亲系

亲系是指亲属之间的联络系统。这种系统以血缘、婚姻为联络载体。除配偶关系外，各亲属都有一定的亲系可循。按不同的联系标准，亲属可分为不同的系列。

（一）直系亲和旁系亲

直系亲和旁系亲是按亲属之间血缘关系的远近来划分的。

1. 直系亲

直系亲又可分为直系血亲和直系姻亲。

（1）直系血亲。直系血亲，是指与自身有直接血缘生育联系的亲属，即生育自己或自己生育的各代血亲。如：自己与父母、祖父母、外祖父母、子女、孙子女、外孙子女之间。这些亲属与自己的血缘联系均为纵向、不同辈之间的。除这些自然直系血亲外，还包括法律拟制的直系血亲，如：养父母与养子女、养祖父母与养孙子女、形成扶养关系的继父母与继子女等。

（2）直系姻亲。直系姻亲，是指自身配偶的直系血亲和自身直系血亲的配偶。如：女婿与岳父母、儿媳与公婆、未形成扶养关系的继父母与继子女等。

2. 旁系亲

旁系亲又可分为旁系血亲和旁系姻亲。

（1）旁系血亲。旁系血亲，是指与自身源自同一祖先，有间接血缘联系的亲属。如：与己同源于同一父母的兄弟姐妹；源于同一祖父母的伯、叔、姑与侄子女，堂兄弟姐妹、姑表兄弟姐妹；源于同一外祖父母的舅、姨与外甥子女、舅表兄弟姐妹、姨表兄弟姐妹等。

（2）旁系姻亲。旁系姻亲，是指旁系血亲的配偶、配偶的旁系血亲和配偶的旁系血亲的配偶。例如：与己兄弟姐妹的配偶（嫂、弟媳、姐夫、妹夫）；与己夫或妻的兄弟姐妹（大伯子、小叔子、大姑子、小姑子，大舅子、小舅子、大姨子、小姨子）；与己夫或妻的兄弟姐妹的配偶（妯娌、连襟）等。

（二）父系亲和母系亲

父系亲和母系亲是按亲属之间是以父亲还是母亲为中介进行联系来划分的。

1. 父系亲

父系亲是指以父亲为中介而联系的亲属。例如：祖父母、伯、叔、姑、侄子女等。

2. 母系亲

母系亲是指以母亲为中介而联系的亲属。例如：外祖父母、舅、姨、舅表兄弟姐妹、姨表兄弟姐妹等。

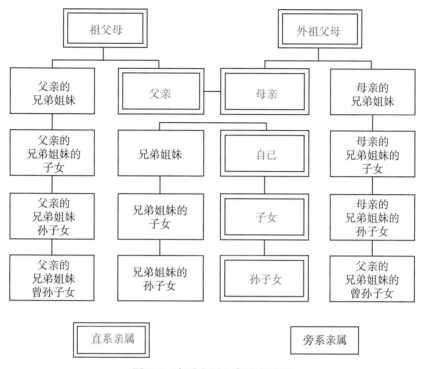

图 5-2　直系亲属和旁系亲属图

（三）长辈亲、同辈亲和晚辈亲

长辈亲、同辈亲和晚辈亲是按亲属之间辈分的不同来划分的。辈分，又称为行辈，同一世代为一辈。行辈问题不属于亲系，为叙述方便，在这里进行介绍。

1. 长辈亲

长辈亲，也称为尊亲属，是指辈分高于自己的亲属；如：父母辈、祖父母辈、外祖父母辈的亲属等。长辈有父辈和祖辈之分。

2. 同辈亲

同辈亲，也称为平辈亲，是指与自己同等辈分的亲属；如：兄弟姐妹、堂兄弟姐妹、表兄弟姐妹等。同辈之内分长幼排行。

3. 晚辈亲

晚辈亲，也称为卑亲属，是指辈分低于自己的亲属；如：子女辈、孙子女辈、外孙子女辈的亲属等。晚辈有子辈和孙辈之分。

我国古代法律，辈分的尊卑长幼规定非常严格，不得乱序。如：唐律规定卑幼不依家长私自婚嫁的，要杖一百；清律严禁同宗亲属结婚，不同辈分的人结婚要处以重刑。现行婚姻家庭法虽没有辈分的规定，但继承法中的代位继承，即被代位继承人的晚辈直系血亲可以代位继承，确定了这种亲属分类的现实法律意义。

二、亲等

亲等，即亲属的等级，是测算亲属之间亲疏远近的基本单位。亲等数与亲属关系的亲疏远近程度成反比，亲等数越小，表示亲属关系越近；反之，则表示亲属关系较远。国外有关亲等的计算方法主要有两种，即罗马法和寺院法的计算方法；我国对于亲等的计算方法则有古代的丧服制和现代的代数制计算方法。

（一）罗马法的亲等计算法

这是古罗马帝国使用的计算亲属关系亲疏远近的方法。随着罗马法的传播，延续至今已近 2000 多年，因其亲等计算方法较为科学，现代世界上绝大多数国家仍然在采用。

1. 直系血亲的亲等计算

直系血亲以世代为标准计算亲等。将己身与要数的亲属之间间隔的亲属依次排列起来，从己身往上数或往下数，以间隔的世代数定其亲等数。每隔一代为一亲等，但己身不计算。如：从己身往上数，与父母为一亲等，与祖父母、外祖父母为二亲等，与曾祖父母、外曾祖父母为三亲等；从己身往下数，与子女为一亲等，与孙子女、外孙子女为二亲等，与曾孙子女、外曾孙子女为三亲等。亲等数越小，表示亲属关系越近。

2. 旁系血亲的亲等计算

旁系血亲的亲等计算，分三步进行：找到双方的同源直系血亲；分别从双方往上数至双方同源的直系血亲，每经一代为一亲等，得出两个亲等数；将分别计算出的双方至同源直系血亲的两个亲等数相加，即为自身与所指亲属的亲等数。例 1：计算自己与兄弟姐妹的亲等，要先找到自己与兄弟姐妹的同源直系血亲即父母，再分别从自己和兄弟姐妹这两边往上数至父母，两边分别为一亲等，将两边数字相加，得出自己与兄弟姐妹为二亲等旁系血亲。例 2：计算自己与姑的亲等数，先找到自己与姑的同源直系血亲为己身的祖父母，然后分别从自己和姑往上数至己身的祖父母，其亲等数分别为自己与祖父母为二亲等、姑与己身的祖父母为一亲等，然后两边的亲等数相加，得出自己与姑之间的亲等数是三亲等。

（二）寺院法的亲等计算法

这是欧洲中世纪基督教教规计算亲属关系亲疏远近的方法，所以又称为教会法亲等计算法。因其不能准确反映亲属关系的远近，所以，只有少数国家如梵蒂冈、英国、爱尔兰、葡萄牙等因受宗教的影响和立法传统的影响仍在沿用。

直系血亲的亲等计算方法与罗马法相同。旁系血亲亲等的计算，也分三步进行，其前两步与罗马法相同：找到双方的同源直系血亲；分别从双方往上数至双方同源的直系血亲，每经一代为一亲等，得出两个亲等数；如两边的亲等数相同，则以此相同数为亲等数；如亲等数不同，则取其多者为亲等数。例 1：同样要计算自己与兄弟姐妹的亲等，双方同源直系血亲是父母，分别从自己与兄弟姐妹两边往上数至父母，两边都是一亲等，则自己与兄弟姐妹为一亲等旁系血亲。例 2：计算自己与姑的亲等数，自己与姑的同源直系血亲为祖父母，然后分别从自己和姑往上数至己身的祖父母，其亲等数为自己与祖父母为二亲等，姑与己身的祖父母为一亲等，两边的亲等数不同，则取其中的大数为亲等数，得出自己与姑之间的亲等数是二亲等旁系血亲。例 3：照此方法，计算自己与姑表兄弟姐妹的亲等数，也是二亲等旁系血亲。而自己与姑的血缘关系明显比自己与姑表兄弟姐妹的血缘关系要近，所以寺院法的亲等计算法不够精确。

（三）我国古代丧服制的亲等计算法

我国古代并没有严格意义的亲等制，而是以生者祭奠死者时所穿丧孝服的等级差别，来反映亲属关系的亲疏远近，这即为丧服制。丧服制起源于周礼，沿用至清末民初。丧服制分五等，丧服重，表示亲属关系近；丧服轻，表示亲属关系远。

1. 第一等为斩衰亲

这是最亲近的亲属，应服丧三年，即守孝期为三年。丧服用最粗的麻布做成，裁剪后不缝合为斩，在丧服当心处连上一块长 6 寸、宽 4 寸的麻布来表示悲戚称为衰（cui）。如子及未嫁女为父母、父死嫡长孙为祖父母、妻为夫、儿媳为公婆等。

2. 第二等为齐衰亲

齐衰亲，又称期亲，服丧有杖期、不杖期、五月、三月之别。齐衰杖期（持杖）与齐衰不杖期（不持杖），守孝期都是一年，也称"期年"。丧服用稍粗的麻布做成，缝边。如：夫为妻（父母不在）、子为出母（被父休去之生母）、嫁母（父亡改嫁之母）等服齐衰杖期；孙子女为祖父母、出嫁女为父母、夫（父母在）为妻、侄子为伯叔等服齐衰不杖期；曾孙、未嫁曾孙女为曾祖父母等服齐衰 5 月；玄孙、未嫁玄孙女为高祖父母等服齐衰 3 月。

3. 第三等为大功亲

服丧守孝期为 9 个月。丧服用粗熟布做成。如：妻为夫之祖父母，父母为子女，公婆为儿媳，出嫁女为伯、叔父母等。

4. 第四等为小功亲

服丧守孝期为 5 个月。其丧服用稍粗的熟布做成。如：己为伯、叔祖父母，为堂伯、叔父母，为未嫁祖姑，妻为夫之伯、叔父母等。

5. 第五等为缌麻亲

服丧守孝期为 3 个月。其丧服用细熟布做成。如：夫为妻之父母，妻为夫之高祖、曾祖父母等。

这五等亲，也称为五服亲。超出五服，叫祖免亲，即九族宗亲之内的无服亲。这种亲属无丧服守孝规定，丧葬时穿素服，尺布缠头。

丧服制是维护以男系为中心的宗法制度的产物，丧服的差别受性别、尊卑、名分等影响，不能准确、客观地反映血缘关系的亲疏状况，我国已废除了这一亲等计算方法。但在一些农村地区还有以是否出"五服"来判断亲属关系远近的现象。

（四）我国《民法典》的代数计算法

《民法典》第 1048 条规定："直系血亲和三代以内的旁系血亲禁止结婚。"我国《民法典》未规定亲等，而是以"代"为标准计算亲属关系的亲疏远近。代数越小，亲属关系越近；反之，则表示亲属关系较远。"代"指世代，即一世辈为一代。

1. 直系血亲代数的计算

从自己算起为一代，往上数至父母为二代，至祖父母、外祖父母为三代，至曾祖父母、曾外祖父母为四代，至高祖父母、高外祖父母为五代。往下数，至子女为二代，至孙子女、外孙子女为三代。依此类推。

我国直系血亲的代数计算法与罗马法、寺院法亲等计算法不同的是己身算为一代，即直系血亲间的代数比亲等数多"一"，如：自己与父母按亲等计算法是一亲等，而按我国的代数计算法则是二代。

2. 旁系血亲代数的计算

分三步进行计算：找到双方的同源直系血亲；从己身和该旁系血亲分别上溯至同源最近的直系血亲；分别计算两边上数至同源直系血亲的世代数。如两边的数值相同，则以此数计；如数值不同，则取其多者计。详见表5-2。

表 5-2

与旁系血亲的称谓	双方同源直系血亲	分别数代数	最终世代数
自己与兄弟姐妹	父母	自己与兄弟姐妹两边往上数都是二世代	二代以内旁系血亲
自己与堂兄弟姐妹	祖父母	自己与堂兄弟姐妹上数至祖父母均为三代	三代以内旁系血亲
自己与姨	外祖父母	自己至外祖父母是三代，姨至外祖父母是二代	三代以内旁系血亲
自己与表侄女	外祖父母	自己至外祖父母是三代，表侄女至外祖父母为四代	四代以内旁系血亲

我国的代数计算法与寺院法亲等计算法基本相同，不同的是计算时应将自己或该旁系血亲本身的世代算作一代，因此旁系血亲的代数比寺院法亲等数多"一"。

我国以"代"来计算亲属关系，虽简便易行，但不够科学。如：自己与伯叔姑是三代旁系血亲，与他们的子女（堂兄弟姐妹、表兄弟姐妹）也是三代旁系血亲。代数相同，但自己与伯叔姑的血缘关系要比自己与堂兄弟姐妹、表兄弟姐妹的血缘关系要近。"三代以内旁系血亲"包括有伯、叔、姑、舅、姨、兄弟姐妹、堂兄弟姐妹、表兄弟姐妹、侄子女、外甥子女等。

对旁系血亲的计算，代数计算法与寺院法亲等计算法一样，不能准确反映亲属关系的远近，没有罗马法亲等计算法科学。

案例5-1中甄某、胡某是第四代旁系血亲，根据《民法典》第1048条"直系血亲和三代以内的旁系血亲禁止结婚"的规定，甄某、胡某不属于三代以内旁系血亲。因此甄某、胡某可以结婚。

第三节　亲属关系的法律效力

【案例5-2】高某，男，26岁，某高校讲师；师某，女，23岁，某单位职员。高某与师某在谈恋爱期间，致师某怀孕。当时，高某要求行人工终止妊娠术，师某坚决不同意，生下一女孩。师某多次找高某，提出结婚要求，高某不同意，反而另寻新欢，并准备结婚。师某遂向人民法院提起诉讼，要求高某负担孩子的抚养费每月1200元。法院经查证、鉴定，证明孩子系高某与师某共同所生。

任务：请回答法院能否支持师某要求高某负担该非婚生女抚养费的请求？

一、亲属关系的发生

亲属关系的发生，是指因一定的法律事实的出现，而使当事人之间形成亲属关系。

（一）配偶关系的发生

配偶关系，因婚姻的成立而发生。按照我国《民法典》的规定，男女双方依法进行结婚登记的时间，即为配偶关系发生的时间。

（二）血亲关系的发生

1. 自然血亲，因出生的事实而产生

它既适用于婚生父母子女关系，也适用于非婚生父母子女关系。出生的时间，即为自然血亲关系发生的时间。

2. 拟制血亲，依法定的条件和程序而成立

如因收养子女的法律行为，而形成拟制血亲的养父母子女关系，依法取得收养证的时间，即为拟制血亲关系发生的时间。因父或母的再婚法律行为，继父母与受其抚育的继子女之间，形成拟制血亲的继父母子女关系。

（三）姻亲关系的发生

姻亲关系，是因婚姻的成立和血缘的事实而发生。男女双方结婚是产生姻亲的基础，而婚姻一方或双方亲属关系的存在，才会有血亲的配偶、配偶的血亲、配偶的血亲的配偶等姻亲关系。婚姻成立的时间，即为姻亲关系发生的时间。

二、亲属关系的终止

亲属关系的终止，是指因一定的法律事实的出现，而使当事人之间既存的亲属关系归于消灭。

（一）配偶关系的终止

（1）因配偶一方死亡（包括自然死亡和宣告死亡）的事件，配偶关系终止。自然死亡的时间、人民法院宣告死亡判决书生效的时间，为配偶关系终止的时间。

（2）因双方离婚的行为，配偶关系终止。取得离婚登记的时间、人民法院准予离婚调解书或判决书生效的时间，为配偶关系终止的时间。

（二）血亲关系的终止

1. 自然血亲

自然血亲，只能因一方死亡（包括自然死亡和宣告死亡）而终止。将子女送养他人，只能消除生父母子女间的权利义务关系，其自然血亲关系仍然存在，法律规定的自然血亲内容如禁止结婚的规定，仍然适用。

2. 拟制血亲

（1）因一方死亡而终止。养父母去世。自然死亡的时间、人民法院宣告死亡判决书生效的时间，为拟制血亲关系终止的时间。

（2）依法解除而终止。养父母与养子女解除收养关系，尚未成年的养子女与生父母恢复亲属关系。取得解除收养关系证明的时间、人民法院准予解除收养关系调解书或判决书生效的时间，为拟制血亲关系终止的时间。

（3）继父（或母）与生母（或父）离婚，拟制血亲关系终止。继父（或母）与生母（或父）离婚，继子女尚未成年的，已经形成抚养关系的继子女和继父母之间的父母子女关系自然终止；继子女已经成年的，已经形成抚养关系的继子女和继父母之间的父母子女关系不终止。

（三）姻亲关系的终止

（1）姻亲关系因一方死亡（包括自然死亡和宣告死亡）而终止。

（2）姻亲关系因作为中介的婚姻当事人离婚而终止。

（3）作为中介的婚姻当事人一方死亡，姻亲关系是否终止，由当事人自行决定。如生存方仍与亡偶父母等亲属生活在一起，则姻亲关系仍视为存在。

我国《民法典》对姻亲关系的终止无具体明确的规定，一般由当事人按习惯或心愿自己处理。依据《民法典》第 1129 条"丧偶的儿媳对公婆、丧偶的女婿对岳父母，尽了主要赡养义务的，可作为公婆、岳父母的第一顺序法定继承人"的规定可以推知，配偶一方死亡的，姻亲关系并不必然消灭，当事人自愿保持姻亲关系的，法律予以认可。

三、亲属关系的法律效力

亲属关系的法律效力，又称亲属的效力，是指亲属关系一经法律调整，就在一定范围的亲属之间产生法定的权利、义务关系及法律上的其他后果。亲属关系的法律效力在诸多法律领域中均有表现，主要示例为：

（一）在婚姻家庭法上的效力

1. 扶养的效力

根据《民法典》婚姻家庭编的规定，一定范围内的亲属有相互扶养的义务。亲属之间的扶养义务有两种：一为无条件的扶养义务，即夫妻之间有相互扶养的义务、父母对未成年或不能独立生活的子女有抚养教育的义务，成年子女对父母有赡养扶助的义务。《民法典》第 26 条规定："父母对未成年子女负有抚养、教育和保护的义务。成年子女对父母负有赡养、扶助和保护的义务。"《民法典》第 1071 条规定："非婚生子女享有与婚生子女同等的权利，任何组织或个人不得加以危害和歧视。不直接抚养非婚生子女的生父或生母，应当负担未成年子女或者不能独立生活子女的抚养费。"案例 5-2 中，非婚生女享有与婚生子女同等的权利，师某生下的孩子是高某的非婚生女，高某应当负担生活费。二为有特定条件的扶养义务，即兄弟姐妹之间、（外）祖父母与（外）孙子女之间，在有负担能力的前提下承担扶养义务。

2. 继承的效力

一定范围内的亲属有相互继承遗产的权利。根据《民法典》婚姻家庭编的规定，夫妻、父母子女之间有相互继承遗产的权利。

3. 共同共有财产的效力

根据《民法典》婚姻家庭编的规定，夫妻在婚姻关系存续期间所得的财产，除法律另有规定或当事人双方另有约定的之外，归夫妻双方共同所有。

4. 禁婚的效力

一定范围内的亲属禁止结婚。根据《民法典》婚姻家庭编的规定，禁止直系血亲和三代以内的旁系血亲之间结婚。

（二）在民法其他部分的效力

1. 监护的效力

一定的亲属关系具有法定监护责任。（1）根据《民法典》第 27 条规定，父母是未成年子女的法定监护人。未成年人的父母已经死亡或者没有监护能力的，由有监护能力的祖父母、外祖父母，兄、姐，其他经未成年人住所地的居民委员会、村民委员会或者民政部门同意愿意担任监护人的个人或组织按顺序担任监护人。（2）根据《民法典》第 28 条规定，无民事行为能力或者限制民事行为能力的成年人，由其配偶，父母，子女，其他经被监护人住所地的居民委员会、村民委员会或者民政部门同意愿意担任监护人的个人或组织按顺序担任监护人。

2. 法定代理的效力

一定的亲属具有法定代理权。根据《民法典》第 23 条规定，无民事行为能力人、限制民事行为能力人的监护人是其法定代理人。

3. 申请宣告的效力

根据《民法典》第 40 条、第 46 条等规定，自然人下落不明满一定期限的，其配偶、父母、子女、兄弟姐妹、祖父母、外祖父母、孙子女、外孙子女以及债权人、债务人等可以向人民法院申请宣告其失踪、死亡。根据《民法典》第 24 条规定，不能辨认或者不能完全辨认自己行为的成年人，其利害关系人或者有关组织，可以向人民法院申请认定该成年人为无民事行为能力人或者限制民事行为能力人。

4. 对宣告失踪人财产代管的效力

根据《民法典》第 42 条规定，失踪人的配偶、成年子女、父母或者其他愿意担任财产代管人的人，代管失踪人的财产。

5. 确定继承范围与顺序的效力

根据《民法典》第 1127 条规定，配偶、父母、子女为第一顺序的法定继承人；兄弟姐妹、祖父母、外祖父母为第二顺序的法定继承人。《民法典》第 1128 条规定，孙子女、外孙子女在其父母先于祖父母、外祖父母死亡时，可代位继承祖父母、外祖父母的遗产。

（三）在刑法上的效力

1. 犯罪构成的效力

根据《刑法》的规定，构成某些犯罪，必须以一定的亲属关系为要件。如：虐待罪、遗弃罪的犯罪主体，必须与被害人之间有一定的亲属关系。

2. 告诉的效力

根据《刑法》的规定，某些犯罪必须是由受害人及其近亲属亲自起诉，人民法院才处理。如：暴力干涉婚姻自由罪、虐待罪等，只有被害人告诉才处理；但被害人因受强制、威吓而无法告诉的，人民检察院、被害人的近亲属也可以告诉。

3. 和解的效力

根据《刑事诉讼法》的规定，对于告诉才处理的案件，人民法院可以进行调解，自诉人在宣告判决前，可以同被告人自行和解或者撤回自诉。

（四）在诉讼法上的效力

1. 回避的效力

根据《刑事诉讼法》《行政诉讼法》《民事诉讼法》的规定，一定的亲属关系为回避理由。如《刑事诉讼法》第 29 条规定，审判人员、检察人员、侦查人员为本案当事人的近亲属的，或者近亲属和本案有利害关系的，应当自行回避，当事人及其法定代理人也有权要求他们回避。

2. 诉讼代理的效力

《民事诉讼法》第 57 条规定，无诉讼行为能力人由他的监护人作为法定代理人代为诉讼。

3. 辩护的效力

根据《刑事诉讼法》第 33 条规定，犯罪嫌疑人、被告人的监护人或者亲友可以被委托为辩护人。

4. 不得担任诉讼代理人、辩护人的效力

根据《法官法》第 17 条规定，法官的配偶、子女不得担任该法官任职法院办理案件的诉讼代理人或者辩护人。

5. 上诉、申请再审的效力

根据《刑事诉讼法》第 227 条、第 252 条规定，近亲属经被告人同意可以提出上诉，也可依法提出申诉。民事诉讼中，无民事行为能力、限制民事行为能力人的法定代理人，可以代理其上诉或者申请再审。

（五）在劳动法上的效力

1. 夫妻、父母子女分居两地的，享有探亲假。

未婚者，每年可探望父母一次；已婚者，每年可探望配偶一次；已婚者，每四年可探望父母一次。

2. 劳动者死亡后，其生前供养的配偶和直系亲属依法享受一定的抚恤费、救济费。

（六）在国籍法上的效力

1. 依据一定的亲属关系，自然取得国籍

根据《国籍法》第 4 条、第 6 条规定，父母双方或一方为中国公民；父母无国籍或国籍不明但在中国定居，本人在中国出生的，具有中国国籍。

2. 依据一定的亲属关系和驻在国国籍法，取得国籍

根据《国籍法》第 5 条规定，父母双方或一方为中国公民，本人出生在外国，具有中国国籍；但父母双方或一方为中国公民并定居在外国，本人出生时即具有外国国籍的，不具有中国国籍。出生在外国，除驻在国法律规定出生时就具有外国国籍的以外，其父母有一方有中国国籍，本人也具有中国国籍。

3. 可申请加入中国国籍

根据《国籍法》第 7 条规定，外国人或无国籍人是中国人的近亲属或者定居在中国的、或有其他正当理由的，愿意遵守中国宪法和法律，可以经申请批准加入中国国籍。该法第 13 条规定，曾有过中国国籍的外国人，具有正当理由，可以申请恢复中国国籍。

4. 可申请退出中国国籍

根据《国籍法》第 11 条规定，申请退出中国国籍获得批准的，即丧失中国国籍。

亲属关系的法律效力，除以上列举的外，在其他的一些部门法中，如《未成年人保护法》《老年人权益保障法》等法律中还有相应的规定。

思考与练习

一、思考

1. 简述亲属的概念及其种类 。

2. 谈谈你对亲等的理解。罗马法、寺院法、我国代数计算法是如何计算亲属关系远近的？

3. 能否用图表画出我国的直系血亲、三代以内旁系血亲的范围？

4. 各类亲属关系发生和终止的原因是什么？

5. 亲属关系在我国婚姻家庭法上有哪些效力？

二、练习

(一) 判断题

1. 兄弟姐妹之间是直系血亲关系。（   ）

2. 按寺院法的亲等计算法，祖父母与孙子女是三亲等的血亲。（   ）

3. 按我国代数计算某人与其侄女系三代以内旁系血亲。（   ）

4. 继父母与继子女是拟制血亲，不论继父母是否抚养继子女，都产生父母子女间的权利义务关系。（   ）

5. 亲等数越多，表明亲属关系越近。（   ）

(二) 单项选择题

1. 按照罗马法的亲等计算法，表兄弟姐妹是（   ）。

    A. 直系姻亲三亲等　　　　　　　　　　B. 旁系血亲三亲等

    C. 旁系姻亲四亲等　　　　　　　　　　D. 旁系血亲四亲等

2. 现代世界各国大多把亲属划分为（   ）。

    A. 宗亲、血亲和姻亲　　　　　　　　　B. 宗亲、血亲和配偶

    C. 宗亲、姻亲和配偶　　　　　　　　　D. 血亲、姻亲和配偶

3. 王某的外孙女与王某是（   ）。

    A. 直系血亲　　　B. 直系姻亲　　　C. 旁系血亲　　　D. 旁系姻亲

4. 按寺院法的亲等计算法，自己和表兄弟姐妹属于（   ）旁系血亲。

A. 一亲等   B. 二亲等   C. 三亲等   D. 四亲等

5. (   )是指本无血缘关系，而由法律确认其与自然血亲具有同等权利义务的亲属。

     A. 自然血亲   B. 直系血亲   C. 旁系血亲   D. 拟制血亲

（三）多项选择题

1. 现代亲属包括(   )。

     A. 血亲   B. 外亲   C. 姻亲   D. 表兄弟姐妹

2. 按照亲属的分类，养子女与养父母属于(   )。

     A. 自然血亲   B. 拟制血亲   C. 直系血亲   D. 旁系血亲

（四）名词解释

姻亲

（五）案例练习

甲妻因病死亡后，甲仍与岳父母乙、丙长期共同生活，并承担乙、丙的生活费用。甲与丁再婚后搬至丁处生活，不再支付乙、丙的生活费用。乙去世后，留下房屋一栋。问：（1）甲妻死亡后，甲与岳父母乙、丙之间的姻亲关系是否终止？（2）甲再婚后终止对岳父母的赡养义务，是否影响其对岳父母遗产的继承权？

第六章 夫妻关系

知识目标
- 能够准确再现夫妻一体主义和夫妻别体主义的概念。
- 能够准确再现夫妻之间人身关系的内容。
- 能够准确再现夫妻之间财产关系的内容。

能力目标
- 面对涉及夫妻关系的纠纷，能够判断当事人是否完全履行了夫妻义务，能够依法主张夫妻权利。
- 面对涉及夫妻关系的纠纷，能够准确区分夫妻共同共有财产和个人特有财产，准确判断夫妻财产约定的效力。

素养目标
- 逐渐培养维护夫妻之间地位平等的自觉意识。
- 逐渐培养服务意识，以及精益求精、知法尚法的职业精神。

结婚行为最直接的法律后果就是确立主体之间的夫妻关系，夫妻关系是普遍的社会关系。夫妻法律地位平等，其中的部分权利义务关系可以通过双方协商确定，但对于夫妻关系的主要内容，婚姻家庭法均作出了明确规定，凡是法律没有明确规定双方可以协商变更的，当事人要按照法律的规定履行义务。这就要求法律职业者对夫妻关系的立法宗旨和具体要求熟练地掌握。

第一节 夫妻关系的概说

一、夫妻关系的概念

夫妻关系及
法律地位

夫妻关系是指我国婚姻家庭法所确定的夫妻间的权利义务关系，是家庭中的核心关系。加强对夫妻关系的法律调整，不仅有利于保护夫妻双方的合法权益，也有利于建立民主和睦的家庭，有利于促进社会的稳定与发展。

从性质上看，夫妻关系包括人身方面的关系和财产方面的关系两个方面的内容。夫妻人身方面的关系是指夫妻双方在家庭中的身份及人格方面的权利义务关系，如夫妻有独立的姓名权，参加生产、工作学习和各项社会活动的自由等。夫妻财产方面的关系是指夫妻双方具有财产内容的权利义务关系，如夫妻互负扶养义务，夫妻互有继承遗产的权利及共同共有财产的权利等。夫妻人身方面的关系是夫妻财产方面的关系的前提，是夫妻关系的主要方面；夫妻财产方面的关系是夫妻人身方面的关系引起的法律后果，也是夫妻关系的重要内容。

婚姻效力，是婚姻成立所导致的法律后果或法律拘束力。它随婚姻关系的成立而发生，并随婚姻关系的消灭而终止。婚姻的效力有广义和狭义之分。广义的婚姻效力，指婚姻成立后在婚姻家庭法及其他相关部门法中产生的法律后果。民法、刑法、国籍法等部门法中都有关于婚姻效力的规定。狭义的婚姻效力，是指婚姻在婚姻家庭法上的效力。狭义的婚姻效力又可分为婚姻的直接效力和间接效力。直接效力是指因婚姻而产生的夫妻间的权利义务关系，即本节所称的夫妻关系；间接效力指因婚姻的成立而产生的对夫妻之外其他亲属之间的权利义务关系。

二、夫妻在家庭中的法律地位

夫妻关系是夫妻在家庭中法律地位的直接体现，夫妻的法律地位是夫妻关系的高度概括。因此了解夫妻关系必须先了解夫妻的法律地位。夫妻的法律地位总是与男女两性的社会地位相适应。夫妻的法律地位的性质与特点，取决于一定社会的经济基础。在不同历史时期，夫妻法律地位的性质、特点及内容不尽相同。随着社会经济基础及与之相适应的婚姻家庭制度的发展，夫妻在家庭中的地位也随之变化。

（一）夫妻地位立法主义的演进

在传统亲属法研究中，以立法主义来概括世界各国不同历史时期、不同社会制度中夫妻在家庭中的法律地位。历史上关于夫妻关系的立法理论主要有两种：

1. 夫妻一体主义

夫妻一体主义亦称夫妻同体主义，是指男女结婚后即合二为一，不承认双方各有独立的人格。该理论要求妻的人格为夫所吸收或夫的人格为妻所吸收。从表面上看，这种立法主义有利于家庭的存在和发展，夫妻的地位也是平等的，而实际上夫妻一体主义实为夫权主义的别称。在人身方面，女子婚后须随夫姓，自己没有独立的姓名权；在财产方面，财产交由丈夫所有和支配。这种夫妻一体主义源于古代男女两性的家庭地位和社会地位的不平等，是以家庭为本位的立法思想的体现，多为古代和中世纪的亲属法所采用，至今对一些资本主义国家的婚姻立法仍有不同程度的影响。

2. 夫妻别体主义

夫妻别体主义亦称夫妻异体主义，是指夫妻是一种独立对等的关系，各有独立的人格。这种主张比夫妻一体主义进步，最初源于罗马万民法的无夫权的婚姻，为现代多数国家所采用。夫妻别体主义为实现夫妻地位平等创造了条件，但夫妻别体主义并非必然导致夫妻平等。西方一些国家的早期立法中仍保留一定的封建残余，夫妻的这种独立性是不完整的。随着社会的进步与发展、女权运动的深入，在夫妻关系上，以家庭为本位的立法思想逐渐被以个人为本位的立法思想所取代。20 世纪下半叶，许多资本主义国家对有关夫妻地位的法律作了修订，夫妻双方的法律地位在形式上日渐平等。但在私有制社会中，以别体主义标榜的平等有其历史的局限性，它只是一种形式上的平等，而无法做到实质意义上的平等。

（二）不同制度下夫妻的法律地位

按照历史唯物主义的观点，夫妻法律地位立法主义的演进，并不能真实地反映夫妻在家庭中是否享有平等的法律地位。在现实生活中，夫妻法律地位的性质与特点取决于一定的社会经济基础，并受上层建筑诸种因素的影响与制约。与不同的社会发展阶段相适应，夫妻法律地位的发展经历了下列三个时期：一是夫权统治时期。在奴隶社会和封建社会，婚姻家庭制度服务于男尊女卑的社会制度，妇女在家庭和社会中都处于无权的地位。二是形式上的平等时期。在资本主义社会，夫妻别体主义为实现夫妻地位平等创造了条件。但以生产资料私有制为基础的资本主义社会，在社会实践中无法实现夫妻法律地位的完全平等。三是从法律上的平等到实际生活中的完全平等的过渡时期。社会主义国家实现了生产资料的社会主义公有制，为实现人与人的完全平等创造了条件，夫妻在家庭中的法律地位完全平等必将会完全实现。

三、我国婚姻家庭法对夫妻法律地位的规定

我国《民法典》第 1055 条规定："夫妻在家庭中地位平等。"这是对夫妻关系总的原则性的规定。这一规定是建立新型夫妻关系的前提，也是我国夫妻关系日趋文明的重要标志。

夫妻在家庭中地位平等，具体包括两层含义：一是夫妻婚后享有独立的人格。按照传统亲属法研究理论，我国的夫妻法律地位的规定应归属于夫妻别体主义。与封建社会男尊女卑，妇女在家庭中只能处于从属地位不同，根据我国《民法典》第 1055 条规定，男女双方结婚以后，共同组成了家庭，但人格上是彼此独立的，仍享有独立的权利能力和行为能力，不存在依附、从属关系。比如男女双方结婚以后彼此之间赠与及赠与撤销问题适用《合同法》的一般性规定。《婚姻家庭编解释（一）》第 32 条规定："婚前或者婚姻关系存续期间，当事人约定将一方所有的房产赠与另一方或者共有，赠与方在赠与房产变更登记之前撤销赠与，另一方请求判令继续履行的，人民法院可以按照民法典第 658 条的规定处理。"二是夫妻权利义务平等。具体而言，夫妻在人身财产方面享有平等的权利，承担平等的义务。

夫妻在家庭中地位平等，是确定夫妻权利义务关系的总的原则，是处理涉及夫妻权利义务纠纷的基本依据。在司法实践中，当夫妻间某些纠纷的处理缺乏具体的法律依据时，可根据夫妻地位平等的原则处理。

第二节 夫妻人身关系

【案例 6-1】 曾某与周某系夫妻关系，婚后未生育子女。曾某与周某于 2007 年 4 月曾签订过《婚后权利义务协议书》，对婚后双方权利义务作出如下约定：双方婚后不得发生婚外恋或婚外性行为，均应忠诚于对方；不实施家庭暴力、身体虐待以及精神虐待。违反以上规定的一方视为有过错，周某在美留学期间发生过错的，曾某自动免除分担留学贷款费用和婚后负债，周某从离婚之日起 20 年内，每年向曾某支付其税后年收入的 50% 作

为经济补偿；周某在留学毕业后发生过错的，曾某自动免除分担留学贷款费用和婚后负债，周某从离婚之日起 20 年内，每年向曾某支付周某税后收入的 30% 作为经济补偿；夫妻共同财产归曾某所有。曾某为过错方时，则曾某免除分担留学贷款相关一切费用和婚后负债，夫妻共有财产归周某所有。经查明，曾某与周某双方无夫妻共同财产，婚后无债权。

曾某以其在周某回国后发现其以未婚身份在网上征友，并与他人发生婚外恋，违反协议为由提起诉讼，请求判令周某按协议约定向其支付经济补偿。庭审中，曾某表示可以采取一次性补偿的方式支付离婚经济补偿。

任务：请结合案例回答夫妻协议的内容应否执行？

夫妻关系的内容包括人身方面的关系和财产方面的关系两个方面，财产方面的关系尽管很重要，但起主导作用的是人身方面的关系，财产方面的关系从属于人身方面的关系。夫妻人身关系与人身不可分离，不直接体现财产利益，主要包括以下六个方面的内容。

一、夫妻各有独立的姓名权

姓名是区别不同个人的符号，有无姓名权是有无独立人格的重要标志，因此姓名权是人格权的重要组成部分，是一项重要的人身权利。古代法奉行夫妻一体主义，体现在姓名权上即婚后妻从夫姓或入赘后夫从妻姓。在中国封建社会，女子未婚时只有小名，出嫁后被冠以夫姓，称为某门某氏，已婚男子从来都有权使用自己的姓名，只有入赘时例外。外国法中，从古代到中世纪以至资本主义社会，对已婚妇女的姓氏均作歧视性规定。随着女权运动的开展及男女平等呼声的日益高涨，许多国家在法律上对夫妻双方的姓名权才作出了平等规定。

中华人民共和国成立后，1950 年《婚姻法》彻底废除了歧视妇女的旧法，代之以夫妻在姓名权上完全平等的规定。我国《民法典》第 1056 条规定："夫妻双方都有各自使用自己姓名的权利。"这一规定的含义是在我国无论丈夫或妻子，不因结婚而改变自己的姓名，双方都可以保持自己独立的姓名。这是夫妻人格独立的标志，也是夫妻家庭地位平等在姓名权上的具体体现。夫妻姓名权的规定对否定旧中国妻从夫姓的男尊女卑的旧传统及促进夫妻家庭地位平等有着十分积极的现实意义和历史意义。当然，夫妻都是成年人，婚姻家庭法并不妨碍当事人在自愿基础上改变自己的姓氏，无论妻随夫姓或夫随妻姓都是合法的。

姓氏是标志家庭系统的称号，夫妻享有平等的姓名权还表现在子女姓氏的确定上。中国历史上，子女一般都随父姓，不随母姓，以适应夫妻一体主义的要求。《民法典》第 1015 条规定："自然人应当随父姓或者母姓。"这一规定应当理解为：只有在夫妻双方达成一致的基础上，才能决定子女的姓氏；子女的姓氏可以随父亲，也可以随母亲。这一规定更全面地体现了男女平等的精神。父母协商确定子女姓名，并不妨碍子女成年后更改自己的姓名。

二、夫妻双方都有参加各项社会活动的自由

夫妻都有人身自由是夫妻家庭地位平等的重要标志，也是妇女从家务劳动的局限中解放出来，参加社会工作和社会活动，逐步提高收入，实现实质意义上男女平等的重要保障。执行这一规定，既是实行男女平等、促进妇女解放的需要，也是提高婚姻质量，巩固家庭关系的需要。我国《民法典》第 1057 条规定："夫妻双方都有参加生产、工作、学习和社会活动的自由，一方不得对另一方加以限制和干涉。"这一规定适用于夫妻双方。资本主义国家早期法律均限制已婚妇女的行为能力。第二次世界大战后，随着社会发展，妇女运动的深入及男女平等观念的渗透，妇女的法律地位有了很大提高，妻子在法律上获得了相应的人身自由。在旧中国，封建社会中家庭长期实行夫权统治，"男主外，女主内"，"女子无才便是德"，女子只能从事家务，伺候丈夫和公婆。今天陈腐观念的残余影响依然存在，不仅影响着妇女自身的发展，也影响着社会的进步，我们仍要继续破除夫权和家长制思想。

三、夫妻双方都有平等的婚姻住所选定权

夫妻婚姻住所选定权是指选择确定夫妻婚后共同居住场所的权利。夫妻双方可以协商确定同居的地点，可以男到女家居住，也可以女到男家居住，或双方另择居所居住。双方有平等的权利，共同确定夫妻婚后居住的场所，其中任何一方不能强迫另一方接受自己的住所选择意愿。我国《民法典》第 1050 条规定："登记结婚后，根据男女双方约定，女方可以成为男方家庭的成员，男方可以成为女方家庭的成员。"由于我国历史上长期实行以男子为中心的家长制，"男娶女嫁"是我国沿袭了几千年的习俗。在旧中国，男方到女方家被称为"入赘"，受到人们的歧视，法律地位十分低下。因此，本条立法一方面有利于改变旧的婚姻习俗，倡导男女平等；另一方面也有利于解决一些有女无儿户的实际困难，改变"养儿防老"的传统观念，树立新的生育观。男方或女方自愿成为对方家庭成员后，仍保持自己的独立人格，与其配偶地位平等，与配偶的亲属形成姻亲关系，与自己的父母仍然保持血亲关系，承担对父母的赡养义务。

四、夫妻双方都有生育的权利

基于婚姻家庭的自然属性，人口再生产主要是在家庭内完成的，我国婚姻家庭法既通过调整婚姻家庭关系间接作用于生育关系，也直接调整生育关系。

夫妻生育权纠纷司法处理

2018 年 10 月 26 日修订的《妇女权益保障法》第 51 条规定："妇女有按照国家有关规定生育子女的权利，也有不生育的自由。"2021 年 8 月 20 日修订的《人口与计划生育法》第 17 条规定，公民有生育的权利。生育权是公民的一项法定权利，不论是男性还是女性均享有这一权利。基于婚姻家庭的自然属性，夫妻双方的生育权表现并不相同。妇女生育权表现为依法生育的自由，妇女是否怀孕、生育，主要由妇女自己决定，属于其享有的一种特殊的人身权利。这种人身权利是法律规定的，不因其与他人的协商行为或作出的许诺而受到限制。丈夫的生育权表现为依法请求怀孕妻

子生育的权利，也即做父亲的权利，但没有请求妻子进行人工终止妊娠术的权利。

当然，男女双方的生育权都不是绝对的，生育是夫妻双方共同行为，一方权利的行使会受到另一方权利的限制。所以当夫妻双方的生育权发生冲突时，应当本着两利相衡取其重，两害相衡取其轻的原则协调处理。最高人民法院《婚姻家庭编解释（一）》第23条规定，夫以妻擅自终止妊娠侵犯其生育权为由请求损害赔偿的，人民法院不予支持；夫妻双方因是否生育发生纠纷，致使感情确已破裂，一方请求离婚的，人民法院经调解无效，应认定为夫妻感情确已破裂。

五、夫妻双方都有日常家事代理权

日常家事代理权，是指夫妻一方因日常家庭事务而与第三人实施的法律行为，对双方发生法律效力，即夫妻于日常家务互为代理人。夫妻家事代理权有两个特征：一是夫妻家事代理权是基于夫妻身份关系当然享有的权利，代理权行使时不必以被代理人的名义，也不必有被代理人的授权；二是夫妻家事代理权的范围仅限于日常事务。日常家务夫妻必亲自进行，不仅不方便，也不利于社会经济生活的正常进行。因此多数国家婚姻家庭法都规定夫妻对日常家事相互有代理权。如《瑞士民法典》第166条规定："配偶双方中任何一方，于共同生活期间，代表婚姻共同生活处理家庭日常事务。"《日本民法典》第761条规定："夫妻一方就日常家事同第三人实施了法律行为时，他方对由此产生的债务负连带责任。"同时，各国法律一般还规定，如夫妻一方滥用家事代理权或对方认为其不宜行使时，他方可以加以限制，但法律规定其限制不得对抗善意第三人。我国《民法典》第1060条规定，"夫妻一方因家庭日常生活需要而实施的民事法律行为，对夫妻双方发生效力，但是夫妻一方与相对人另有约定的除外。夫妻之间对一方可以实施的民事法律行为范围的限制，不得对抗善意相对人。"

六、夫妻应当互相忠实

夫妻忠实义务主要是指夫妻保持专一的夫妻性生活，不为婚外性行为的义务。其具体要求有：不重婚，不与配偶以外的第三人同居或保持性伴侣关系，不从事性交易等。我国《民法典》第1043条作出了夫妻应当互相忠实的规定。

由于夫妻互相忠实的义务具有强烈的人身性，内容过于宽泛，不同行为的性质、危害结果相差很大，其权利行使与义务履行应当以合理、正当为限，不宜被强制执行。所以最高人民法院《婚姻家庭编解释（一）》第4条规定："当事人仅以民法典第1043条为依据提起诉讼的，人民法院不予受理；已经受理的，裁定驳回起诉。"在司法实务中，如果夫妻双方以履行忠实义务为宗旨订立切实可行的协议，此类协议只要是双方真实意思表示，同时不违背法律的禁止性规定、不损害他人和社会公共利益，就应具有法律效力。一方以对方违约为由，追究违约责任，一般可以得到人民法院的支持。

案例6-1 夫妻双方在婚姻关系存续期间自愿签订忠诚协议，约定过错方应承担相应的补偿责任，协议系双方的真实意思表示，且内容未违反法律法规的强制性规定，故应认定协议对双方产生约束力。一方未履行协议约定的忠实义务致离婚，应认定其为作为过错方，按协议约定承担补偿责任。在协议约定的补偿支付方式不妥时，人民法院可综合考虑实际情况变更经济补偿支付方式。

第三节　夫妻财产关系

【案例6-2】 薛某、陈某均系再婚，婚后未生育子女。婚姻关系存续期间，薛某委托陈某的儿子李某，领取薛某通过继承等方式取得的一处房产的拆迁补偿款七十余万元。李某将该款存入陈某账户，陈某又将该款项存至李某账户。薛某要求陈某返还补偿款，陈某未予理睬。薛某遂将陈某诉至法院，法院调解认定该款项系夫妻共同财产，双方有平等的处分权。法院调解过程中双方就如何保管和处分该财产双方未达成协议，薛某撤诉。之后，薛某另行向法院起诉诉，要求离婚并分割涉案拆迁补偿款。诉讼中，李某向陈某账户中存入二十余万元，陈某将二十余万元一次性取出，但陈某对该部分款项去向多次陈述不一，又未举证证明该款项的合理用途，法院判决不准离婚。2011年，薛某又以陈某转移、隐匿夫妻共同财产为由，提起诉讼，请求分割拆迁补偿款。

任务：请回答薛某的请求能否得到人民法院的支持？

夫妻财产关系主要指夫妻双方在财产所有权、扶养及遗产继承等方面的权利义务关系，夫妻财产关系平等是夫妻在家庭中法律地位平等的重要标志，也是夫妻在家庭中法律地位平等的重要保障。随着社会经济的发展，家庭财产种类的增多，夫妻财产关系变得复杂多样，法律也不断完善。

一、夫妻双方都有共同共有财产的权利

根据我国婚姻家庭法的规定，在婚姻关系存续期间，夫妻双方或一方所得的财产，除法律有特别规定或当事人另有约定外，应当归双方共同共有。对于共同共有的财产，夫妻双方有平等的处理权。夫妻双方对共同共有财产的权利和义务，是基于法律的规定而产生的，不需要双方的约定即可获得。我国的夫妻财产制是随着司法实践的发展不断变化的，了解世界各国的夫妻财产制，对于深刻地理解我国的夫妻财产制有重要的现实意义。

（一）夫妻财产制的概念及立法形式

夫妻财产制，又称婚姻财产制，是指在婚姻关系存续期间有关夫妻财产所有权的制度，主要包括夫妻财产关系的设立、变更和废止，夫妻财产所有权的归属，夫妻财产的占有、使用、收益、处分，夫妻之间债务清偿的责任，婚姻终止时夫妻财产的清算和分割等方面的问题，其内容随着社会经济、社会制度的演变而发展变化。

在古代，各国立法对夫妻财产基于夫妻一体主义，多采用"吸收财产制"，即妻子因结婚其人格被丈夫的人格所吸收，从而在法律上没有财产权，不管婚前或婚后取得的财产都属于丈夫所有。我国古代就有"子妇无私货，无私畜，无私器"的要求。

到近现代，由于女性走出家庭参加社会劳动，经济地位提高，原来立法中的夫妻财产制已不能适应新的社会生活及家庭生活的需要，各国纷纷改革婚姻家庭法，夫妻财产制出现了多种立法形式。夫妻财产制的立法形式，根据不同标准可以分为以下几种情况：

1. 按夫妻财产所有权关系的发生根据不同，夫妻财产制可分为法定财产制与约定财

产制

（1）法定财产制，是指在夫妻婚前或婚后均未就夫妻财产关系作出约定，或所作约定无效时，依法律明确规定形成财产所有权关系的夫妻财产制。

（2）约定财产制，是双方以协议方式，对夫妻结婚以前及在婚姻关系存续期间所得财产所有权的归属，夫妻财产的占有、使用、收益和处分等事项作出约定，以排除法定财产制适用的制度。

2. 按夫妻财产制的内容不同，夫妻财产制可归纳为统一财产制、联合财产制、共同财产制、分别财产制等形式

在各国立法中，各种形式的夫妻财产制，有的被作为法定财产制直接适用，有的被作为约定财产制供当事人选择适用。

（1）统一财产制。统一财产制，是指除特有财产外，将妻的原有财产估定价额，转归其夫所有，妻保有婚姻关系终止时对估价金额的返还请求权的财产制。统一财产制为早期资本主义国家所采用，因其将妻子对婚前财产的所有权转变为婚姻终止时对丈夫的债权，使妻子处于不利地位。近现代资本主义国家已较少使用。

（2）联合财产制。联合财产制，亦称管理共同制，指除特有财产外，夫妻各保有其财产所有权，但财产联合在一起由夫管理的财产制。联合财产制源于中世纪日耳曼法，被近现代一些资本主义国家所沿用，夫妻在财产关系上仍处于不平等地位。

（3）共同财产制。共同财产制，指除特有财产外，夫妻的全部财产或部分财产归双方共同所有的财产制。依共同共有财产的范围不同，共同财产制又可归纳为一般共同制、动产及所得共同制、所得共同制、劳动所得共同制等形式。一般共同制，是指除特有财产外，夫妻婚前、婚后的一切财产均为夫妻共同共有的财产制。动产及所得共同制，是指除夫妻婚前的不动产及特有财产外，夫妻婚前的动产及婚后所得的财产为夫妻共同共有的财产制。所得共同制，是指除特有财产外，夫妻在婚姻关系存续期间所得的财产为夫妻共同共有的财产制。劳动所得共同制，是指夫妻婚后的劳动所得为夫妻共有，非劳动所得的财产如继承、受赠所得财产，则归各自所有的财产制。在实行共同财产制的国家，大多对财产共有的范围设有限制性规定，例如法律有特别规定者除外，夫妻另有约定者除外。

（4）分别财产制。分别财产制，亦称夫妻独立财产制，指夫妻婚前婚后所得的财产均归各自所有，各自独立行使管理、使用、收益和处分权的财产制。分别财产制不排斥一方以契约形式将其个人财产的管理权交付另一方行使，也不排斥双方拥有一部分共同财产。

（二）我国现行的夫妻财产制

根据我国婚姻家庭法的相关内容，我国夫妻财产制是法定财产制与约定财产制的结合。法定财产制实行法定婚后所得共同制，同时法律允许个人特有财产存在。对于当事人的财产约定，只要约定的内容不违反一般的法律原则，法律不加以限制。该部分仅介绍夫妻财产权的归属，夫妻财产的占有、使用、收益、处分，家庭生活费用的负担，关于夫妻间债务的清偿，夫妻共有财产的分割等问题，将在"离婚的效力"部分讲述。

1. 法定婚后所得共同财产

（1）法定夫妻共同财产的概念。我国的夫妻共同财产制是法定婚后所得共同制。我

国《民法典》只是列举了夫妻共同共有财产的种类，并没有对法定夫妻共同共有财产进行概括性规定。根据立法精神，法定夫妻共同财产可以被概括为，夫妻一方或双方在婚姻关系存续期间所得的财产，法律另有规定或当事人另有约定的除外。这一概念说明夫妻共同财产所有权的主体，只能是具有婚姻关系的夫妻，无效婚姻、非婚同居或通奸的男女不能作为其主体。这一概念说明在夫妻对其财产未作约定、约定违法或约定不明确的情况下，均应适用法定夫妻财产制也即法定婚后所得共同财产制。这一概念说明夫妻共同财产所有权取得的时间，是婚姻关系有效存续期间，即合法婚姻关系从结婚登记之日起到配偶一方死亡或双方离婚为止。夫妻分居或离婚判决未生效的期间仍为婚姻关系存续期间。这里的"所得"是指对财产所有权的取得，而非财产的实际占有或控制。婚前夫或妻的被继承人死亡，婚后夫或妻分得的遗产，应视为婚前获得所有权的个人财产，不是婚后所得的财产。婚前获得的财产婚后出售，以出售款购买的财产，一般不认为是婚后所得的财产。

（2）法定夫妻共同财产的范围。根据我国《民法典》第 1062 条，《婚姻家庭编解释（一）》第 24 条、第 25 条、第 26 条的规定，夫妻在婚姻关系存续期间所得的下列财产归夫妻共同所有：①工资、奖金、劳务报酬。这里的奖金主要指一般性的劳动收入，不包括具有人身专属性的奖励。②生产、经营、投资的收益。③实际取得或者已经明确可以取得的知识产权的财产性收益。知识财产权虽然是个人的权利，但知识产权的收益是夫妻双方共同努力的结果，知识产权的收益应当是夫妻共同共有的财产。④继承或赠与所得的财产，但遗嘱或赠与合同中确定只归夫或妻一方的财产除外。被继承人在遗嘱中确定，赠与人在赠与合同中确定只归夫或妻一方的财产属于该继承人或该受遗赠人个人所有。⑤一方以个人财产投资取得的收益为夫妻共同共有财产，但孳息和自然增值除外。⑥男女双方实际取得或者应当取得的住房补贴、住房公积金。⑦男女双方实际取得或者应当取得的破产安置补偿费。⑧男女双方实际取得或者应当取得的基本养老金。离婚时夫妻一方尚未退休、不符合领取基本养老金条件的，养老金账户中婚姻关系存续期间个人实际缴纳部分及利息为夫妻共同财产。⑨其他应当属于夫妻共同所有的财产。我国婚姻家庭法对共同共有财产没有概括性规定，列举性的规定必然不能囊括社会生活中的全部情况，所以作出这一兜底性的规定。

（3）夫妻对共同共有财产的权利与义务。第一，对共同所有的财产，夫妻有平等的处理权。虽然夫妻双方对夫妻财产所做的贡献并不相同，但夫妻在家庭中的法律地位平等，对共同财产的权利和义务也是平等的。夫妻对全部共同财产，平等地享受权利、平等地承担义务，即对夫妻共同财产，不论是一方的收入还是双方的收入，夫妻双方均有平等的占有、使用、收益和处分的权利。任何一方在处分自己管理的共同财产时，原则上必须经过对方同意，在未经对方同意的情况下，任何一方均不得擅自处理夫妻共同财产。夫或妻任何一方对共同共有财产的处理权均及于夫妻共同共有财产的全部，不能认为夫妻对共同共有的财产平均分为两份，各自处理一半。

针对现实生活中一方未经另一方同意出售夫妻共有房屋的情况，《婚姻家庭编解释（一）》第 28 条明确规定："一方未经另一方同意出售夫妻共同所有的房屋，第三人善意购买、支付合理对价并已办理不动产登记，另一方主张追回该房屋的，人民法院不予支持。夫妻一方擅自处分共同所有的房屋造成另一方损失，离婚时另一方请求赔偿损失的，人民法院应予支持。"这一规定明确了对于一方未经另一方同意出售夫妻共有房屋的，适用善意取得制度。

第二，在特殊情况下，夫妻有平等的不解除夫妻关系而分割共同共有财产的请求权。根据《民法典》第 303 条规定，夫妻共同共有财产在共同共有关系存续期间，一般不得请求分割。但在特殊情况下，为了保护当事人的合法权益法律作出了例外规定。《民法典》第 1066 条规定："婚姻关系存续期间，有下列情形之一的，夫妻一方向人民法院请求分割共同财产：（一）一方有隐藏、转移、变卖、毁损、挥霍夫妻共同财产或者伪造夫妻共同债务等严重损害夫妻共同财产利益行为的；（二）一方负有法定扶养义务的人患重大疾病需要医治，另一方不同意支付相关医疗费用的。"

案例 6-2 中，婚姻关系存续期间，陈某在保管大额共同财产时称其一次性取出后在短时间内全部用完，但未能提供有效证据证明该笔财产用于合理用途，此时应认定其构成隐藏、转移、挥霍夫妻共同财产，侵犯了其配偶享有的共同财产权益。被侵害一方有权在婚内主张分割该部分共同财产。

2. 法定夫妻个人特有财产

法定夫妻个人特有财产，是指依据法律规定，夫妻在实行共同财产制的同时，各自保留一定范围的个人财产，这些财产由夫妻各自占有、使用、收益与处分，任何人无权干涉。根据我国《民法典》第 1063 条、《婚姻家庭编解释（一）》第 29 条、第 30 条、第 31 条的规定，有下列情形之一的，为夫妻一方的财产：①一方的婚前财产及其产生的孳息和自然增值。孳息是指由原物所生的物或收益，包括天然孳息和法定孳息。利息、房租都属于法定孳息。②一方因身体受到伤害获得的赔偿或者补偿。③遗嘱或赠与合同中确定只归夫或妻一方的财产。当事人结婚后，由一方父母出资为子女购买的房屋，视为对夫妻双方的赠与。④一方专用的生活用品。法律中虽然没有明确说明，但依现实生活的经验可知，价值较大的物品虽属个人专用，但不应当包括在专用的生活用品之内。⑤军人的伤亡保险金、伤残补助金、医药生活补助费。⑥其他应当归夫妻一方所有的财产。我国婚姻家庭法对个人特有财产没有概括性规定，列举性的规定必然不能囊括社会生活中的全部情况，所以作出这一兜底性的规定。应当注意的是，这里的"其他"只能理解为与前述五种情况具有相同性质的财产。

对于个人财产，夫妻在离婚时，归一方个人所有，他方无权分割；当财产所有人死亡后，夫妻个人财产应划入遗产的范围，按《继承法》的有关规定处理。

关于个人特有财产能否转化为共同财产的问题。《婚姻法司法解释（一）》第 19 条特别规定："婚姻法第 18 条规定为夫妻一方所有的财产，不因婚姻关系的延续而转化为夫妻共同财产。但当事人另有约定的除外。"这一解释与《婚姻法（修正案）》立法本意是一致的。《婚姻家庭编解释（一）》第 31 条延续了这一立法精神。因此，1993 年的《离婚案件财产分割意见》关于一方婚前个人所有的财产，婚后双方共同使用、经营、管理达到一定的期限，可以视为夫妻共同财产的规定，显然与立法产生了矛盾，不再具有法律效力。

3. 我国的约定夫妻财产制

随着我国经济改革的深入及社会的发展，涉外婚姻和再婚现象的增多，人民物质文化生活水平日趋提高，公民财产日益丰富，夫妻要求用多种形式处理双方财产是很正常的。法律规定不断完善约定夫妻财产制的内容可以合理地保护当事人的财产权益。

（1）关于财产约定的法定条件。我国婚姻家庭法没有对夫妻财产约定的条件作出特殊规定，夫妻财产约定应当符合一般民事行为的法定条件。因此，夫妻财产约定的法定条件为：第一，双方必须有相应的民事行为能力；第二，意思表示真实；第三，双方的约定不违反法律或者社会公共利益。夫妻财产约定不得规避法律或损害国家、集体和他人的利益，夫妻不得通过约定将其他家庭成员的财产据为己有。夫妻不得利用财产约定规避夫妻相互扶养、抚养子女和赡养老人的义务，更不得利用约定逃避应当向第三人履行的债务。

（2）关于财产约定的方式。根据《民法典》第 1065 条规定，夫妻财产约定应当采取书面形式。我国现行司法实务中，夫妻双方就财产关系所作的书面约定及无争议的口头约定除规避法律规定的外，应认为是有效约定。一般而言应以书面形式为原则。

（3）关于财产约定的范围与内容。夫妻可以对婚前取得的财产约定所有权，也可以对婚姻关系存续期间所得的财产约定所有权。夫妻采取何种财产制，法律没有约束性规定。当事人可以约定全部财产归各自所有或共同所有，也可以约定部分财产各自所有、部分财产共同所有。

（4）关于财产约定的时间。夫妻约定的时间可以是婚前，也可以是婚后，约定订立之后还可以予以变更废止。

（5）夫妻财产约定的法律效力。

第一，优先适用的效力。我国法定财产制和约定财产制同时并用，其适用的原则是"有约定时从约定，无约定时从法定"，即约定财产制可排除法定财产制优先适用，前者具有优先于后者适用的效力。夫妻对财产所有权关系没有约定或者约定不明确的，仍应适用法定财产制。

第二，对人的效力。夫妻就财产关系进行的约定，对双方当事人及第三人发生法律的约束力。一是对夫妻双方发生法律约束力，这是对内效力。二是在第三人明知的情况下，对第三人发生的法律约束力，这是对外效力。夫妻的财产约定不只是约束夫妻，在第三人明知的情况下还会对第三人产生影响，此时夫妻一方对第三人所负的债务，第三人只能向夫妻中的债务人请求履行义务，而不能向配偶另一方请求履行义务。根据《民法典》第 1065 条第 3 款规定，夫妻对婚姻关系存续期间所得的财产约定归各自所有，夫或者妻一方对外所负的债务，相对人知道该约定的，以夫或者妻一方的个人财产清偿。《婚姻家庭编解释（一）》第 37 条规定，《民法典》第 1065 条所称的"相对人知道该约定的"，夫妻一方对此负有举证责任。夫或妻想以夫妻之间的约定对抗第三人，举证责任在夫或妻一方，夫或妻必须能证明第三人十分明确知道夫妻之间的约定。实践中，第三人很难清楚夫妻之间有何财产约定，因此要让第三人主动知道他人夫妻间的约定，显失公平。此规定向第三人的利益倾斜，是完全符合立法精神的。

二、夫妻双方有互相扶养的义务

夫妻之间的扶养义务，是指夫妻之间根据法律明确规定而存在的经济上相互供养、生活上相互照顾、精神上相互慰藉的权利义务关系。夫妻之间的扶养义务有以下几个方面的特征：

（一）夫妻之间扶养义务产生的条件

在社会生活中，通常所说的扶养是指各种社会关系中针对"弱者"所发生的经济供养和生活扶助。夫妻都是成年人，一般情况下夫妻之间劳动能力相似，不存在一方需要另一方扶养的情况，只有在一方确因年老、患病等客观原因没有劳动收入又没有经济来源需要扶养时，另一方才应履行扶养义务。实务中，一方有劳动能力只是因为不愿意参加社会工作、为寻找更好的工作而暂时失业或因其他主观原因失去经济来源的，不能请求对方提供经济供养或生活扶助。

（二）夫妻间互负扶养义务的关系是基于夫妻的婚姻效力派生出来的，具有法律强制性

夫妻身份关系的合法形成决定了其相互之间互负扶养义务关系的产生，至婚姻关系合法终止时扶养义务关系消灭。它是一种常态性的、持续性的法律关系，无论婚姻的实际情势如何，这种关系均持续存在。夫妻间互负扶养义务关系不因当事人之间的任何约定发生改变。当事人可以约定婚后财产分别所有，但不能约定夫妻互相不负扶养义务。

（三）夫妻之间的扶养义务是对等的

依照法律规定，夫妻任何一方既是权利人，又是义务人。近代社会以前，男性在经济上、社会上和家庭生活中的主宰地位决定了丈夫既有经济供养的权利，同时又有经济供养的义务，这种扶养关系是一种分离的、非对等的单向运行形式。现代社会的扶养关系在价值追求上讲求男女平等，在内容上追求供养与扶助整合和同构，从而逐步实现统一、对等的双向运行形式。

三、夫妻有互相继承遗产的权利

夫妻间的继承权是基于婚姻效力产生的权利之一。它是基于夫妻的身份而依法享有的财产权利。我国《民法典》第1061条规定，夫妻有互相继承遗产的权利。配偶继承权必须以夫妻的人身关系作为前提。如果继承开始前双方已离婚，或其婚姻关系已被宣告无效、被撤销，那么他方无权继承死者的遗产。因此只有在婚姻关系存续期间一方死亡，对方才享有继承权。

在审判实践涉及配偶继承权时应注意下列问题：

（1）夫妻互为第一顺序的法定继承人。根据《民法典》第1127条规定，配偶互为第一顺序继承人。

（2）继承遗产时应划清个人财产与共同财产的界限。夫妻相互继承遗产时，应先分割夫妻共同财产，然后再继承，防止共同财产作为遗产分割。

（3）对寡妇带产改嫁的，要依法保护。

（4）对未登记结婚但以夫妻名义共同生活的当事人是否享有继承权，应视具体情况确定。根据《婚姻家庭编解释（一）》第7条的规定，未按《民法典》第1049条规定办理结婚登记而以夫妻名义共同生活的男女，一方死亡，另一方要求以配偶身份主张继承权的，可分为两种不同的情况分别处理：①1994年2月1日民政部《婚姻登记管理条例》

公布实施以前，男女双方已符合结婚实质要件的，按事实婚姻处理，可确认其婚姻效力，男女双方互享继承权；②1994年2月1日民政部《婚姻登记管理条例》公布实施以后，男女双方符合结婚实质要件的，因一方已经死亡不能补办结婚登记，只能视为同居关系，当事人之间不具有夫妻关系的法律效力，也不享有继承权。

四、夫妻共同承担对未成年子女抚养、教育和保护的权利和义务

《民法典》第26条规定："父母对未成年子女负有抚养、教育和保护的义务。"夫妻双方对家务事，特别是对抚育子女有共同的义务。个别家庭中，丈夫把家务劳动都推给妻子的做法是不符合法律规定的。《民法典》第1058条规定："夫妻双方平等享有对未成年子女抚养、教育和保护的权利，共同承担对未成年子女抚养、教育和保护的义务。""共同义务"要求夫妻双方都承担的义务，不是任何一方用来推卸责任的借口，特别是夫妻分居期间，不直接抚养子女的一方应当支付必要的抚育费。《婚姻家庭编解释（一）》第43条规定："婚姻关系存续期间，父母双方或者一方拒不履行抚养子女义务，未成年子女或者不能独立生活的成年子女请求支付抚养费的，人民法院应予支持。"

[诉讼文书样本]

婚前财产协议

男方：×××（写明姓名、性别、年龄、民族、籍贯、职业或者工作单位和职务、住址、联系电话）

女方：×××（写明姓名、性别、年龄、民族、籍贯、职业或者工作单位和职务、住址、联系电话）

协议人双方经相识、相恋，决定于＿＿年＿＿月＿＿日踏入婚姻殿堂。双方本着互爱、互信的原则，自愿达成如下协议：

一、关于双方婚前财产权利的归属

双方婚前取得至本协议签订时在各自名下的房产及收益、汽车、股权、存款、债券、投资基金及其他有价证券等财产，均为双方个人财产。（财产清单略）

二、双方各自婚前债务，由双方以其个人财产清偿。（债务清单略）

三、双方婚后自本协议生效之日起，实行夫妻财产＿＿所有制形式。主要内容如下：（略）

四、婚后双方应该互敬互爱，对配偶、子女及家庭应有道德责任感，尊敬对方的父母。

五、离婚时财产如何处理。（可酌情填写）

以上协议是双方完全真实意思表示，经双方签字并办理结婚登记后生效。如有其他未尽事宜，可本着互相尊重、互敬互爱的原则协商解决。

协议人：＿＿＿＿＿＿　　　　　　　协议人：＿＿＿＿＿＿
＿＿＿年＿＿月＿＿日　　　　　　　＿＿＿年＿＿月＿＿日

思考与练习

一、思考

1. 什么是夫妻一体主义?

2. 什么是夫妻别体主义?

3. 我国夫妻人身关系包括哪些内容?

4. 我国夫妻财产关系包括哪些内容?

5. 什么是法定财产制?

6. 什么是约定财产制?

7. 我国夫妻财产制是如何规定的?

二、练习

(一) 判断题

夫妻可以就婚姻关系存续期间所得的财产可约定为个人所有,或部分共有、部分个人所有。( )

(二) 单项选择题

1. 夫妻在婚姻关系存续期间所得的下列财产,不属于法定夫妻共同所有财产的是( )。

    A. 工资、奖金　　　　　　　　　　B. 生产经营的收益

    C. 知识产权的收益　　　　　　　　D. 一方专用的生活物品

2. 赵某与张某是夫妻关系,赵某受聘在外讲学获得收入 3000 元,该项财产( )。

    A. 属于婚姻关系存续期间所得的财产,赵某、张某对该项财产有共同的处理权

    B. 张某对财产的一半有处理权

    C. 为赵某个人劳动所得,应属于赵某个人财产

    D. 赵某应当考虑与张某的夫妻关系,适当分给张某一部分

3. 男到女家落户是( )的体现。

    A. 保护妇女合法权益原则　　　　　B. 婚姻自由原则

    C. 妇女地位提高　　　　　　　　　D. 男女平等

4. 夫妻在婚姻关系存续期间所得的财产为夫妻共有的财产制是( )。

    A. 一般共同制　　　　　　　　　　B. 动产及所得共同制

    C. 所得共同制　　　　　　　　　　D. 劳动所得共同制

5. 甲、乙是夫妻,甲在婚前发表小说《昨天》,婚后获得稿费。乙在婚姻关系存续期间发表了小说《今天》,离婚第二天获得稿费。甲在婚姻关系存续期间创作小说《明天》,离婚后发表并获得稿费。下列哪一选项是正确的?( )

    A. 《昨天》的稿费属于甲婚前个人财产

    B. 《今天》的稿费属于夫妻共同财产

    C. 《明天》的稿费属于夫妻共同财产

D.《昨天》、《今天》和《明天》的稿费都属于夫妻共同财产

（三）多项选择题

1. 王某与赵某于 2010 年 5 月结婚。2011 年 7 月，王某出版了一本小说，获得 20 万元的稿费收入。2012 年 1 月，王某继承了其母亲的一处房产。2012 年 2 月，赵某在一次车祸中，造成重伤，获得 6 万元赔偿金。在赵某受伤后，有许多亲朋好友前来探望，共收礼 1 万多元。对此，下列哪些表述是正确的？（　　）

A. 王某出版小说所得的稿费收入归夫妻共有

B. 王某继承的房产归夫妻共有

C. 赵某获得的 6 万元赔偿金归赵某个人所有

D. 赵某收受的礼金归赵某个人所有

2. 陈某从部队转业半年后与李某结婚，结婚时李某购置了一套家具。婚姻关系存续期间陈某创作长篇小说《军人》。李某得知与陈某结婚前陈某的姑妈去世时遗留给陈某一套私房，一直由陈某的父母居住。根据以上情况，陈某、李某二人的夫妻共同财产包括哪些？（　　）

A. 陈某的转业费　　　　　　　　B. 李某所购置的家具

C. 出版小说《军人》所得的稿费　　D. 陈某姑妈遗留的私房

3. 甲与乙结婚多年后，乙患重大疾病需要医治，甲保管夫妻共同财产但拒绝向乙提供治疗费，致乙的疾病因得不到及时治疗而恶化。下列哪些说法是正确的？（　　）

A. 乙在婚姻关系存续期间，有权起诉，请求分割夫妻共同财产

B. 乙有权提起离婚诉讼并请求甲赔偿

C. 乙在离婚诉讼中有权请求多分夫妻共同财产

D. 乙有权请求公安机关依照《治安管理处罚法》对甲予以行政处罚

（四）名词解释

分别财产制

（五）简答题

夫妻在人身方面的权利和义务有哪些？

（六）论述题

我国现行婚姻家庭法规定的夫妻财产制。

（七）案例练习

1. 甲与妻子乙感情不和，双方办理了协议离婚手续。离婚前甲购买了一张 5 注计 10 元的福利彩票。离婚三日后开奖，甲中奖 1 万元。乙得知后要求分割该 1 万元奖金，理由是彩票是离婚前所购，属夫妻共同财产。甲则认为奖金是离婚后取得，不属于夫妻共同财产，故不同意分割。问：甲于离婚前购买彩票所获得的 1 万元奖金是否为夫妻共同财产？

2. 甲、乙自由恋爱 3 年后登记结婚。甲的性格内向，在婚后的共同生活中与性格外向的乙经常产生矛盾。乙为了最终实现离婚目的，擅自做了引产手术，终止了已经四个半月的胎儿的生命。甲得知乙引产的消息后，无法忍受乙带给自己的伤害，向人民法院提起诉讼，要求人民法院判令乙承担侵犯其生育权的民事责任。问：乙擅自终止妊娠的行为是否侵犯了甲的生育权？

第七章　亲子关系

知识目标

- 能够准确再现亲权的定义。
- 能够准确再现父母子女间权利与义务的具体内容。
- 能够准确再现非婚生子女、继子女的法律地位。
- 能够准确再现准正、认领的定义。

能力目标

- 面对父母子女关系纠纷，能够准确判断父母子女关系是否存续，准确辨识履行抚养义务和赡养义务的行为是否符合法律标准，能够依法保护当事人的合法权利。

素养目标

- 逐渐培养保护未成年人合法权益，保障老年人合法权益，承担社会责任的自觉意识。
- 逐渐培养服务意识、精益求精的职业精神。

【引例】

甲（男）与乙（女）于 2001 年 10 月结婚，甲经常出差驻外，夫妻俩关系一般。2003 年 9 月乙生下一子丙，甲非常高兴，也因此与乙商量想请求单位不再派他常驻外地，但遭到妻子乙的反对，理由是驻外收入多，于是甲就继续驻外。甲几次探家时发现乙与邻居高某关系密切，高某对儿子丙特别好，甲心里不痛快，追问并警告乙。2004 年 6 月甲意外收到妻子乙发给高某而错发给他的一条短信，短信中乙跟高某说"咱们儿子丙"。甲仔细算了乙怀丙的时间，正好是在自己出国期间。甲判断丙极有可能是高某的儿子，要求立即做亲子鉴定。乙不同意做，称自己和高某没有男女关系，还说甲应该感谢高某对她和丙的照顾，而不是冤枉高某，咬定丙就是他们的亲生儿子坚决不同意做亲子鉴定。

【任务要求】

1. 分析：甲要求做亲子鉴定，而妻子乙坚决不同意的情况下该怎么处理此案，依据是什么？

2. 讨论：如果丙与甲没有血缘关系，甲在与乙离婚的情况下要求乙返还其给丙所提供的抚养费能否得到支持？

【案例知识点提示】
亲子关系；婚生子女的否认

第一节　亲子关系概说

一、亲子关系的概念

父母子女关系又被称为亲子关系。所谓亲是指父母，子是指子女。父母子女关系是指基于子女出生的事实或法律拟制而形成的父母子女间的权利义务关系。亲子关系是血缘关系中最近的直系血亲，是家庭关系中重要组成部分。父母子女关系并非简单的称谓，它具有深刻的法律含义。

二、亲子关系的分类

根据父母子女关系发生依据不同，父母子女关系可以分为两大类：

（一）自然血亲的父母子女关系

自然血亲的父母子女关系是基于子女出生的法律事实而发生的。其中根据父母是否有婚姻关系，区分为婚生的父母子女关系和非婚生的父母子女关系。其特点为：自然血亲的父母子女关系，因子女出生而产生，也只能因父母子女一方死亡而终止。

（二）法律拟制的父母子女关系

法律拟制的父母子女关系是基于收养或再婚的法律行为而产生，使原本无血缘关系的双方依法享有与自然血缘同等的权利义务。它包括养父母养子女关系和形成抚养关系的继父母继子女关系。其特点为：拟制血亲的父母子女关系依法产生，也能依法终止，例如因收养的解除或继父（母）与生母（父）离婚而终止。

三、亲权概说

（一）亲权制度的概念及特征

所谓亲权是父母对其未成年子女特有的人身上的养育管教及财产上保护管理的权利和义务的总和。在现代各国的亲权立法中，亲权已由原来的父母对子女的控制、统治关系转而成为父母以照顾、监护子女为主的法律关系，亲权具有浓厚的义务色彩。

纵观近现代各国亲权制度，其具有以下几个特征：

（1）亲权是基于父母身份对未成年子女产生的特有权利和义务，是身份权。亲权与未成年子女的人格权的客体均是未成年子女的部分人身和财产权利。二者的区别在于，亲权的主体是父母，权利的功能在于保护教养未成年子女；而未成年子女的人格权主体是未成年子女本人，权利的功能在于未成年人自主支配自己的生命、健康等人身要素。

（2）亲权是权利与义务的统一。父母针对同一客体（未成年子女的人身和财产），就同一内容（管教和保护）既享有权利，又负有义务。作为权利，亲权人可以依法自愿履行，以实现其利益；作为义务，具有强制性，父母不得任意地抛弃。

（3）亲权可以被剥夺。亲权主要以教育和保护为目的，滥用此项权利，亲权得被剥夺。

（二）亲权的主体与客体

1. 亲权人

亲权人，即行使亲权的权利义务主体。对于婚生子女，父母均健在，且处于正常婚姻状态时，父母均为亲权人。父母一方死亡时，他方为单独亲权人。父母一方因受无行为能力或限制行为能力宣告，或有受停止亲权宣告等法律上的障碍，或因行踪不明、患重病、受到刑事处罚等事实上的障碍，而不能行使亲权时，他方为单独亲权人。当父母离婚时，亲权归属有不同的立法例：（1）单独亲权主义。主张父母离婚时，父母一方为单独亲权人，如《日本民法典》第819条的规定。（2）共同亲权兼采单独亲权主义。主张父母离婚时，在符合子女利益的前提下，由法官决定亲权归属于父母一方或双方，如《法国民法典》第287条的规定。

2. 受亲权保护的未成年子女

受亲权保护的子女，各国民法都仅指未成年子女，成年子女不受亲权保护。受亲权保护的子女具有服从的义务，享有受保护教养的权利。

3. 亲权的客体

亲权为身份权的一种，身份权分为纯粹身份权和身份财产权。前者是指基于人身而发生的人身方面的权利，后者是指基于身份而发生的财产权利。从纯粹身份权的角度考察，身份权的客体应表述为具有一定身份关系的特定人的人身。人身是指人格和身份。人格包括生命、健康、姓名、名誉、行动等作为民事主体不可或缺的内容。亲权中的法律行为代理权和同意权，便是以承认未成年人在民法上的主体地位为前提的对未成年人行为能力的补充。从身份财产权的角度考察，身份财产权一般指亲权人对未成年子女特有财产的管理权、使用权、收益权、处分权等。可以认为，其客体是财产。所以亲权客体分为两部分：亲权的人身照护权的客体为受亲权保护的未成年子女的人身，亲权的财产照护权的客体为未成年子女的财产。

（三）亲权的内容

亲权的内容十分广泛。参照德、日等国家亲权的立法和学说，亲权包括以下内容：

1. 人身方面包括对未成年子女的保护和教育

（1）管教和保护权。管教，是指父母管理、教导、养育子女，以谋求子女的身心健全成长；管教为积极作用。保护，是指预防和排除危害，以谋求子女身心的安全；保护为消极作用。

（2）必要范围内的惩戒权。父母行使惩戒权应限制在管教保护的范围内。如《日本民法典》第822条规定："行使亲权人于必要范围内可以亲自惩戒子女，或经家庭法院许可，将子女送入惩戒场。"父母在行使惩戒权时，不得损害子女的人格，不得侵害其身心健康或危及其生命。另外，亲权还包括姓名设定权、居所指定权、职业许可权、法定代理权和同意权等。

2. 财产方面包括财产管理权、财产使用收益权和财产处分权

父母的收益权方面值得注意的是，由于近代法律日趋维护未成年子女的独立人格和利

益，故对父母的收益权改为否定态度（《德国民法典》第1649条、《瑞士民法典》第319条）。亲权人原则上不享有对未成年子女财产的处分权。只有为了子女的需要，经法院或监护机关的批准，父母才能处分子女的财产。另外，父母亲权可因法定原因或事实上的原因而停止或恢复，也可因法定事由而消灭。

亲子关系经历了一个漫长的发展和演变过程。古代亲子法以家族为本位，亲子关系受家长制度的支配，子女须绝对服从家长。在日耳曼法中，保护权已具有家父对子女保护的意思。家父权逐渐集中于生父一人，此时的亲子法已演变为"为生父母利益的子女法"。近现代立法，亲权从单独由父行使演变为由父母双亲共同行使，亲权人对子女有绝对的支配权。至二十世纪六七十年代，亲子法过渡到个人本位主义，父母子女间的法律地位日趋平等。亲权是近现代各国民法亲子关系中最重要、最核心的部分。"亲权"一词为多数大陆法系国家所采用，与监护制度并行。英美法系国家没有亲权制度，相关内容纳入监护制度。一般地说，父母与未成年子女之间的关系和监护人与被监护人之间的关系相比，总有些细微的差别。

中华人民共和国成立以来，我国未仿效大陆法系国家的做法，历次颁布的婚姻家庭法均未使用"亲权"的概念。我国《宪法》明确规定，父母有抚养教育未成年子女的义务，成年子女有赡养扶助父母的义务，《民法典》婚姻家庭编明确规定了父母子女间的权利义务，父母对子女的抚养教育、保护管教、相互继承遗产等已包含了亲权的基本内容；同时，《民法典》总则编规定，未成年人的父母是未成年人的监护人。在立法、司法实践中，我们规定了监护制度，也吸收了亲权制度的有益因素。近年来有学者呼吁制定亲权制度以使父母子女关系更趋完善。

第二节　父母子女间的权利与义务

在我国，父母子女关系包括婚生父母子女关系、非婚生父母子女关系、养父母子女关系及形成抚养教育关系的继父母子女关系。但这些仅是从产生原因上的分类，并不意味着它们在法律地位上有差异，这四种类型的父母子女关系有同等的权利义务。我国法律规定父母子女关系并不因父母的婚姻状况的改变而改变。父母子女间的权利义务包括：父母对未成年子女有抚养教育的权利义务，成年子女有赡养扶助父母的权利与义务，父母子女间有互相继承遗产的权利。

一、父母对子女有抚养、教育的权利与义务

【案例7-1】 薛某（男）与邓某（女）离婚时协议，孩子薛小某由母亲抚养，父亲每月提供4000元生活费。薛小某12岁时薛某再婚，薛某再婚以后就以各种理由中断了孩子的生活费。之后孩子因生病住院花费2万元。现邓某和孩子薛小某向法院起诉，要求薛某补齐所欠孩子的生活费、孩子住院的一半医疗费。薛某辩称自己再婚生活困难原定给孩子的生活费每月要求减少1000元变成每月支付3000元；并认为原来协议里没约定医药费，则不应负担。

任务： 请回答1. 原来约定的孩子的生活费4000元是否可以减少？2. 原协议里没有

孩子住院的医疗费，薛某是否应该负担？

（一）抚养的义务

所谓抚养，是父母从经济上对子女的供养和生活予以照料。《民法典》第 26 条明确规定："父母对未成年子女有抚养、教育和保护的义务。"《民法典》第 1067 条第 1 款规定"父母不履行抚养义务的，未成年子女或者不能独立生活的成年子女，有要求父母给付抚养费的权利。"《婚姻家庭编解释（一）》第 42 条又扩大了关于抚养费的内涵，规定《民法典》第 1067 条所称的抚养费应包括子女的生活费、教育费、医疗费等费用。案例 7-1 中提到的孩子住院的医疗费原协议里没有约定，薛某也应该负担。薛某降低孩子生活费标准的理由并不充分，法院不能支持。抚养费是子女健康成长的物质基础。子女从出生起就获得了受其父母抚养的权利。弃婴、溺婴和其他残害儿童的行为都是法律明文禁止的。司法解释采取了最大限度维护未成年人合法权益的做法，从而为更切实地保护未成年人的合法权益提供了法律保障。

父母对未成年子女的抚养是无条件的，父母不可随意推脱自己的责任；但父母对成年子女的抚养则是相对的，有条件的，即父母仅对不能独立生活的子女承担抚养责任。《最高人民法院的〈婚姻家庭编解释（一）〉》第 41 条明确规定："尚在校接受高中及其以下学历教育，或者丧失、部分丧失劳动能力等非因主观原因而无法维持正常生活的成年子女，可以认定为民法典第 1067 条规定的'不能独立生活的成年子女'。"它在原则上吸纳了 1993 年最高人民法院的司法解释的精神，同时又科学地进行了立法上的改革，即借鉴国外强化子女独立意识的做法，纠正子女对父母过分的、畸形的依赖，父母省吃俭用而子女却挥霍无度的社会现象。它不仅仅像许多国家那样把对子女的抚养简单地以年龄划分。这样规定既符合我国传统的伦理道德观念，又限制了子女对父母的过度依赖。将尚在学校就读的学历教育明确界定在高中及其以下，意味着父母承担子女上大学的费用不再是一项法定义务。子女独立生活后，父母在法律上不再具有抚养他们的义务。科学地界定父母对子女的抚养期限，对保护老人的合法权益也是很有意义的。当然，父母自愿给予子女一定帮助的，法律也不干预。

（二）教育的义务

所谓教育，应当从积极和消极两个方面理解。从积极方面看，教育是指父母在思想品德、智力、体质上对子女的培养、关怀与帮助。从消极方面看，教育是指父母（或是监护人）依照法律和道德的要求，采取正确的方式对未成年子女进行管理和教育，对其行为加以必要的约束。根据《民法典》《未成年人保护法》《义务教育法》的规定，父母应该承担起家庭教育的义务和送适龄子女入学完成学校义务教育的义务。一方面，家庭是子女认识社会的第一个场所，父母的一言一行对子女起着潜移默化的作用。父母应对子女的人生观、价值观进行正确的引导和示范。教育他们爱国、爱家、爱自然，尊老爱幼，爱思考，勤劳，善良，机智，助人为乐，积极乐观，远离赌博、吸毒，不沉迷网络等。作为父母不仅要对子女进行物质上的帮助，承担一定的经济责任，还要使子女健康成长，成为对社会有益的人。另一方面，父母应积极为子女提供上学的条件与机会，也即父母有义务将适龄子女送入学校接受义务教育，子女依法享有要求接受义务教育的权利。那些只顾眼前利益，让子女弃学的做法是错误的。只有家庭教育、学校教育、社会教育三位一体形成合力，才会使子女接受高质量的教育。父母要让子女成为全面发展的人才，成为对国家有用的人才，应注意在教育方面依法保障子女的合法权益。父母对子女的教育是无期限的，即使子女成年，父母仍有责任教育子女。

根据我国《民法典》的有关规定，不满 18 周岁的人为未成年人。未成年人在法律上系无行为能力人和限制行为能力人，他们缺乏对事情正确的理解与处理能力，因此我国《民法典》设立了监护制度。通常情况下，父母是未成年子女的法定监护人和法定代理人，对未成年子女的管教与保护既是父母的权利，也是父母的责任与义务。管教包括对子女的引导与培育，当然也包括对子女错误思想和行为的批评教育。如对未成年子女的不良行为（诸如吸毒、酗酒、打架等）进行必要的预防、制止，对有严重的不良行为的未成年子女送交有关部门处理。当今世界，许多国家犯罪心理学的研究专家都十分注意青少年的犯罪与父母对子女管教方式的关联。一些父母对子女进行体罚、虐待、威吓、苛求和强迫子女接受父母的请求，而无视子女的能力、适应性和希望，容易使孩子产生欺骗、说谎、自卑、忧伤、怯弱、迟钝等心理特征。我国不提倡对孩子用惩戒方式教育，但在必要的情况下如子女不服从正确的教育甚至走向犯罪时，父母也有权适度惩戒；如果对孩子长期溺爱、放纵、包庇，就易使子女产生极端个人主义的病态心理。所以正确管教子女，首先父母要成为子女的楷模。父母对子女的教育不仅要从思想高度上重视，更要注重方法。

父母承担对未成年子女进行监督和保护的责任，承担未成年子女给他人造成损害时的赔偿责任。人民法院在审理损害赔偿案件时，在分清是非的基础上，对已造成损害的，应追究侵权行为人的赔偿责任，以便保护国家、集体和个人的财产权益。一般而言，18 周岁就可以对自己的行为完全负责，对他人造成的损失也应由自己负责赔偿。所以我国《民法典》第 1068 条规定："父母有教育、保护未成年子女的权利和义务。未成年子女造成他人损害的，父母应当依法承担民事责任。"我国《民法典》第 1188 条规定："无民事行为能力人、限制民事行为能力人造成他人损害的，由监护人承担侵权责任。监护人尽到监护职责的，可以适当减轻其侵权责任。有财产的无民事行为能力人、限制民事行为能力人造成他人损害的，从本人财产中支付赔偿费用；不足部分，由监护人赔偿。"关于监护人责任适用的归责原则在学术界尚有分歧意见。当被监护人给他人造成损失时，无论监护人是否尽到责任，是否存在主观过错，都应承担赔偿责任。监护人尽到监护责任，不是免除责任的依据，只是减轻民事责任的情节。这是因为，如果以尽到监护义务为由而免除监护人的法定义务，这对受害人而言是不利的。同时，在实践中很难认定法定代理人是否履行了自己的监护职责，所以我们认为法定代理人的责任适用原则应为无过错责任原则。

（三）保护的义务

父母对子女的保护是指为了未成年人的安全和利益，防止和排除各种侵害。因父母是未成年人的法定监护人，当未成年人的合法权益受到非法侵害时，父母有权请求排除妨害和要求赔偿经济损失。父母对非法侵犯未成年子女人身权利的行为，有权采取必要措施予以制止，并依法追究侵权行为人的法律责任。如对未成年子女进行诽谤、伤害、拐骗等行为时，父母有权制止。对未成年子女因不法侵权行为，导致损害的，其父母有权代理受害子女通过诉讼程序追究侵权人的法律责任。当未成年子女在他人诱使下脱离家庭时，父母有要求归还子女的权利，并有权请求精神损害赔偿。发生拐骗子女行为时，父母有请求司法机关追究拐骗者刑事责任的权利。

根据《民法典》的规定，未成年人只能进行与其年龄、智力相适应的民事活动。而相对较重要的民事活动只能由其父母或其他监护人代理或经父母或其他监护人的同意，其行为才可发生法律效力。监护人履行监护职责时不得损害被监护人的利益。《民法典》第35条规定："监护人应当按照最有利于被监护人的原则履行监护职责。监护人除为维护被监护人利益外，不得处分被监护人的财产。未成年人的监护人履行监护职责，在作出与被监护人利益有关的决定时，应当根据被监护人的年龄和智力状况，尊重被监护人的真实意愿。"

（四）父母不履行抚养义务时应承担的法律责任

《民法典》第1067条第1款规定，父母不履行抚养义务的，未成年子女或者不能独立生活的成年子女，有要求父母给付抚养费的权利。《婚姻家庭编解释（一）》第43条明确规定，婚姻关系存续期间，父母双方或者一方拒不履行抚养子女义务，未成年子女或者不能独立生活的成年子女请求支付抚养费的，人民法院应予支持。请求支付抚养费，可以先经有关部门调解，也可以直接向人民法院提起诉讼。人民法院受理此类诉讼后，应及时通过调解或判决，确定应支付的抚育费的数额、期限和方法。在必要时，可裁定义务人先行给付被抚养人一定数额的抚育费，以便及时保障子女的合法权益。对应承担抚养责任而拒不履行抚养义务且情节严重的义务人，可依照民事法律的规定强制执行；情节恶劣，构成犯罪的，应依法追究其刑事责任。

二、成年子女对父母有赡养扶助义务

【案例7-2】 家住沈阳的陈某，已经退休，三个子女均已成年。大儿子甲在外国生活，二儿子乙在天津工作，女儿丙出嫁在外地。三个子女逢年过节都会给陈某寄钱，但有四五年的时间都没有回沈阳老家探望过陈某，陈某写信给三个子女希望他们能回家看看，称自己很想念子女，同时独自生活有些困难希望能与子女商议解决。子女都说忙，没人回去探望陈某。于是陈某向法院提起诉讼，请求法院判决三个子女定期前来探望自己。

任务： 请回答 1. 陈某的诉讼依据是什么？ 2. 陈某的诉讼请求能否得到支持？

我国婚姻家庭法对父母子女关系的规定是双向规定。在规定父母对子女抚养教育义务的同时，还规定了子女对父母有赡养扶助的义务。赡养扶助义务的主体是有独立生活能力的成年子女。

（一）成年子女对父母的赡养扶助义务

《民法典》第26条第2款规定，成年子女对父母负有赡养、扶助和保护的义务。所谓"成年"，一般理解为18周岁以上的自然人，不包括16周岁以上以自己的劳动收入为主要生活来源的未成年人。根据《民法典》第16条规定的精神，16周岁以上以自己的劳动收入为主要生活来源的自然人虽然是完全民事行为能力人，但仍属于未成年人。

赡养是指子女对父母的供养，即在生活上为父母提供必要的生活条件，承担一定的经济责任。《老年人权益保障法》进一步规定，老年人养老以居家为基础，家庭成员应当尊重、关心和照料老年人；禁止对老年人实施家庭暴力；禁止歧视、侮辱、虐待或者遗弃老人。注意，虽然立法中只规定有负担能力的子女对丧失劳动能力、年老体弱或生活困难的父母承担必要的赡养费用，实际上有独立生活能力的成年子女对父母都应当履行赡养义务，有劳动能力的或生活不困难的父母同样有要求子女赡养的权利。司法实践中，法院一般会根据公平原则让成年子女履行扶助老年人的义务或对子女分配其他的法律责任。有独立生活能力的成年子女对需要赡养的父母赡养的期限直至父母去世为止。两个以上的子女可以合理地分担对老人的赡养费。

所谓子女对父母的扶助是指子女对父母在精神上慰藉、生活上给予照顾。让老人幸福、愉快地安度晚年，是每个做子女的应尽的义务。对很多父母而言扶助更为重要。那种认为只要每月给父母赡养费就算孝敬父母了，是认识上的一种误区。因此，案例 7-2 陈某的诉讼请求能够得到支持。尊老、敬老是中国人民的优良传统和美德，保护老人合法权益是我国婚姻立法的要求，也是我国宪法规定的具体实践。在我国现阶段，国家与集体的物质帮助还不能完全取代家庭成员对老人的赡养责任。因此，使老人在生活上得到精心的照料，精神上得到愉悦与慰藉，是我国目前家庭的最重要的职能之一。婚姻家庭法作出这一规定是符合我国国情的。根据《老年人权益保障法》的规定，赡养扶助义务包括以下内容：①老年人养老以居家为基础，家庭成员应当尊重、关心和照料老年人。②赡养人应当履行对老年人经济上供养、生活上照料和精神上慰藉的义务，照顾老年人的特殊需要。③赡养人应当使患病的老年人及时得到治疗和护理；对经济困难的老年人，应当提供医疗费用；对生活不能自理的老年人，赡养人应当承担照料责任；不能亲自照料的，可以按照老年人的意愿委托他人或者养老机构照料。④赡养人应当妥善安排老年人的住房，不得强迫老年人居住或者迁居条件低劣的房屋；老年人自有的住房，赡养人有维修的义务。⑤赡养人有义务耕种或者委托他人耕种老年人承包的田地，照管或者委托他人照管老年人的林木和牲畜等，收益归老年人所有。⑥家庭成员应当关心老年人的精神需求，不得忽视、冷落老年人；与老年人分开居住的家庭成员，应当经常看望或者问候老年人。⑦赡养人不得以放弃继承权或者其他理由，拒绝履行赡养义务；赡养人不履行赡养义务，老年人有要求赡养人付给赡养费等权利。⑧经老年人同意，赡养人之间可以就履行赡养义务签订协议。赡养协议的内容不得违反法律的规定和老年人的意愿。⑨赡养人的赡养义务不因老年人的婚姻关系变化而消除。

（二）子女不履行赡养义务时应承担的法律责任

《民法典》第 1067 条第 2 款规定，成年子女不履行赡养义务的，缺乏劳动能力或者生活困难的父母，有要求成年子女给付赡养费的权利。有负担能力的子女对丧失劳动能力、年老体弱或生活困难的父母，应承担必要的赡养费用。对不与父母一起生活的子女，应根据父母生活的实际需要，负担父母必要的赡养费。子女赡养父母是法定责任，拒不履行赡养义务的，权利人可以通过家庭成员所在居委会、村委会等进行调解，也可直接向人民法院提起诉讼，通过调解或判决的方式确定赡养费的数额和给付方式。对追索赡养费的请求，可以依法裁定先予执行。赡养人拒不执行已生效的调解书或判决书的，受赡养人可以申请强制执行。义务人有能力而拒绝赡养，情节严重构成遗弃罪的，将依法追究刑事责任。

三、子女应当尊重父母的婚姻权利，不得干涉父母的再婚自由

《民法典》第 1069 条规定，"子女应当尊重父母的婚姻权利，不得干涉父母离婚、再婚以及婚后的生活。子女对父母的赡养义务，不因父母的婚姻关系变化而终止。"婚姻自由是我国婚姻家庭法的基本原则。父母应当尊重子女的婚姻自由权利，子女也应当尊重父母的婚姻自由权利。

四、父母子女间有互相继承遗产的权利

《民法典》第 1070 条规定："父母和子女有相互继承遗产的权利。"父母子女是最近的直系血亲，有着密切的人身关系和财产关系。根据《民法典》第 1127 条规定，子女和父母互为第一顺序的法定继承人。其继承权完全平等。父母与婚生子女、非婚生子女、养父母与养子女、继父母与形成抚养教育关系的继子女间互有平等的继承权。在实践中，还应注意以下几方面：①保护母亲与出嫁女儿的合法继承权。②对被继承人死亡时尚未出生的胎儿，应依法保留其继承份额。胎儿出生时是死体的，保留的份额由被继承人的继承人继承；胎儿出生后死亡的，则由其继承人继承。③子女先于父母死亡的，其晚辈直系血亲依法享有代位继承权。④丧偶儿媳对公婆、丧偶女婿对岳父母尽了主要赡养义务的，作为第一顺序继承人继承遗产。

五、与抚养、赡养有关的几个问题

（一）因客观原因父母未抚养的子女独立生活后是否有赡养父母的责任

子女不可将父母是否尽了抚养教育的义务，作为自己履行赡养父母义务的基础与前提。目前在审判实践中，意见较为统一，即只要父母在主观上无恶意遗弃子女的故意，子女独立生活后，对生活困难或无经济来源的父母仍有不可推卸的赡养义务。

（二）子女可否拒绝赡养对自己构成杀害、遗弃、虐待罪的父母

根据《民法典》第 26 条的规定，父母对未成年子女负有抚养、教育和保护的义务。成年子女对父母负有赡养、扶助和保护的义务。根据《民法典》第 1125 条规定，故意杀害被继承人的，遗弃被继承人的，或者是虐待被继承人情节严重的丧失继承权。那么，子女可否拒绝赡养对自己构成杀害、遗弃、虐待罪的父母？尽管我国婚姻家庭法对此未作明确规定，但我们认为根据《民法典》继承编的法律规定，可以推定凡对自己构成遗弃、虐待、杀害子女罪的父母原则上不再享受子女赡养的权利。因为让身心受到严重摧残的受害者去赡养加害人，无论于法、于情、于理均不妥当。如果子女自愿去赡养伤害过自己的父母，法律不予干涉。但如果父母实施的是一般性的虐待行为，情节不严重，未构成犯罪，子女对父母仍应履行赡养义务。

（三）出嫁女儿是否有赡养父母义务

子女对父母的赡养义务不因性别不同而有所差别。根据我国婚姻家庭法的规定，子女包括有负担能力的儿子和女儿。因此出嫁的女儿同样有赡养父母的义务。在审判实践中，很多赡养案，父母只追究儿子的责任，并不告女儿。这是重男轻女传统观念的影响，当事

人很难有效地维护自己的权益。一般而言，经说服教育，大多数女儿都能自觉地履行赡养父母的义务。没有收入的出嫁女儿也有赡养父母的义务，可从夫妻共同财产中支付赡养费。

（四）多子女如何分担赡养扶助父母的义务

在多子女的家庭中，子女应共同承担赡养扶助父母的义务。各子女应根据每个人的生活、经济状况进行协调。赡养扶助父母的方式，可视具体情况确定。当父母生病、生活不能自理时，子女除应承担医药费、住院费等费用外，还应承担扶助、护理父母的义务。如子女达成赡养老人的协议之后情况发生了变动，可以重新协调解决。有关赡养纠纷，若经调解不成的，也可以向法院起诉。

（五）关于子女姓氏问题

《民法典》第 1015 条规定："自然人应当随父姓或者母姓，但是有下列情形之一的，可以在父姓和母姓之外选取姓氏：（一）选取其他直系长辈血亲的姓氏；（二）因由法定扶养人以外的人扶养而选取扶养人姓氏；（三）有不违背公序良俗的其他正当理由。"子女是父母双方的子女，父母均享有子女随其姓的权利。子女出生后随谁的姓氏应由父母双方确定。《民法典》再次否定了子女从父姓的旧传统，重申这一规定，体现了男女平等的原则。当然在现实生活中，子女从父姓，在某种程度上已是一种文化习俗。父母协商确定子女姓名，并不妨碍子女成年后更改自己的姓名，子女有权选择父母任何一方的姓氏。

子女姓氏确定后，父母一方一般不得擅自更改子女的姓氏。随着离婚率的上升，离婚后子女姓氏方面的纠纷时有发生。抚养子女的一方未经对方同意便自行更改未成年子女姓氏的现象越来越多。最高人民法院《婚姻家庭编解释（一）》第 59 条规定："父母不得因子女变更姓氏而拒付抚养费。父或母擅自将子女姓氏改为继母或继父姓氏而引起纠纷的，应当责令恢复原姓氏。"抚养子女的一方未经对方同意就擅自改变子女的姓氏，会侵害对方享有的子女随其姓的权利；同时这也违反法律上的平等原则，抚养子女的一方应承担相应的民事责任，恢复子女的原姓氏。

第三节　婚生子女与生父母

【案例 7-3】 王女士和赵先生是朋友关系，两人均为单身。2017 年时，赵先生通过代孕方式生下儿子小赵。为了办理出生证明及户口登记需要，赵先生找到王女士帮忙，请王女士以母亲的身份协助办理小赵的出生医学证明、户口登记等手续。王女士按赵先生的要求办理了相关手续。现在，王女士要求否认与小赵之间的母子关系。

任务： 请回答王女士的诉讼请求能否得到法院的支持？

人类社会进入一夫一妻的婚姻制度后，生育行为就开始由法律来调整。早期法律区分婚生子女和非婚生子女的目的，一是为了传宗接代，避免血缘上的混乱，二是为了确认家庭财产继承人的需要。近现代以来，关于非婚生子女立法的意义更多地是保障婚姻当事人及其子女的权益。各国立法一般都有关于婚生子女推定与否认及相关法律制度，旨在尊重婚姻制度与客观事实，维护未成年人的利益。

一、婚生子女的概念

虽然我国 1950 年《婚姻法》开始使用婚生子女这个概念，法律却至今都未对婚生子女的内涵作出明确的规定。各国法律对婚生子女的概念规定各不相同，但一般是指在婚姻关系存续期间受胎或出生的子女。

从大多数国家的婚姻立法来看，婚生子女应具备以下条件：①该子女的父母应为具有合法配偶身份的人；②该子女与有合法身份的配偶双方间有血缘关系；③该子女出生在合法的婚姻关系存续期间或婚姻关系消灭后的法定期限内。

二、婚生子女的推定

婚生子女推定是指妻子在婚姻关系存续期间受胎或所生的子女推定为夫的婚生子女的制度。它是对子女婚生性的法律推定，目的是保护子女的合法权益，维护家庭稳定。国外对婚生子女的推定主要有两种：一种是受胎论，即在婚姻关系存续期间受孕而出生的子女可以推定为婚生子女；另一种是出生论，即在婚姻关系存续期间出生的子女可以推定为婚生子女。

我国现行婚姻家庭法还没有婚生子女推定制度，在司法实践中，一般夫妻在婚姻关系存续期间受胎或出生的子女，推定为婚生子女。

三、婚生子女的否认

婚生子女的否认是指当事人否认婚生子女为与自己有血缘关系子女的制度。婚生子女的否认是对婚生子女推定的否定，也是对婚生子女推定的限制。由于婚生子女推定是对子女婚生性的法律推定，也就存在实际情况与推定结论不符的可能性。婚生子女否定制度是对当事人及其子女合法权益的保护，也是对真正义务人应尽义务的追责，体现了法律的公正性。大多数国家否认婚生子女的事实依据主要是采取概括主义，一般是两种情况：①夫妻在妻子受胎期间没有同居的事实，在妻受孕期间，夫妻有一次同居事实，夫就丧失了否认权。②夫没有生育能力。此外，有明确的证据，例如通过血型或遗传生物学的检查获得的证据，才可否认婚生性。

从《婚姻法司法解释（三）》开始，法律对婚生子女否认问题作出正面回应，《民法典》将其吸纳为法律规范，从法律层面上，确定了婚生子女的否认制度。《民法典》第 1073 条第 1 款规定："对亲子关系有异议且有正当理由的，父或者母可以向人民法院提起诉讼，请求确认或者否认亲子关系。"案例 7-3 中，王女士的诉讼请求能得到法院的支持。我国现行法对婚生子女的否认权没有时效的限制。根据法律规定，可以提起否认亲子关系之诉的主体仅限于父或者母，其他人无权提起诉讼，特别是成年子女无权提出否认亲子关系之诉。规定成年子女无权提出否认亲子关系之诉主要是为了防止成年子女借否认亲子关系之名逃避对父母的赡养义务。

实践中，否认亲子关系最充分的证据就是亲子鉴定。但是很多时候存在当事人拒绝做亲子鉴定的情况或存在对亲子鉴定需要从严掌握的客观情况，无法进行亲子鉴定。对于当事人拒绝做亲子鉴定的案件的处理问题，司法解释做了相应的规定。《婚姻家庭编解释

（一）》第39条第1款规定："父或者母向人民法院起诉请求否认亲子关系，并已提供必要证据予以证明，另一方没有相反证据又拒绝做亲子鉴定的，人民法院可以认定否认亲子关系一方的主张成立。"

第四节　非婚生子女与生父母

在我国，尽管法律上规定非婚生子女与婚生子女的法律地位是平等的，但是由于传统观念的影响及各方面的压力，非婚生子女仍面临着受歧视的现实。非婚生子女的父母也常因各种原因逃避自己的法律责任。实践中，生父常常否认自己与非婚生子女间的身份。一些生母也基于各方面的原因，放弃自己对孩子应尽的抚育义务。因此从法律上强调生父母双方的责任，对更好地保护妇女、儿童的合法权益是有益的。非婚生子女的生父母有抚养教育非婚生子女的义务，如不履行抚养义务，非婚生子女有要求生父母给付抚养费的权利。

一、非婚生子女的概念

虽然我国1950年《婚姻法》开始使用非婚生子女这个概念，法律却至今都未对非婚生子女的内涵作出明确的规定。通说认为，非婚生子女是婚生子女的对称，是指男女没有缔结合法婚姻关系时所生子女。非婚生子女包括男女双方未婚所生的子女、已有婚姻关系的男或女与婚姻关系之外的第三人所生育的子女及婚姻被宣告无效或被撤销，该男女所生育的子女。

二、非婚生子女的准正与认领

为了保护非婚生子女的合法权益，世界上很多国家建立了确认非婚生子女的法律地位的准正制度。准正制度源于罗马法，后为寺院法和日耳曼法所继承。准正和认领制度有很长的历史，一些国家从20世纪60年代开始对有关非婚生子女的法律地位进行了改革。如丹麦于1960年、英国于1969年进行的法律改革，使非婚生子女取得了与婚生子女平等或接近平等的权利；拉丁美洲一些国家在宪法中普遍确定了非婚生子女与婚生子女的平等权利。现代世界各国，普遍采用认领和准正的法律制度，使非婚生子女婚生化，这对保障非婚生子女的合法权益、改变其受歧视的地位，保障婚姻家庭稳定，减少犯罪现象，具有重要的现实意义。

（一）非婚生子女的准正

所谓非婚生子女的准正，是指父母结婚或法院宣告使非婚生子女取得婚生子女的资格。大陆法系国家，诸如法国、瑞士、日本等，皆继受罗马法的原则，设立了非婚生子女的准正制度。因父母结婚，非婚生子女准正分为两种情况：①以结婚为准正的要件，不另设其他条件。如比利时民法典、秘鲁家庭法等均采用此制；②以结婚和认领为准正仅结婚未办认领手续者不发生准正效力，如《日本民法典》《瑞士民法典》。经法官宣告而准正，是指父母订婚但一方死亡或有婚姻障碍使婚姻准正不能，依婚约之一方或双方之请求，由法院宣告子女为婚生。准正可使非婚生子女取得婚生子女的资格。两种准正可发生同等法律效力。

（二）非婚生子女认领

非婚生子女认领是指在非婚生子女尚未准正的情况下，由生父承认该非婚生子女为其所生的行为。认领有两种形式，即自愿认领与强制认领。自愿认领即生父承认该非婚生子女为自己的子女，自愿承担抚养义务的法律行为。认领行为不得代理。这种认领为要式行为，须向户籍部门申报，或经公证，或向监护法院申请，或向有关身份官员申请；有的国家还要求须经生母同意，才发生法律效力。

强制认领是指非婚生子女的生父不自动认领时，有关当事人诉请法院予以强制认领的制度。强制认领有利于制裁企图或已经逃避法律义务的当事人，保障非婚生子女的利益。强制认领要求原告负举证责任，即能提供确认被告为生父的种种证据。按照许多国家的规定，认领人仅限于生父，但也有一些国家规定，生父和生母均为认领人。一些国家还做了时效方面的规定。

三、我国非婚生子女的法律地位及其身份确认

非婚生子女在旧中国俗称私生子女，他们不仅受到世人及社会的歧视，在法律上，他们也不能与婚生子女一样处于平等的法律地位。中华人民共和国成立后，非婚生子女的法律地位有了很大的改观。非婚生子女的出生是父母的过错所致，不应把对父母的谴责延伸到子女身上。我国《民法典》第 1071 条规定："非婚生子女享有与婚生子女同等的权利，任何组织或者个人不得加以危害和歧视。不直接抚养非婚生子女的生父或者生母，应当负担未成年子女或者不能独立生活的成年子女的抚养费。"这就确定了非婚生子女的法律地位。有关父母子女间的权利和义务的规定，同样适用于父母与非婚生子女间的关系。父母有抚养教育非婚生子女的权利与义务，非婚生子女对抚养教育过自己的生父母有赡养扶助的义务，非婚生子女与生父母之间享有法定继承权。因此，在我国，非婚生子女与婚生子女的法律地位是完全相同的。

非婚生子女的法律地位已明确规定，非婚生子女生父母的确认是保障非婚生子女权利实现的关键问题。否则，非婚生子女与婚生子女具有同等法律地位的法律规定就无法贯彻落实，非婚生子女的合法权利难以得到切实的保障。我国目前还没有非婚生子女认领制度。一般而言，非婚生子女与生母之间的关系，因子女的出生而形成。当然也有少数生母遗弃子女、或子女被拐卖而引起的非婚生子女与生母之间关系的确认问题，但实践中较多的是非婚生子女的生父确认问题。

《最高人民法院关于适用〈中华人民共和国婚姻法〉若干问题的解释（三）》正面回应了亲子关系确认问题，《民法典》吸收了它的立法经验，明确规定了亲子关系确认制度。《民法典》第 1073 条规定："对亲子关系有异议且有正当理由的，父或者母可以向人民法院提起诉讼，请求确认或者否认亲子关系。对亲子关系有异议且有正当理由的，成年子女可以向人民法院提起诉讼，请求确认亲子关系。"根据法律规定，可以提起确认亲子关系之诉的主体为父、母或成年子女，其他人无权提起诉讼。

实践中，亲子关系确认最充分的证据就是亲子鉴定。对于当事人拒绝做亲子鉴定的案件，司法解释也做了相应的规定。《婚姻家庭编解释（一）》第 39 条第 2 款规定："父或

者母以及成年子女起诉请求确认亲子关系，并提供必要证据予以证明，另一方没有相反证据又拒绝做亲子鉴定的，人民法院可以认定确认亲子关系一方的主张成立。"

第五节　人工生育子女与父母

一、人工生育子女的概念

人工生育子女是指利用人工生育技术受胎而出生的子女，是根据生物遗传理论采用人工方法取出卵子或精子，再经人工将精子或受精卵注入妇女子宫，使其受孕的一种新的生育技术。

二、人工生育子女的种类

（一）人工体内授精子女

人工体内授精子女，是指以人工方法将精子注入妇女体内受精，也称母体内受孕（人工授精）。人工授精又分为同质人工授精和异质人工授精两种。同质人工授精是指将夫妻双方的精子和卵子细胞用人工方法授精生育子女，夫妻与所生育子女间具有天然血缘联系，与自然血亲的父母子女关系完全等同。异质人工授精是指由第三方提供的精子对妻子进行人工授精的方法。由于异质人工授精的子女，与生母之夫无任何血缘关系，因此，须依法确认双方是否具有法律上的亲子关系。

（二）人工体外授精

人工体外授精即母体外受孕（试管婴儿），是指用人工方法将精子与卵子在培养皿中受精，再将受精卵分裂的胚胎植入子宫妊娠的生殖技术。因精子或卵子的供体不同可分为：①采用夫妻的精子和卵子在体外受精，再植入妻子的子宫内妊娠。子女与父母双方有着自然的血亲关系。②采用妻子的卵子与第三人提供的精子在体外受精，再植入妻子的体内妊娠。子女有生物学上即供精者和法律上即养育者两个父亲。③采用第三人的卵子与丈夫的精子在体外受精，再植入妻子的体内妊娠。子女则有一个生物学上的母亲和一个孕育自己的生身母亲。④采用第三人提供的精子和卵子在体外受精，在试管内形成胚胎后，植入子宫提供者的子宫内妊娠生育。这时子女则会有一个生物学上的父亲和一个法律上养育自己的父亲，以及一个生物学上的母亲即卵子提供者、一个代孕母亲即子宫提供者或还有一个法律上的养育母亲。

三、人工生育子女的法律地位

目前世界上绝大多数国家对人工生育子女尚无法律规定，少数已立法的国家的规定也不尽相同。但是，对于婚姻关系存续期间，因夫妻双方同意而经人工授精生育的子女，与该夫妻形成亲子关系，由接受人工生育的夫妇承担法律责任的规定已基本形成共识。《婚姻家庭编解释（一）》第40条规定："婚姻关系存续期间，夫妻双方一致同意进行人工授精，所生子女应视为婚生子女，父母子女间的权利义务关系适用民法典的有关规定。"因此只要夫妻双方协商一致同意进行人工授精的，所生子女都应视为夫妻双方的婚生子女，无论是否有血缘关系。我国于 2001 年 2 月颁布的《人类辅助生殖技术管理办法》规定，人类辅助生育技术应当在医疗机构中进行，以医疗为目的，并符合国家计划生育政策、伦理原则和有关法律规定，明确禁止任何形式的代孕技术。这意味着目前在我国，任何代孕行为都是违法行为。

第六节　继子女与继父母

【案例 7-4】 在小梅 6 岁那年，父母协议离婚。双方协议小梅随母亲周某生活。两年后，小梅的母亲与同单位的一位未婚男职工田某结婚。田某对小梅很好，田某表示有小梅自己不再另要子女了。后来几年周某开始承包一家企业，家庭的重担便落在田某身上。田某不仅要照顾小梅，还要料理家务。此时生意越做越好的周某，却开始以各种借口为由不回家，小梅几乎全靠田某照顾。后来小梅考上了一所大专学校，毕业后，小梅在母亲的身边找了一份工作。最初小梅还探望田某，之后便不再来往。后来周某提出离婚，田某表示同意。离婚后田某遭遇车祸生活困难，希望小梅照顾自己。但小梅以母亲已与田某离婚，自己与田某没有血缘关系为由拒绝了田某的要求。

任务： 请回答本案小梅有没有赡养照顾田某的义务？为什么？

一、继父母与继子女的概念

所谓继子女是指丈夫与前妻或妻子与前夫所生的子女。子女对母或父的后婚配偶，称继父或继母。继父母与继子女间的关系，因父母一方死亡，他方再婚而形成，或因父母离婚，一方或双方再婚而形成。

二、继父母与继子女关系的类型及法律地位

在家庭关系中，除婚生的父母子女关系外，还存在着继父母和继子女的关系。继父母和继子女间是否发生父母子女间的权利与义务关系还应根据具体情况来定。一般可以分为三种情况。

（一）未形成法律抚育关系的名义型

生父或生母再婚时，继子女已成年，或继子女随生父母中的另一方共同生活，该继父母与该继子女间未形成事实上的抚养教育的关系。因此继父母与继子女间仅是名义上的父母子女关系，彼此之间不发生法律上的权利义务关系。

（二）形成法律抚育关系的共同生活类型

生父或生母再婚后，继子女是由继父或继母抚养、教育，那么继父母与继子女的关系便适用婚姻家庭法关于父母子女关系的有关规定。我国《民法典》第 1072 条规定："继父母与继子女间，不得虐待或歧视。继父或者继母和受其抚养教育的继子女间的权利义务关系，适用本法关于父母子女关系的规定。"这种继父母与继子女的关系等同于父母子女关系，属于拟制血亲。

实践中生父或生母再婚后，继子女有可能既受到生父母的抚养教育，同时也受到继父

母的抚养和教育。在这种情况下，继子女的权利义务是双重的，继子女既和生父母发生法律上的权利义务关系，也与继父母发生法律上的父母子女之间权利和义务关系。即继子女既要承担赡养其生父或生母之义务，同时，还应负担对继父或继母的赡养义务。在现实生活中，以母亲改嫁、继父非自己的生父为由拒绝承担赡养父母的做法不仅违背了法律的规定，也有悖于社会主义道德风尚。

(三) 继父或继母收养继子女的收养型

继父或继母经继子女的生父母同意，依法收养继子女，与继子女形成拟制血亲关系，该子女与未与之共同生活的生父（母）权利义务关系消灭。我国《民法典》第1103条规定："继父或者继母经继子女的生父母同意，可以收养继子女。"《民法典》第1111条第2款规定："养子女与生父母以及其他近亲属间的权利义务关系，因收养关系的成立而消除。"也就是说，形成收养关系后，继子女双重父（或母）的状态就消失了。

三、继父母与继子女关系的解除

目前我国婚姻家庭法未对形成抚育关系的继父母与继子女关系的解除作出明确的规定，仅有《婚姻家庭编解释（一）》第54条规定："生父与继母离婚或者生母与继父离婚时，对曾受其抚养教育的继子女，继父或者继母不同意继续抚养的，仍应由生父或者生母抚养。"实践中，继父母子女关系可基于一定的原因解除，在法律规定尚不完善的情况下，解除时应注意遵循以下原则：

（1）对于无抚养关系的名义上的继父母子女，在生父母与继父母离婚时，继父母子女间的关系也随之解除。

（2）在生父母与继父母离婚时，对于有抚养教育关系的继子女，继父母不同意继续抚养的，仍应由生父母抚养。双方已经形成的拟制血亲关系随之解除。

（3）继子女的生父（母）死亡，与之形成拟制血亲关系的继母（父）仍应继续抚养该子女，但继子女的生父母要求领回的除外。

（4）继父（母）与生母（父）婚姻关系存续期间，在不改变生母（父）与该子女直接抚养关系的前提下，仅请求解除继父母与继子女的关系，法院一般不予支持。

（5）通常情况下，由继父母抚养成人并已独立生活的继子女应当承担赡养继父母的义务，在生父母与继父母离婚或继子女的生父（母）死亡后，双方的拟制血亲关系继续存在。案例7-4中，小梅既受到生父的抚养教育，同时也受到继父的抚养和教育，在生母与继父离婚时，双方的拟制血亲关系继续存在，由继父抚养成人并已独立生活的继子女应当承担赡养继父的义务。如果双方关系恶化，可以通过协议解除其拟制血亲关系，或经当事人请求，由人民法院解除其拟制血亲关系。对于继子女成年后虐待、遗弃继父母而解除拟制血亲关系的，继父母有权要求继子女补偿共同生活期间为其支出的生活费和教育费。

思考与练习

一、思考
1. 简述父母与子女间的权利和义务关系。

2. 我国婚姻家庭法如何保护非婚生子女的合法权益？

3. 如何正确认识继子女的法律地位？

二、练习

（一）判断题

未成年子女接受奖励、赠与所得的财产，归夫妻双方共同所有。（　　）

（二）单项选择题

1. 依据我国婚姻家庭法的规定，一般情况下，父母对子女的抚养义务到（　　）为止。

    A. 子女成年时   B. 子女与父母分居

    C. 父母去世   D. 子女能独立生活为止

2. 近现代亲权制度一般已从（　　）。

    A. 权利本位转为义务本位   B. 义务本位转为权利本位

    C. 以子本位转为以亲本位   D. 以亲本位转为个人本位

3. 2000 年，甲的父亲乙因病去世。甲与其母丙约定，甲每月向丙给付 1000 元以资赡养，条件是丙不得再嫁他人。2004 年，丙再嫁于丁。甲大怒，遂以丙违反约定为由拒不给付赡养费。丙诉至人民法院，要求判令甲继续给付赡养费。根据我国法律的规定，甲向丙给付赡养费的义务（　　）。

    A. 终止   B. 不终止   C. 相应减少   D. 相应增加

（三）多项选择题

1. 婚姻家庭法上所指"父母子女关系"包括（　　）。

    A. 婚生父母子女关系   B. 非婚生父母子女关系

    C. 已形成抚养关系的继父母子女关系   D. 养父母子女关系

2. 《民法典》第 1068 条规定："父母不履行抚养义务时，未成年的或不能独立生活的子女，有要求父母给付抚养费的权利。"其中"不能独立生活的子女"是指（　　）。

    A. 尚在校接受高中及其以下学历教育的

    B. 尚在校接受大学教育但没有收入的

    C. 完全丧失劳动能力无法维持正常生活的成年子女

    D. 尚未完全丧失劳动能力但无法维持正常生活的成年子女

3. 根据我国法律规定，子女对父母的赡养、扶助是指赡养人应对父母（　　）。

    A. 经济上供养

    B. 生活上照顾

    C. 精神上慰藉

    D. 照顾老年人的特殊需要

（四）简答题

1. 我国婚姻家庭法规定的父母子女间的权利义务有哪些？

2. 简述非婚生子女的准正的概念以及形式。

（五）案例练习

1. 李某（男）与佘某（女）系夫妻。李某婚内出轨魏某，同居后生育一女魏小某。

被李某妻子佘某发现后，李某断绝与魏某关系。李某与魏某协商魏小某由魏某抚养，李某每月提供给魏小某 8000 元抚养费，李某的月收入为 2 万元。佘某知道后坚决不同意李某提供这笔抚养费，认为魏某引诱李某破坏自己家庭，理应给自己精神损害赔偿，现在还想要孩子的抚养费，继续坑害自己家庭，说魏某养孩子生活困难是自作自受。何况李某的收入是夫妻共同财产，李某不经自己同意不得擅自处分夫妻共同财产。

问：魏小某是否应该得到李某的抚养费？为什么？

2. 吴某 2 岁时，父亲被判刑入狱。吴某的母亲迫于生活的压力与吴某的父亲离婚。吴某的母亲后来与刘某结婚，吴某随母亲生活。刘某视吴某为己出，不断地给予抚养和教育，在生活上倍加关心照顾，在学习上大力资助。吴某成年后参加工作，收入颇丰。这时，吴某的父亲刑满释放，找到吴某，并挑拨吴某和刘某的关系。后刘某遭遇车祸，丧失劳动能力，他向吴某提出赡养要求，遭到吴某的拒绝。

问：刘某提出的要求能否得到法律的支持？为什么？

3. 2020 年 6 月，80 岁的袁某因病住院治疗，住院 6 天花了近 8000 元。袁某年事已高，瘫痪在床，需要人长期陪护，五子女均称自己需要工作来获取经济来源，不能长期陪护老人，袁某不愿由子女轮流照顾或者到养老院居住。袁某无工作收入，每月仅有百元左右的低保费用。五个子女对分担她的医疗费、赡养费、护工费（保姆费）等问题无法达成一致。袁某一纸诉状将五个亲生儿女告至法院，要求五个子女每人每月支付老人赡养费 300 余元，护工费每月 700 余元，并共同分担医疗费。子女以赡养费过高、护工费未实际发生、老人尚有抚恤金等理由进行抗辩。

问：根据《民法典》的规定，袁某的诉求能否得到支持？为什么？

第八章　祖孙关系和兄弟姐妹关系

知识目标

- 能够准确再现祖孙之间履行扶养义务的条件。
- 能够准确再现兄弟姐妹之间履行扶养义务的条件。

能力目标

- 面对祖孙之间的扶养关系纠纷，能够准确判断当事人的情况是否符合祖孙之间应当履行扶养义务的情况。
- 面对兄弟姐妹之间的扶养关系纠纷，能够准确判断当事人的情况是否符合兄弟姐妹之间应当履行扶养义务的情况。

素养目标

- 逐渐培养孝亲敬老、体恤孤幼，建设优良家风的自觉意识。
- 逐渐培养精益求精的职业精神。

【引例】

甲（女）的丈夫因病去世后，甲与18岁女儿乙一起生活，后女儿出外打工。2012年1月女儿在外打工一年后回来，甲发现乙怀孕，追问孩子的父亲是谁，乙始终没说，但执意将孩子丙生下。2013年7月乙意外死亡，乙的孩子丙不满一岁。女儿去世后甲情绪低落，因不知孩子父亲是谁，心里一直不喜欢丙，不想抚养。甲虽说一个月有固定工资，但认为自己没有义务抚养女儿留下的孩子丙。

【任务要求】

分析甲有没有抚养丙的义务？

【案例知识点提示】

祖孙关系；祖孙间的抚养条件

在许多家庭中，家庭关系往往是多层次的。在一个家庭中，除夫妻关系、父母子女关系外，特定情况下还会产生祖父母、外祖父母与孙子女、外孙子女的关系以及兄弟姐妹间的关系。1950年《婚姻法》关于扶养问题的规定，仅限于夫妻关系、父母子女间的关系，祖父母、外祖父母与孙子女、外孙子女的关系则属于道德规范调整的范围。1980年《婚姻法》扩大了家庭关系的法律调整，将家庭成员间的扶养关系扩大到祖孙及兄弟姐妹之间。这一规定符合我国的实际情况，也有利于养老育幼原则的贯彻与执行。但该法只规定了长辈对晚辈，成年兄姐对未成年弟妹的单向义务，最高人民法院对此进行了补充解释。从 2001 年起，我国《婚姻法（修正案）》强化了祖孙之间及兄弟姐妹之间法律上的权利与义务关系，将最高人民法院的司法解释吸收到《婚姻法》中，从而使祖孙之间及兄弟姐妹间的权利义务关系明确、完善与科学。

第一节　祖孙之间的权利义务关系

一、扶养制度概说

（一）扶养的概念

"扶养"一词在不同的语境有不同的含义和使用方法。在社会生活中所说的扶养，通常概指各种社会关系中针对"弱者"所发生的经济供养和生活扶助。在法律意义上的扶养有广义和狭义之分，广义上的扶养，泛指特定亲属之间根据法律的明确规定而存在的经济上互相供养、生活上互相扶助的权利和义务关系，包括长辈亲属对晚辈亲属的"抚养"、平辈亲属的"扶养"和晚辈亲属对长辈亲属的"赡养"三种具体形态。狭义上的扶养专指发生在平辈亲属之间的扶养。婚姻家庭法中的扶养多指狭义上的扶养，民法中其他部分和其他法律部门所称扶养多指广义上的扶养。

（二）扶养的层次结构

亲属扶养关系发生于不同类型的亲属之间，因而其效力、程度、方式因共同生活状态、关系的亲疏远近和被扶养人生活情势的不同而有所区别。以瑞士民法为代表的大陆法系将亲属扶养义务分为生活保持义务和一般生活扶助义务两个层次。在英美法中，则用 maintenance 和 support 分别表示生活保持义务和一般生活扶助义务。

生活保持义务，又称共生义务，通常是指发生于夫妻之间、父母与未成年子女之间的为维系家庭共同生活而由法律强制性规定的无条件扶养义务。其特征在于，它发生在核心家庭内或大家庭之中的核心家庭成员之间；它是无条件的，义务人即使降低自己的生活水平，也必须使权利人过与自己相当的生活；它是现实的，扶养义务与身份相随而持续存在。一般生活扶助义务是一定范围内的亲属由身份关系派生出来的，在一定条件下根据其承受能力而依法负担的义务。其特征在于，它是发生在特定范围的亲属之间的；它是有条件的，以不改变义务人相当的生活水平为前提；它是潜在的，在一般家庭中处于潜在的期待性状态，只有出现特定情势，它才需要义务人履行义务。

我国婚姻家庭法关于扶养权利、义务的规定，没有明示存在这种层次结构，但在其条文排列和义务条件配置上，可以明显看出有两个层次的立法意旨。一般来说，夫妻、父母子女之间的扶养可以归属为生活保持义务层次，祖孙、兄弟姐妹之间的扶养可以归属为一般生活扶助义务层次。

二、祖孙之间承担抚养、赡养义务的条件及有关实务

（一）祖孙之间承担抚养、赡养义务的条件

我国《民法典》第 1074 条规定："有负担能力的祖父母、外祖父母，对于父母已经

死亡或者父母无力抚养的未成年孙子女、外孙子女，有抚养的义务。有负担能力的孙子女、外孙子女，对于子女已经死亡或者子女无力赡养的祖父母、外祖父母，有赡养的义务。"这一方面充分体现了国家对未成年人、老年人的关怀，另一方面也说明祖父母、外祖父母与孙子女、外孙子女间履行抚养、赡养义务不是无条件的，而是有条件的。

1. 被抚养人的父母或被赡养人的子女已经死亡或无力抚养或赡养

这里的死亡包括自然死亡和宣告死亡。被抚养人的"父母已经死亡"指父母双方死亡，父母一方死亡的不符合法定情形；"子女已经死亡"是指所有子女均死亡的情形，否则就不符合子女已经死亡的法定条件。对于父母一方死亡，另一方无力抚养子女的，可以归属"父母无力抚养"这一情形。"父母无力抚养"应作严格意义上的解释，因父母是子女的法定抚养义务人，故不能因失去工作、下岗或收入微薄而免除其抚养子女的义务。它主要是指父母丧失抚养能力，一方面因病、残而丧失劳动能力，另一方面又无维持基本生活的经济来源，此情况下才涉及由祖父母、外祖父母抚养孙子女、外孙子女。"子女无力赡养"也应作严格意义上的解释，子女是父母的法定赡养义务人，不能因为子女没有工作、下岗或收入微薄而免除其赡养父母的义务。"子女无力赡养"主要指子女丧失或不具备赡养能力，一般是指由于无经济来源或受身体原因的限制，没有赡养父母的能力或条件。在祖父母、外祖父母的子女能够履行赡养义务的情况下，即使孙子女、外孙子女是该权利人抚养长大的，也不能将其列为赡养人。只有子女均无力赡养时，才涉及孙子女、外孙子女对祖父母、外祖父母的赡养。

2. 被抚养人或被赡养人须是未成年人或是需要赡养的老年人

被抚养人必须是未成年人。未成年人是指 18 周岁以下的人。已满 16 周岁不满 18 周岁的未成年人，以自己的劳动收入为主要生活来源，其收入能维持当地基本生活水平的视为完全民事行为能力人，可以免除祖父母、外祖父母的抚养义务。被赡养人需要赡养是必要条件，如不需要赡养，就没有强调此义务的必要。

3. 抚养人或赡养人须有负担能力

这里的"有负担能力"是指以自己的劳动收入和其他合法收入满足第一顺序扶养权人（需要扶养的配偶、子女、父母）的合理生活、教育费用、医疗费用后仍有余力，即满足基本家庭生活以外，还具有的经济负担能力。

引例中，虽然丙系非婚生子女，但根据《民法典》第 1071 条的规定，"非婚生子女享有与婚生子女同等的权利，任何组织或者个人不得加以危害和歧视"。甲系丙的外祖母，丙与甲的其他婚生外孙子女享有同等的权利。丙的母亲乙已经死亡，甲又有负担能力。根据《民法典》第 1074 条"有负担能力的祖父母、外祖父母，对于父母已经死亡或者父母无力抚养的未成年的孙子女、外孙子女，有抚养的义务"的规定，甲有抚养丙的义务。

（二）祖孙之间承担抚养、赡养义务的有关实务

（1）孙子女、外孙子女对祖父母、外祖父母的赡养义务，在法律上是没有先后顺序的，有负担能力的都应承担赡养责任。如果孙子女、外孙子女多人有负担能力，可协商由一方或几方共同承担。协议不成，法院可根据维护老人利益的原则进行裁决。祖父母、外祖父母对孙子女、外孙子女的抚养也是没有先后顺序的，各方应协商共同抚养。

（2）孙子女、外孙子女和祖父母、外祖父母间的赡养、抚养义务无对价条件。孙子女、外孙子女与祖父母、外祖父母间的赡养抚养，并不是以对对方尽过抚养、赡养义务为先决条件的。

（3）有负担能力的孙子女、外孙子女均拒绝承担赡养义务时，应受赡养的祖父母、外祖父母可依法请求法院强制义务人履行义务。在实际履行标准上要以赡养人的实际能力为限，由赡养人与被赡养人协商确定，如果不能协商解决，则由人民法院判定。

（4）赡养费的判定应根据被赡养人的实际需求、赡养人的经济能力和当地的经济水平确定。对于城市老年人，赡养费一般按家庭总收入减去家庭成员城市居民平均生活标准，剩余部分按其赡养人数的平均数额计算。对于农村的老年人，一般以当地统计部门发布的上年度当地农民年人均生活费数据为基准。随着时间的推移，被赡养人根据需要可以要求增加赡养费。但必须具备一定的条件：一方面法院原先判决的赡养费不能保障被赡养人的基本生活，另一方面赡养义务人有能力负担。只有同时具备这两个条件，才可以要求增加赡养费。

（5）父母子女间的抚养或赡养与隔代抚养或赡养的程度是不同的。父母与子女的抚养或赡养，必须保持他们之间的同一生活质量，同一生活水平。父母与子女间的抚养或赡养，应尽其所能。但隔代抚养或隔代赡养，是一种偶然的、相对的扶养，是在保持与义务人地位相当的生活水准下，使其保持最低生活水平。在没有一定范围的亲属或一定范围内的亲属均没有能力履行抚养或赡养义务时，根据《宪法》第 45 条规定，公民在年老、疾病或者丧失劳动能力的情况下，有从国家和社会获得物质帮助的权利。

三、祖孙之间继承的权利

祖父母、外祖父母有依法继承孙子女、外孙子女遗产的权利。根据《民法典》第 1127 条规定，祖父母、外祖父母为孙子女、外孙子女第二顺序的继承人。没有第一顺序的法定继承人或第一顺序的法定继承人均放弃或丧失继承权，祖父母、外祖父母有继承孙子女、外孙子女遗产的权利。在有第一顺序继承人的情况下，祖父母、外祖父母对孙子女、外孙子女尽了主要抚养义务，可依照《民法典》第 1130 条之规定，有权分得被继承人适当的遗产。

孙子女、外孙子女对祖父母、外祖父母的遗产有代位继承的权利。根据我国《民法典》之规定，孙子女、外孙子女不是法定继承人，不能直接继承祖父母、外祖父母的遗产，但是在其父母先于祖父母、外祖父母死亡时，可以代位继承祖父母、外祖父母的遗产。

第二节　兄弟姐妹之间的法律关系

【案例 8-1】　甲 11 岁时其父母在一次车祸中丧生，其父系再婚。现在除担任某公司经理的同父异母的哥哥乙之外，甲已无其他亲人。但是由于甲的哥哥乙在其父母离婚后由其生母抚养，和他父亲再婚家庭无任何来往，甲要求乙扶养时，遭乙拒绝。甲向人民法院提起诉讼，要求乙扶养自己。

任务：请回答甲的请求能不能得到人民法院的支持？理由是什么？

一、兄弟姐妹之间权利义务关系

从世界各国的立法来看，大多数国家未规定兄弟姐妹间具有法律上的权利和义务，但也有一些国家规定了兄弟姐妹间的扶养义务。

我国 1980 年《婚姻法（修正案）》第 23 条规定，有负担能力的兄、姊，对于父母已经死亡或父母无力抚养的未成年的弟、妹，有扶养的义务。这一规定使那些失去了父母或父母无力抚养的未成年子女有了生活保障。但该条只规定了兄、姐对弟、妹的扶养义务，未规定弟、妹对兄、姐的扶养义务。1981 年 9 月 1 日《最高人民法院关于对年老、无子女的人能否按婚姻法第二十三条类推判决有负担能力的兄弟姐妹承担扶养义务的复函》，该复函认为，兄、姐曾给予弟、妹扶养的，当兄、姐年老，丧失劳动能力，又无子女赡养时，根据权利义务相一致的原则，弟、妹对兄、姐有扶养的义务。1984 年最高人民法院《关于贯彻执行民事法律政策法律若干问题的意见》第 26 条规定："由兄、姐抚养长大的有负担能力的弟、妹，对丧失劳动能力、孤独无依的兄、姐，有抚养的义务。"该意见扩大了法律条文的内涵，无疑是对这一制度的补充与发展。2001 年修订《婚姻法》时，将其变为立法规定，《民法典》延续了这一规定。

兄弟姐妹系旁系血亲关系，包括自然血亲和拟制血亲的兄弟姐妹。自然血亲的兄弟姐妹包括全血缘的兄弟姐妹和半血缘的兄弟姐妹，即同父同母的兄弟姐妹、同父异母的兄弟姐妹和同母异父的兄弟姐妹。拟制血亲的兄弟姐妹包括养兄弟姐妹和形成扶养关系的继兄弟姐妹。我国婚姻家庭法虽然没有明确规定兄弟姐妹的范围，但根据《关于适用〈中华人民共和国民法典〉继承编的解释（一）》第 12 条、第 13 条的规定，养子女与生子女之间、养子女与养子女之间，系养兄弟姐妹，互有继承权，继兄弟姐妹之间的继承权，因继兄弟姐妹之间的扶养关系而产生。婚姻家庭法可以类推适用这一规定。兄弟姐妹关系包括同父同母的兄弟姐妹关系、同父异母和同母异父的兄弟姐妹关系、养兄弟姐妹关系和形成抚养关系的继兄弟姐妹关系。

二、兄弟姐妹间承担扶养义务的条件

我国《民法典》第 1075 条规定："有负担能力的兄、姐，对于父母已经死亡或者父母无力抚养的未成年弟、妹，有扶养的义务。由兄、姐扶养长大的有负担能力的弟、妹，对于缺乏劳动能力又缺乏生活来源的兄、姐，有扶养的义务。"因弟、妹需要兄、姐扶养或已将弟、妹扶养长大的兄、姐需要弟、妹扶养而引发的纠纷，适用本条的规定。兄弟姐妹间承担扶养义务，须具备下列条件：

（一）被扶养的弟妹必须是未成年人，被扶养的兄、姐是需要扶养的人

被扶养的弟妹必须是未成年人，如不是未成年人不符合法定条件。未成年人是指 18 周岁以下的人，已满 16 周岁不满 18 周岁的未成年人，以自己的劳动收入为主要生活来

源，其收入能维持当地基本生活水平的，视为完全民事行为人，可以免除兄、姐的扶养义务。被扶养的兄、姐需要扶养是必要条件，如不需要扶养，就没有强调此义务的必要。

（二）被扶养的弟妹的父母已经死亡或无力抚养，被扶养的兄、姐缺乏劳动能力又缺乏生活来源

所谓死亡包括自然死亡和宣告死亡。被扶养的弟妹的"父母已经死亡"指父母双方死亡，父母一方死亡的不符合法定情形；"父母无力抚养"主要是指父母丧失抚养能力，一方面因病、残而丧失劳动能力；另一方面又无维持基本生活的经济来源，无法满足未成年子女基本生活、教育、医疗等需要。"父母无力抚养"应作严格意义上的解释，因父母是子女的法定抚养义务人，故不能因失去工作或收入微薄而免除其抚养子女的义务。被扶养的兄、姐缺乏劳动能力又缺乏生活来源，在此用的是"缺乏"而不是"丧失"，是指兄、姐年老体弱难以从事劳动或因疾病等原因丧失或缺乏劳动能力；缺乏生活来源是指没有或缺乏经济收入，孤独无依或第一顺序扶养义务人丧失扶养能力。它既不同于兄、姐对弟、妹扶养的严格条件，也不同于父母对子女抚养的无条件。

（三）扶养人必须有负担能力

所谓的"有负担能力"与隔代抚养或隔代赡养中的"有负担能力"的含义是相同的，是指以自己的劳动收入和其他合法收入满足第一顺序扶养权人（需要扶养的配偶、子女、父母）的合理生活费、教育费用、医疗费用后仍有余力，即满足基本家庭生活以外，还具有的经济负担能力。

（四）兄、姐主张扶养权的，还须该弟、妹未成年时是由其扶养长大的

兄、姐主张扶养权的，兄、姐应具备曾在父母死亡或无力抚养的情况下，将未成年弟妹抚养长大的事实条件。此外，实践中有负担能力的兄弟姐妹，对于父母已经死亡或父母无力扶养的，因病、因残不能独立生活的单身成年兄弟姐妹，是否负有扶养的义务，1985年2月16日《最高人民法院关于兄妹间扶养问题的批复》肯定了有负担能力的兄弟姐妹对有病、残的成年兄弟姐妹有一定的扶养义务。而2001年修订《婚姻法》和制定《民法典》时未将这一批复精神吸纳进来，我们认为并不是因为不认可这一精神，而是因为这种情况在现实生活中不普遍，而未予明确规定。

案例8-1中乙与甲之间系同父异母的兄弟，根据《民法典》第1075条"有负担能力的兄、姐，对于父母已经死亡或者父母无力抚养的未成年的弟、妹，有扶养的义务"的规定，乙对甲有扶养义务。

三、兄弟姐妹间的继承权

我国婚姻家庭法并未规定兄弟姐妹间的继承问题，关于这方面的问题，应按我国《民法典》继承编的有关规定处理。根据我国《民法典》第1127条的规定，兄弟姐妹互为第二顺序的法定继承人。也即没有第一顺序的法定继承人或第一顺序的法定继承人全部放弃或丧失继承权时，被继承人的兄弟姐妹有继承遗产的权利。

思考与练习

一、思考

1. 简述祖孙间承担抚养、赡养义务的法定条件。
2. 简述兄弟姐妹间承担抚养、扶养义务的法定条件。

二、练习

（一）判断题

不论有无负担能力，兄姐对于父母已经死亡或父母无力抚养的未成年的弟、妹，都有抚养义务。（　　）

（二）多项选择题

1. 祖父母或外祖父母对孙子女或外孙子女的抚养义务是有条件的，包括（　　）。

    A. 祖父母或外祖父母有抚养能力　　　　B. 父母已经死亡或无扶养能力

    C. 祖父母或外祖父母自愿　　　　D. 孙子女或外孙子女未成年

2. 下列属于广义扶养范畴的是（　　）。

    A. 父母对子女的抚养　　　　B. 子女对父母的赡养

    C. 配偶之间的扶养　　　　D. 兄弟姐妹之间的扶养

（三）案例练习

黄某1998年1月出生，是一家企业的职工。2018年经人介绍认识了李某，她和李某是同年同月生，二人于同年底未经结婚登记，按习俗举行了结婚仪式并开始同居生活。在一个偶然的机会，黄某发现丈夫涉嫌犯罪，于是规劝丈夫投案自首，但丈夫不肯，黄某便向公安机关检举了丈夫。由于黄某的丈夫多案在身，在公安机关逮捕时，黄某的丈夫抵抗，最后被公安人员当场击毙。此时黄某有两个未成年的子女。黄某父母早年去世，也无兄弟姐妹相助。但黄某的公婆均为退休人员，有较高的退休金。黄某向公婆提出让公婆帮着抚养未成年的孙子与孙女，遭到拒绝。

【任务】请问本案中黄某的公婆有抚养未成年孙子女的法律责任吗？为什么？

第九章 收 养 制 度

知识目标

- 能说出收养的概念和特征。
- 能说出收养法律制度的基本原则。
- 能说出收养的条件、程序和效力。
- 能说出解除收养关系的条件、程序及其效力。

能力目标

- 面对有收养意愿的当事人，能准确地判断当事人是否符合收养的条件，要全面考虑各种情况，得出的结论应当符合法律规定，能指导当事人完成收养程序，指导意见要最大限度为当事人节约成本。
- 面对收养关系中的抚养纠纷和赡养纠纷，准确地判断当事人是否全面履行法定义务。
- 面对解除收养关系纠纷，准确地向当事人说明解除收养关系的法律效力，要全面考虑各种情况，得出的结论应当符合法律规定。

素养目标

- 逐渐养成依照法律规定的条件和程序进行收养，维护平等、和睦、文明家庭关系的自觉意识。
- 逐渐养成在法律规定的范围内最大限度保护当事人合法权益的自觉意识。

收养制度是亲属制度的重要组成部分，也是生育制度的重要补充。为了更好地保护合法的收养关系，维护收养关系当事人的合法权利，1991 年 12 月 29 日我国颁布第一部《收养法》。1998 年 11 月 4 日第九届全国人大常委会第五次会议通过了《中华人民共和国收养法》修改决定，自 1999 年 4 月 1 日起实行。2021 年 1 月 1 日，我国《民法典》实施，婚姻家庭编第五章规定的收养法律制度，通过对收养成立条件、程序、解除条件和法律责任等有关内容的细化规定，为收养法律关系的当事人提供了更高水平的法律保障，为构建和谐家庭与和谐社会提供了强大的法律支撑。

第一节　收养概说

一、收养的概念

（一）收养的概念

收养是指依照法律规定领养他人子女为自己子女的法律行为。收养人为养父母，被收养人为养子或养女，将子女或儿童送给他人收养的生父母、监护人、儿童福利机构等为送养人。

（二）收养的特征

1. 收养是一种法律行为

因为收养涉及当事人（收养人、送养人、被收养人）和社会的利益，所以现代社会关系都由法律加以调整，以保护当事人的利益，维护社会秩序的稳定。因此，收养是一种法律行为，成立收养关系必须符合法定条件，履行法定手续。

2. 收养是身份法上的行为

收养行为是用以设定某种身份关系，即养父母子女关系的，收养是身份法上的行为。收养关系只能发生在自然人之间，同国家对孤儿、遗弃儿的收容和养育有着本质的区别。第一，前者是一种设定养父母子女关系的身份法上的行为，后者是一种行政法上的行为，是国家实行的社会福利措施。第二，前者须经有关当事人协议，并经过登记，后者由收容和养育机构自行决定。第三，前者能够依法设定父母子女间的权利义务，后者虽然也行使抚养、教育、监护等职能，但国家与被收容养育人之间并不产生，也不可能产生父母子女间的权利义务关系。

3. 收养是变更亲属身份和权利义务关系的行为

通过收养，收养人与被收养人之间发生了亲子的身份和权利义务关系，被收养人与其生父母之间的身份和权利义务关系随之消除。这是一种亲属身份和权利义务关系的变更，在变更后，养父母代替了生父母的法律地位。

4. 收养不能发生在直系血亲之间

收养是设定父母子女关系的行为，不能发生在直系血亲之间。收养人和被收养人可能原来没有亲属关系，也可能原来就有一定的亲属关系，但直系血亲是除外的。直系血亲之间的收养是毫无意义的。

5. 收养关系是一种拟制血亲关系

收养所产生的血亲关系是拟制血亲，与自然血亲不同，拟制血亲可以依法产生，也可以依法解除。它不是自然的，而是人为形成的。

收养的拟制血亲性质，是它与寄养关系的根本区别。寄养，是指父母因某种客观原因不能直接履行对子女的抚养义务时，将子女委托他人代为抚养。寄养关系只发生抚养形式的变化，不发生权利义务关系的转移。我国《民法典》第 1107 条特别规定，孤儿或者生父母无力抚养的子女，可以由生父母的亲属、朋友抚养；抚养人与被抚养人的关系不适用《民法典》关于收养的规定。

（三）收养的形式

从世界各国过去和现在的立法体例来看，收养有不同的形式。

1. 完全收养与不完全收养

完全收养，指收养关系成立后，养子女与生父母之间的权利与义务关系完全消除。日本、苏联、我国等均采用此制。不完全收养指收养关系成立后，养子女与生父母之间仍保留着一定的权利和义务关系，法国、南斯拉夫等设有此制。

2. 生前收养与遗嘱收养

生前收养，指收养人在生前与被收养人成立收养关系，形成拟制血亲。目前世界各国普遍采用此种收养形式。遗嘱收养，又称死后收养，指收养人通过立遗嘱的方式确定，于收养人死亡时收养关系始告成立的收养形式。遗嘱收养起源很早，在古埃及收养子女时，就必须采用遗嘱的方式。近代立法容许死后收养的，有法国民法旧条款和日本旧民法。此种收养方式在现代各国法律中已被取消。

二、收养制度的历史沿革

在历史上，收养制度经历了长期的演变过程。原始社会，收养相当盛行，被当时的社会习惯所承认。其他氏族的成员包括未被杀死的俘虏，都可以被吸收为本氏族的成员。为了确认收养关系，必须举行入族典礼。这个时期的收养，完全是为了本氏族的利益，称之为"为族的收养"。

奴隶社会和封建社会，实行的是宗法制度，收养往往是为了维系血统、继承宗祧的目的。在这个时期，只有家长才有收养权。罗马法的养子制度就是这个时期的典型代表。这个时期的收养为的是家长制家庭的利益，故称之为"为家的收养"。

资本主义社会，宗法家族制度逐渐衰弱并宣告解体，血统维系的观念变得淡薄，于是满足养父母晚年慰藉或增加劳动力的要求，成为收养的主要目的，故称之为"为亲（养亲）的收养"。自《拿破仑法典》制定到第一次世界大战末期，法国民法规定的收养是这个时期的典型代表。

第四个时期的形成以第一次世界大战和第二次世界大战为契机。英国改变法律上向来不承认收养的立场，自1927年1月1日实行养子女法；苏俄于1918年的亲属法典废止养子制度，又于1926年再次恢复为子女利益的收养。其主要原因是大战后，社会上产生了很多孤儿和非婚生子女，给这些无依无靠的子女以家庭和父母，成为收养法的根本理想。强调为儿童的利益而收养，逐渐提高养子女的法律地位，这是亲属立法发展的共同趋势，这种收养被称为"为子（养子女）的收养"。

收养制度在我国有悠久的历史，它随着社会物质生活条件的变化而变化，受到经济、政治等许多因素的影响和制约。在我国古代宗法制度下，实行以男性为中心的宗祧制度，为使祖先的血食不断，男子无子者可以立嗣。嗣子既经确立之后，就取得嫡子的法律地位，可以继承宗祧，也可以继承财产，它是收养的一种特殊形式，民间俗称"过继"。立嗣仅限于同宗同姓的男子，不得立异姓子乱宗。除立嗣外，我国古代也有一般的收养关系，称之为乞养。如《唐律·户婚》规定："其遗弃小儿，年三岁以下，虽异姓，听收养，即从其姓"，目的是救济婴孩和孤儿。乞养与立嗣不同，不论同姓异姓，不分男女，均可收养，而立嗣仅限定为同宗同姓的男子。乞养的对象，法律限定为三岁以下的弃儿，实际则不受此限。收养人为义父母，被收养人为义子女，义子与义父间不发生宗祧继承关系，也不得以无子为由把义子立为嗣子。可见，立嗣的效力高于乞养，嗣子的地位是高于义子女的。

在中华民国时期，国民政府虽然实现了收养法的近代化，民法中只有关于收养的规定，而无关于宗祧继承的规定，无论异姓同姓，养子女只有一种，"为家的收养"已不存在，但是实际生活中，收养制度与立嗣制度是同时并存的，并且在国民党的民法中，保留了某些歧视养子女的内容。养子女的继承顺序虽然与婚生子女相同，但继承份额仅为婚生子女的二分之一。直到 1985 年 6 月国家才删除了上述歧视性的规定。

中华人民共和国成立后，彻底废除了立嗣制度，在法律上明确规定："国家保护合法的收养关系。"养子女的法律地位等同于自然血亲的子女的法律地位。

三、我国收养法律制度的基本原则

《民法典》第 1044 条规定："收养应当遵循最有利于被收养人的原则，保障被收养人和收养人的合法权益。禁止借收养名义买卖未成年人。"根据以上规定，收养法律制度具有以下三个基本原则：

（一）最有利于被收养人的原则

从《民法典》第 1093 条规定可知，被收养人只能是未成年人。由于未成年人身心发育尚未成熟，是无民事行为能力或限制民事行为能力的人，因此需要家庭和社会的精心关怀与照顾。对于因种种原因不能生活在父母身边的特殊儿童来说，收养关系的产生使被收养儿童的生活发生重要变化，直接关系到儿童的健康成长，因此更应该注重维护其合法权益。收养应当有利于被收养未成年人的抚养、成长。要落实儿童利益最佳的原则，把"一切为了孩子"的要求贯穿于收养工作始终，让儿童回归家庭，得到父母的关爱和良好的教育。这一基本原则贯穿于收养法律制度规定的各个方面。例如《民法典》第 1104 条规定："收养年满八周岁以上未成年人的，应当征得被收养人的同意"，从而使其有权表达自己的意志；第 1114 条规定："收养人在被收养人成年以前，不得解除收养关系。""收养人不履行抚养义务，有虐待、遗弃等侵害未成年人合法权益行为的，送养人有权要求解除养父母与养子女间的收养关系。"《民法典》第 1098 条规定，收养人应当具备抚养教育被收养人的能力、未患有医学上认为不应当收养子女的疾病等条件。所有这些规定，都体现了最有利于被收养人的原则的要求。

（二）保障被收养人和收养人的合法权益原则

兼顾收养人和被收养人利益是当今世界各国收养立法的基本原则。该原则重点在于收养关系成立后，应当注重对收养关系中各方权益的有效保护。收养关系一经成立，收养人和被收养人之间就形成了拟制的父母子女关系，具有法律上的权利和义务。因此，收养各方均应依照法律规定，正确地行使权利、履行义务。

（三）禁止借收养名义买卖未成年人原则

《民法典》将"禁止借收养名义买卖未成年人"作为一项基本原则，是对保障被收养人的未成年人利益原则的深化。拐卖未成年人是违法犯罪行为，在这里更加明确地规定这一原则有助于预防收养领域的违法犯罪行为，进一步完善收养制度。《民法典》肯定并坚持这一原则，目的是打击"人贩子"。借收养名义拐骗、买卖儿童的，包括出卖亲生子女的，都属于无效收养行为，自始没有法律约束力；构成犯罪的，依法追究刑事责任。

第二节　收养的成立及效力

收养作为一种民事法律行为，其成立会引起亲属关系的变更，从而直接导致自然人人身财产关系的变化，因此，必须符合法定条件并履行相应法律手续后才具有法律效力。我国《民法典》对收养成立的条件作了明确规定。《民法典》规定了收养人、被收养人和送养人应当具备的一般条件，还基于人道主义和亲属关系对一般条件进行了修订，放宽了收养条件，规定了特殊收养。

一、收养成立的条件

（一）收养人应具备的条件

1. 无子女或只有一名子女

我国《收养法》规定，有子女的人一般不容许收养，这是同我国计划生育的要求相适应的。随着经济社会和人口结构发展形势的变化，国家对计划生育政策进行调整，2015年修正《人口与计划生育法》，由提倡一对夫妻生育一个孩子，改变为"国家提倡一对夫妻生育两个孩子"。为与计划生育的政策相协调，《民法典》将《收养法》中规定的收养人"无子女"的条件修改为"无子女或只有一名子女"。

这里所说的无子女，非指不能生育者。如有生育能力而不想生育，要求收养子女，只要其他条件具备，也可收养子女。

【特殊收养的例外规定】有三种例外情况不受该规定的限制：（1）收养孤儿、残疾未成年人或者儿童福利机构抚养的查找不到生父母的未成年人；（2）华侨收养三代以内旁系同辈血亲的子女；（3）继父或者继母收养继子女。

2. 有抚养、教育和保护被收养人的能力

收养人应具备一定的经济能力和良好的品质，并可为子女接受良好的教育提供一定的物质条件。好逸恶劳，自身不能维持生活的人，不得为收养人。这是从子女利益出发所作的要求。收养生效后，养父母成为子女的法定代理人和监护人，全面承担起父母对子女的监护义务。因此，养父母必须具备抚养、教育和保护被收养人的能力。

【特殊收养的例外规定】继父或者继母收养继子女不受此条的限制。

3. 未患有在医学上不应当收养子女的疾病

这是从子女利益出发对收养人的限制。1991年通过的《收养法》并无此规定，1998年在修正《收养法》的基础上增加了这一条款，但国家对不应当收养子女的疾病并无明确规定。通常理解是患有精神病的人或者是患有严重传染病的人，不能作为收养人。

【特殊收养的例外规定】继父或者继母收养继子女不受此条的限制。

4. 无不利于被收养人健康成长的违法犯罪记录

本项条件是《民法典》对收养人的条件新增加的一项内容，对于保护被收养人的利益具有重要意义。收养人的人格、品行直接关系到被收养人的切身利益，对被收养人的健康成长有重大影响，因此，有不利于被收养人健康成长的违法犯罪记录的自然人不能做收养人。

【特殊收养的例外规定】继父或者继母收养继子女不受此条的限制。

5. 年满 30 周岁

年满 30 周岁，是对收养人最低年龄的规定。若夫妻双方共同收养，夫妻双方均应年满 30 周岁。

【特殊收养的例外规定】继父或者继母收养继子女不受此条的限制。

6. 无子女的收养人可以收养两名子女；有子女的收养人只能收养一名子女

《民法典》第 1100 条对收养人收养子女的数量做了限制，这是出于对收养人抚养能力和被收养人健康成长的考虑。

【特殊收养的例外规定】有两种例外情况不受该规定的限制：（1）收养孤儿、残疾未成年人或者儿童福利机构抚养的查找不到生父母的未成年人，可以不受收养数量的限制；（2）继父母收养继子女不受收养数量的限制。

7. 无配偶者收养异性子女的，收养人与被收养人的年龄应当相差 40 周岁以上

无配偶者收养异性子女的，要求收养人与被收养人的年龄应当相差 40 周岁以上，是基于伦理的考虑。

【特殊收养的例外规定】收养三代以内旁系同辈血亲的子女的，可以不受收养人与被收养人的年龄相差 40 周岁以上的限制。

8. 有配偶者收养子女，须夫妻共同收养

夫妻双方同意收养是已婚当事人收养子女的重要条件。夫妻一方要求收养，另一方不同意时，不应准予收养。它有利于夫妻和睦，有利于对养子女的抚养教育，有利于收养关系的稳定。

（二）被收养人应具备的条件

1. 被收养人一般应是未成年人

法律之所以这样规定，起因于收养关系的特点。收养成年人不利于建立起养父母和养子女间的感情，不利于收养关系的稳定。

根据《民法典》第 17 条的规定，不满 18 周岁的自然人为未成年人。1998 年的《收养法》第 4 条规定被收养人的年龄上限是 14 周岁，《民法典》第 1093 条将被收养人的年龄上限提高到 18 周岁。

2. 其他条件

根据《民法典》第 1093 条的规定，被收养人通常还要符合下列条件之一：（1）丧失父母的孤儿；（2）查找不到生父母的未成年人；（3）生父母有特殊困难无力抚养的子女。

【特殊收养的例外规定】有两种例外情况不受生父母有特殊困难无力抚养的限制：①收养三代以内旁系同辈血亲的子女；②继父母收养继子女。

生父母有特殊困难无力抚养，需要相关单位出具证明。一般是指生父母所在单位或者村（居）委会根据下列证件、证明材料之一，出具的能够确定生父母有特殊困难无力抚养的相关证明：①县级以上医疗机构出具的重特大疾病证明；②县级残疾人联合会出具的

重度残疾证明；③人民法院判处有期徒刑或无期徒刑、死刑的判决书。生父母确因其他客观原因无力抚养子女的，乡镇人民政府、街道办事处出具的有关证明可以作为生父母有特殊困难无力抚养的证明使用。

（三）送养人应具备的条件

【案例 9-1】 姜某与李某于 2010 年结婚，2012 年生一女姜甲，2014 年姜某与李某一同外出时不幸遭遇车祸死亡，姜某的祖父母与外祖父母协商姜甲由其祖父母监护，外祖父母每月给 200 元生活费。2018 年 7 月，姜甲的祖父母要求将姜甲的外祖父母提供抚养费的标准提高到每月 400 元，姜甲的外祖父母表示自己没有能力负担。姜甲的祖父母于是要将姜甲送给他人收养。姜甲的外祖父母知道后非常生气，表示不同意，姜甲的祖父母则认为自己是姜甲的监护人，有权决定是否送养，双方就此发生争执。

任务：请回答姜甲的祖父母在将姜甲送给他人收养时是否应征求姜甲的外祖父母的同意？

根据《民法典》第 1094 条的规定，下列个人、组织可以作为送养人：①孤儿的监护人；②儿童福利机构；③有特殊困难无力抚养子女的生父母。

为保护被送养人的合法权益，《民法典》中还有以下送养的规定需要注意：

（1）《民法典》第 1097 条规定："生父母送养子女，应当双方共同送养。生父母一方不明或者查找不到的，可以单方送养。"单方送养是无效的，因为它侵犯了对方的亲权。离婚后，不论子女随哪一方生活，仍是双方的子女，送养子女时亦须经双方同意。

【特殊收养的例外规定】 有两种例外情况不受生父母有特殊困难无力抚养的限制：一是收养三代以内旁系同辈血亲的子女；二是继父母收养继子女。

（2）《民法典》第 1108 条规定："配偶一方死亡，另一方送养未成年子女的，死亡一方的父母有优先抚养的权利。"享有法定优先抚养权的祖父母、外祖父母应当为死亡一方的父母，即未成年子女的父亲死亡，祖父母享有优先抚养权；未成年子女的母亲死亡，外祖父母享有优先抚养权。配偶一方死亡，另一方送养未成年子女的，应当征得死亡一方的父母的同意。未征得死亡一方的父母的同意送养未成年子女的，死亡一方的父母有权提起诉讼，主张收养行为无效，并要求变更抚养关系。优先抚养权是一项权利，权利人可以行使，也可以放弃。

（3）生父母之外的监护人送养子女时，根据《民法典》第 1095 条规定，需要未成年子女的父母均不具备完全民事行为能力且可能严重危害该未成年人时，该未成年人的监护人才可以将其送养。

（4）监护人送养孤儿的，须受《民法典》第 1096 条规定的限制。监护人送养孤儿的，应当征得有抚养义务的人同意。有抚养义务的人不同意送养，监护人又不愿意继续履行监护职责的，应当依照《民法典》第一编的有关规定另行确定监护人。

在案例 9-1 中，姜甲的父母死亡后，她的祖父母、外祖父母协商由姜甲的祖父母作为姜甲的监护人是合法有效的。由于孤儿的监护人不是未成年人的父母，为了防止孤儿的监护人通过送养损害孤儿的权益，我国一方面规定了孤儿的监护人可以作为送养人，另一方面又对孤儿的监护人实施的送养行为加以限制，我国《民法典》第 1096 条规定，监护人送养孤儿的，应当征得有抚养义务的人同意。有抚养义务的人不同意送养、监护人不愿意继续履行监护职责的，应当依照《民法典》第一编的有关规定另行确定监护人。由于姜甲的外祖父母是姜甲的近亲属，对姜甲有法定的抚养义务。因此，姜甲的祖父母要把姜甲送给他人收养时，必须要经过姜甲外祖父母的同意，否则即使送养了，该送养行为也是无效的。

（四）收养必须经有关当事人同意

收养必须经过收养人、送养人和有识别能力的被收养人同意。有关当事人的同意是收养成立的重要条件。

根据《民法典》第 1104 条的规定，这包括三方面的内容：

1. 收养人同意

一般要求处于婚姻状态的夫妻双方同意。收养人如无配偶，本人同意即可；收养人如有配偶，应取得配偶的同意。

2. 送养人同意

送养人如果是被收养人的生父母，须取得父母双方的同意。如果生父母中有一方不同意，收养不能成立。被收养人由生父母以外的个人或单位监护时，须征得有抚养义务的人的同意。

3. 有识别能力的被收养人同意

如果被收养人是 8 周岁以上的未成年人，应当征得被收养人的同意。

二、收养的程序

【案例 9-2】 马某因炒股失败，债台高筑，遂于 2008 年离家出走，下落不明。2011 年妻子夏某向当地人民法院申请宣告马某失踪，法院经公告查找仍无马某下落后，判决宣告马某失踪。因为夏某身有残疾，家中经济困难，女儿小丽患有先天性疾病无钱医治，2014 年夏某将 7 岁的女儿送给本市结婚多年却无生育的杨某夫妇收养，并办理了收养登记手续。2018 年，多年杳无音讯的马某突然返回家中。当马某得知女儿被他人收养之后，提出未征得他的同意将女儿送养，收养程序违法，坚决要求杨某夫妇将小丽送回。杨某夫妇认为收养已经成立，拒绝了马某的主张。

任务：请回答上述案例中的收养程序是否合法？为什么？

收养的成立不仅要满足一定的条件，而且还要符合一定的程序。它可以保障国家对收养行为进行干预和监督，从而确保公民的合法权益，保障收养关系的稳定，预防和减少收养纠纷。

《民法典》第 1105 条规定："收养应当向县级以上人民政府民政部门登记。收养关系自登记之日起成立。收养查找不到生父母的未成年人的，办理登记的民政部门应当在登记前予以公告。收养关系当事人愿意签订收养协议的，可以签订收养协议。收养关系当事人各方或者一方要求办理收养公证的，应当办理收养公证。县级以上人民政府民政部门应当依法进行收养评估。"

《民法典》规定的收养程序有以下几种：

（一）收养登记程序

《民法典》第1105条第1款明确规定："收养应当向县级以上人民政府民政部门登记。收养关系自登记之日起成立。"登记制度是我国收养的必经程序。这一规定的宗旨，在于使收养关系处于政府职能部门的直接监督之下，并且便于更好地维护收养人的合法权益。

办理收养登记的机关是县级人民政府民政部门。收养查找不到生父母的未成年人，在未成年人发现地的收养登记机关办理登记；收养儿童福利机构抚养的查找不到生父母的未成年人和孤儿，在儿童福利机构所在地的收养登记机关办理登记。收养生父母有特殊困难无力抚养的子女或者由监护人监护的孤儿，由被收养人生父母或监护人常住户口所在地的收养登记机关办理登记。收养三代以内旁系同辈血亲的子女，以及继父或者继母收养继子女的，在被收养人的生父或生母常住户口所在地的收养登记机关办理登记。

办理收养登记包括以下三个步骤：

1. 申请

申请成立收养关系的当事人应当亲自到收养登记机关办理成立收养关系的手续。根据国务院2019年修订的《中国公民收养子女登记办法》第5条规定，收养人应向收养登记机关提交收养申请书和下列证件、证明材料，包括：（1）收养人的户口簿和居民身份证。（2）收养人所在单位或村民委员会、居民委员会出具的本人婚姻状况、抚养教育被收养人的能力等情况的证明，以及收养人出具的子女情况声明。（3）县级以上医疗机构出具的未患有医学上认为不应当收养子女的疾病的身体健康检查证明。（4）收养查找不到生父母的未成年人的，并应当提交收养人经常居住地计划生育部门出具的收养人生育情况证明；其中收养非儿童福利机构抚养的查找不到生父母的未成年人的，收养人还应当提交下列证明材料：①收养人经常居住地计划生育部门出具的收养人无子女或只有一名子女的证明；②公安机关出具的捡拾未成年人报案的证明。（5）收养继子女的，可以只提交居民户口簿、居民身份证和收养人与被收养人生父或者生母结婚的证明。

根据《中国公民收养子女登记办法》第6条规定，送养人应向收养登记机关提交下列证件、证明材料：（1）送养人居民户口簿、居民身份证（组织作监护人的，提交其负责人的身份证件）。（2）儿童福利机构为送养人的，应提交未成年人进入社会福利机构的原始记录，公安机关出具的捡拾未成年人报案的证明，或孤儿的生父母死亡或宣告死亡的证明。（3）监护人为送养人的，应提交实际承担监护责任的证明，孤儿的父母死亡或者宣告死亡的证明或者被收养人生父母无完全民事行为能力并对被收养人有严重危害行为的证明。（4）生父母为送养人的，应提交与当地计划生育部门签订的不违反计划生育规定的协议；有特殊困难无力抚养子女的，还应当提交其所在单位或者村委会、居委会出具的送养人有特殊困难的证明等。其中，因丧偶或一方下落不明由单方送养的，还应当提交配偶死亡或者下落不明的证明；子女由三代以内旁系同辈血亲收养的，还应当提交公安机关出具的或经过公证的与收养人有亲属关系的证明。（5）被收养人是残疾儿童的，应当提交县级以上医疗机构出具的该儿童的残疾证明。

2. 审查

收养登记机关收到收养登记申请书及有关材料后，应当自次日起30日内进行审查。

收养查找不到生父母的未成年人的，收养登记机关应在登记前公告查找其生父母；自公告之日起满 60 日，未成年人的生父母或其他监护人未认领的，视为查找不到生父母的未成年人。公告期间不计算在登记办理期限内。

3. 登记

对符合《民法典》规定条件的，为当事人办理收养登记，发给收养登记证，收养关系自登记之日起成立；对不符合规定条件的，则不予登记，并对当事人说明理由。

我国《民法典》规定，如果生父母一方不明或者查找不到，可以单方送养。因丧偶或一方下落不明由单方送养的，提交配偶死亡或者下落不明的证明。在案例 9-2 中，由于马某离家出走杳无音讯，其妻夏某在马某下落不明期间，是女儿唯一的法定监护人。夏某在办理收养登记中只要提交了配偶下落不明的证明，收养程序就符合我国《民法典》的规定，马某仅以未经本人同意为由主张收养程序违法不应准许。

（二）收养协议程序

根据《民法典》第 1105 条第 3 款规定，收养关系当事人可以就成立收养关系签订协议。签订协议属于当事人的自愿选择，而不是必经程序。签订协议后，仍必须到民政部门办理收养登记，收养关系自登记之日起成立。收养协议通常采用书面形式。

订立收养协议时，收养人和送养人应具备民事法律行为必备的三个条件：一是行为人具有相应的民事行为能力，二是意思表示真实，三是不违反法律或者社会公共利益。订立协议的行为是重要的民事行为，要符合《民法典》关于民事行为生效的条件才能产生法律效力。

（三）收养公证程序

根据我国《民法典》第 1105 条第 4 款规定，收养人和送养人在达成书面的收养协议后，是否还要到公证机关办理收养公证，由当事人各方自行协商。如果收养当事人一方或双方要求办理收养公证，应当办理收养公证。

（四）收养评估程序

根据民政部《收养评估办法（试行）》的规定，收养评估是指民政部门对收养申请人是否具备抚养、教育和保护被收养人的能力进行调查、评估，并出具评估报告的专业服务行为。收养评估应当遵循最有利于被收养人的原则，独立、客观、公正地对收养申请人进行评估，依法保护个人信息和隐私。中国内地居民在中国境内收养子女的，进行收养评估；但是，收养继子女的除外。

民政部门进行收养评估，可以自行组织，也可以委托第三方机构开展。委托第三方机构开展收养评估的，民政部门应当与受委托的第三方机构签订委托协议。民政部门自行组织开展收养评估的，应当组建收养评估小组。

收养评估内容包括收养申请人以下情况：收养动机、道德品行、受教育程度、健康状况、经济及住房条件、婚姻家庭关系、共同生活家庭成员意见、抚育计划、邻里关系、社区环境、与被收养人融合情况等。收养申请人与被收养人融合的时间不少于 30 日。

收养评估流程包括书面告知、评估准备、实施评估、出具评估报告。

（1）书面告知。民政部门收到收养登记申请有关材料后，经初步审查收养申请人、送养人、被收养人符合《民法典》《中国公民收养子女登记办法》要求的，应当书面告知收养申请人将对其进行收养评估。委托第三方机构开展评估的，民政部门应当同时书面告知受委托的第三方机构。

（2）评估准备。收养申请人确认同意进行收养评估的，第三方机构应当选派 2 名以上具有社会工作、医学、心理学等专业背景或者从事相关工作 2 年以上的专职工作人员开展评估活动。民政部门自行组织收养评估的，由收养评估小组开展评估活动。

（3）实施评估。评估人员根据评估需要，可以采取面谈、查阅资料、实地走访等多种方式进行评估，全面了解收养申请人的情况。

（4）出具评估报告。收养评估小组和受委托的第三方机构应当根据评估情况制作书面收养评估报告。收养评估报告包括正文和附件两部分：正文部分包括评估工作的基本情况、评估内容分析、评估结论等；附件部分包括记载评估过程的文字、语音、照片、影像等资料。委托第三方机构评估的，收养评估报告应当由参与评估人员签名，并加盖机构公章。民政部门自行组织评估的，收养评估报告应当由收养评估小组成员共同签名。

收养评估报告应当在收养申请人确认同意进行收养评估之日起 60 日内作出。收养评估期间不计入收养登记办理期限。收养评估报告应当作为民政部门办理收养登记的参考依据。

三、收养成立的效力

收养关系成立后，确立了养父母子女的身份关系，收养人为养父母，被收养人为养子女，相互间产生了法定的权利和义务关系。根据《民法典》第 1111 条、第 1112 条规定，收养关系自成立之日起，便发生以下的法律效力：

（一）收养的拟制效力

【案例 9-3】 郭某田与王某丽结婚后一直没有子嗣。1990 年，人到中年的夫妇二人无奈之下收养了一名男孩，取名郭某伟。1994 年，王某丽意外有了身孕，生下一名女婴，取名郭某美。郭某伟成年后在老人的安排下成家立业。2014 年，郭某田患病，需要大笔医疗费。由于两位老人均已退休，靠退休金维持生活，无力支付，便找到郭某伟，要求其承担一部分医疗费，遭到郭某伟的拒绝。双方协商不成，诉至法院。

郭某田与王某丽提出，郭某伟不顾老人的多年养育之恩，拒不履行赡养义务，违反了国家的法律规定，请求人民法院判决其承担老人的赡养费。郭某伟提出，郭某田与王某丽有亲生女儿郭某美，而且该女儿已经成年并参加工作，有能力赡养老人，自己不应该再承担赡养义务。

任务：请回答本案应如何处理？为什么？

收养的拟制效力是指收养关系的成立导致新的权利义务关系的产生，具体体现在以下两个方面：

（1）自收养关系成立之日起，收养人和被收养人之间确立父母子女的关系，其权利义务关系适用法律关于父母子女关系的规定。

第一，养父母对未成年养子女负有抚养、教育和保护的义务。成年养子女对养父母负有赡养、扶助和保护的义务，双方都不得虐待和遗弃。养父母子女间的上述义务，不因父母离婚而解除。养子女随一方生活，另一方不得拒绝承担抚养义务。养父母不履行抚养义务时，未成年的子女或不能独立生活的成年子女，有要求父母给付抚养费的权利；成年子女不履行赡养义务时，缺乏劳动能力的或者生活困难的父母，有要求成年子女给付赡养费的权利。

第二，养父母与养子女有相互继承遗产的权利。养子女与婚生子女同属第一顺序法定继承人，任何人都不得侵犯和剥夺养子女的继承权，也不得减少养子女的继承份额。

第三，在姓氏问题上，养子女可以随养父的姓氏，也可以随养母的姓氏，由养父母双方商定。收养成立后，改变养子女的姓氏是养父母的一项权利，生父母无权干涉和阻挠。当然，经当事人协商一致，也可以保留原姓氏。

（2）收养成立后，养子女与养父母的近亲属之间产生拟制近亲属关系，其权利义务关系，适用法律关于子女与父母的近亲属关系的规定。

案例 9-3 中，原告郭某田、王某丽夫妇与被告郭某伟之间已形成合法的收养关系，在双方之间发生了收养的效力。《民法典》第 1111 条规定，"自收养关系成立之日起，养父母与养子女间的权利义务关系，适用本法关于父母子女关系的规定"。《民法典》第 26 条规定："父母对未成年子女负有抚养、教育和保护的义务。成年子女对父母负有赡养、扶助和保护的义务。"《民法典》第 1067 条规定："成年子女不履行赡养义务的，缺乏劳动能力或者生活困难的父母，有要求成年子女给付赡养费的权利。"因此，养子女与亲生子女一样，只要是与养父母形成了合法的收养关系，就产生了与亲生子女同样的权利义务，对养父母就应当尽赡养义务。本案被告郭某伟对原告郭某田与王某丽夫妇的赡养义务不能因原告夫妇有亲生女儿而免除，被告应当与原告的亲生女儿共同承担赡养原告夫妇的义务。

（二）收养的解消效力

【案例 9-4】　李某（女）与罗某原系夫妻关系，二人婚后育有三名子女，分别为翟某（女）、罗某磊、罗某萍（女）。其中翟某年幼时即被翟某华收养。2007 年 7 月，李某与罗某经协议离婚。离婚时约定房屋及双方其他共同财产归李某所有，房屋的登记权利人为李某。李某于 2014 年 9 月去世，房屋由罗某磊、罗某萍共同管理，二人将房屋出租。后罗某萍与翟某、罗某磊为房屋继承问题发生纠纷，罗某萍遂向法院提起民事诉讼。

任务：请回答翟某是否可以主张继承房屋的权利？

收养的解消效力是指因收养关系的成立导致原有的权利义务关系的终止。我国的收养属于完全收养。根据《民法典》第 1111 条的规定，养子女与生父母以及其他近亲属的权利义务关系，因收养关系的成立而消除。这具体体现在：一是自收养关系成立之日起，养子女与生父母之间在法律上不再享有父母子女的身份了，彼此间原有的权利义务关系随之消除；二是养子女与生父母的其他近亲属之间的法律身份和原有的权利义务关系也因收养关系的成立而消除；三是收养作为一种法律拟制行为，并不能消除养子女与生父母及其他近亲属间的自然血缘关系，因此，法律关于直系血亲和三代以内旁系血亲间禁止结婚的规定，对养子女及其他近亲属仍然适用。

案例 9-4 中，养子女与养父母形成收养关系后，根据我国《民法典》第 1111 条规定，养子女与生父母及其他近亲属的权利义务关系，因收养关系的成立而消除。因此养子女无权继承其生父母的遗产。本案例中，翟某在未成年时即与翟某华形成收养关系。在被继承人李某死后，翟某虽然是李某的亲生子女，但是自与翟某华形成收养关系后，与李某之间的权利义务关系即消除，故翟某不享有被继承人李某遗产的法定继承权，不能参与房屋的遗产分割。

四、收养行为的无效

收养是一种法律行为，首先应符合《民法典》第一编总则部分规定的法律行为的一般生效要件，收养又是形成身份关系的特殊法律行为，还应符合《民法典》规定的收养的特别生效要件。我国《民法典》第 1113 条明确规定，有本法第一编关于民事法律行为无效规定情形或者违反本编（婚姻家庭编）规定的收养行为无效。无效的收养行为自始没有法律约束力。

（一）收养行为无效的原因

1. 违反一般法律行为的生效要件

（1）收养人或送养人是不具备相应民事行为能力的人，如正处于发病期的精神病、痴呆症患者。无民事行为能力人或限制民事行为能力人不能或不能完全辨认自己的行为，依法不得为收养或送养行为。

（2）收养人或送养人意思表示不真实。一方以欺诈、胁迫的手段或者乘人之危，使对方在违背真实意思的情况下所为的收养行为无效。

（3）收养行为违反了法律或者社会公共利益，如当事人弄虚作假、欺骗收养登记机关。

2. 违反《民法典》婚姻家庭编规定的收养行为

这包括实施收养行为时不具备收养关系成立的实质要件和形式要件的收养行为。例如：收养人未满 30 周岁而收养；收养子女人数超出《民法典》第 1100 条的限制，超出限制部分的收养无效。

（二）收养行为无效的处理程序

1. 诉讼程序

诉讼程序是指由人民法院确认某一收养行为无效。

2. 行政程序

行政程序是指由办理收养登记的机关确认某一收养行为无效。《中国公民收养子女登记办法》第 12 条规定："收养关系当事人弄虚作假骗取收养登记的，收养关系无效，由收养登记机关撤销登记，收缴收养登记证。"

（三）收养行为无效的法律后果

我国《民法典》第 1113 条第 2 款规定："无效的收养行为自始没有法律约束力。"收养无效的后果具有溯及既往的效力，溯及至收养登记时不发生法律约束力。收养的拟制效力和解消效力均视为自始未发生。被收养人与收养人之间未成立父母子女关系，被收养人与其生父母之间的父母子女关系也未消除。

第三节　收养的解除及后果

【案例9-5】 王某（男）和张某（女）婚后一直未生育，于1975年收养了刚出生的小王。1990年，小王成家立业，小两口踏实肯干，日子过得安稳，对养父母也很孝敬，关系一直不错。看见儿子成家立业，王某夫妻非常欣喜，感叹"以后晚年生活有了保障"。2002年张某去世，王某一个人生活。2005年王某的房子漏雨，向小王要1000元修理房屋，小王手头紧不愿给，王某就商量卖掉小王的一棵树，小王不同意，结果没几天小王自己把树卖了。虽然最后小王也给父亲修好了房屋，但因为这件事，父子俩心存芥蒂，当街发生争吵。其后两人矛盾越来越深，逐渐断了来往。王某表示："我含辛茹苦将他养大，就因为一件小事，他和妻子对我不闻不问，亲人处成仇人，我一个老头孤苦伶仃，想死的心都有了。"2017年12月王某诉至法院，要求解除收养关系，并要求小王补偿王某收养期间支出的抚育费6万元，以后每月支付生活费400元。

任务： 请回答1. 本案的收养关系能否解除？2. 王某要求的补偿和支付费用是否能得到支持？

收养关系是基于收养行为而发生的拟制血亲关系。收养关系可以依法成立，也可以依法解除。

一、收养解除的概念

收养的解除是指养父母、养子女生存期间终止收养关系的法律行为。收养关系成立后，除因收养人或被收养人死亡（包括宣告死亡）而自然终止外，还能因依法解除而终止。因为解除收养关系也是一种变更权利义务的民事法律行为，故解除收养也必须符合法律规定的条件并履行一定的法律程序。

二、收养解除的条件

根据《民法典》第1114条、第1115条规定，收养关系的解除条件因被收养人是否成年而有所区别：

（一）被收养人未成年时解除收养关系的条件

收养人在被收养人成年以前，一般不得解除收养关系；但是收养人和送养人双方协议解除的除外，养子女8周岁以上的，应当征得本人同意。该规定一方面要求保障稳定的收养关系，另一方面本着平等自愿的原则，当事人同意可以解除收养关系。

收养人不履行抚养义务，有虐待、遗弃等侵害未成年养子女合法权益行为的，送养人有权要求解除养父母和养子女间的收养关系。这种情况下，被收养人的权利受到严重侵犯，收养的目的也难以实现，因此法律规定送养人在此情况下有权解除养父母与养子女间的收养关系。

（二）被收养人成年时解除收养关系的条件

养父母和成年养子女关系恶化，无法共同生活的，可以协议解除收养关系。不能达成协议时，养父母和成年养子女任何一方均可以向人民法院起诉，请求解除收养关系。如果养父母与养子女关系恶化，根本无法继续共同生活的，收养关系便无法实现补充养老制度的目的，此时任何一方都可以要求解除收养关系。

在案例 9-5 中，小王对王某缺乏必要的尊重和照顾，导致王某对小王失去信任，双方之间的隔阂持续较长的时间，关系确已恶化，无法共同生活，收养关系名存实亡。现王某坚决要求解除收养关系，应予支持。

三、收养解除的程序

根据《民法典》第 1114 条、第 1115 条、第 1116 条规定，解除收养关系的程序有两种：

（一）登记程序

通过民政部门办理登记，从而解除收养关系的程序，适用于收养关系的当事人自愿达成解除收养关系的协议的情形。当事人协议解除收养关系的，应当到民政部门办理解除收养关系登记。

（二）诉讼程序

收养关系的当事人一方或双方要求解除收养关系，经协商不能达成协议的，可以向人民法院起诉，通过诉讼程序解除收养关系。诉讼程序适用于以下情况：

（1）养子女未成年时，送养人和收养人不能达成解除收养关系的协议时，送养人可以向人民法院起诉。

（2）养父母与成年养子女关系恶化，无法共同生活，双方不能达成解除收养协议的，养父母或成年养子女任何一方均可以向人民法院起诉。

四、收养解除的效力

第一，收养关系解除后，养子女和养父母以及养父母其他近亲属间的权利义务关系即行消除。收养关系解除后，养子女与养父母之间不再存在父母与子女的关系，养子女与养父母的近亲属也不再有法律拟制的直系血亲或者旁系血亲关系。

第二，解除收养关系后，未成年养子女和生父母以及其近亲属间的权利义务关系自行恢复；但是成年养子女和生父母以及其近亲属间的权利义务关系是否恢复，可以协商确定。未成年养子女解除与养父母的收养关系后，处于无人抚养的状态，其与生父母及其他近亲属的权利义务关系自行恢复。成年养子女在特定的情况下对已解除收养关系的养父母仍有一定的赡养义务，所以在收养关系解除后，如果直接规定其与生父母及其近亲属的权利义务关系自行恢复，则有可能使其有双重负担，因此，在收养关系解除后，成年养子女与生父母及其近亲属之间是否恢复权利义务关系，由当事人根据自己的意愿决定。

第三，补偿养父母在收养期间所支出的抚养费。收养关系是一种拟制血亲关系。养父母与养子女虽无血缘关系，但在养子女的成长过程中，养父母同样付出了大量的时间、精力、金钱，还有关爱。法律上的收养关系虽可以画上句号，但多年来的亲情与恩情是无法割断的，即使解除收养关系，养子女仍应抱有感恩之心，对含辛茹苦将其养大的养父母尽到赡养之责，以弘扬敬老、养老、助老的中华民族的传统美德。根据我国《民法典》第1118条规定，收养关系解除后，经养父母抚养的成年养子女，对缺乏劳动能力又缺乏生活来源的养父母，应当给付生活费。因养子女成年后虐待、遗弃养父母而解除收养关系的，养父母可以要求养子女补偿收养期间支出的抚养费；生父母要求解除收养关系的，养父母可以要求生父母适当补偿收养期间支出的抚养费；但是因养父母虐待、遗弃养子女而解除收养关系的除外。只有这样，才能更公正合理地保护各方当事人的合法权益。

在案例9-5中，王某并未提供证据证明小王有虐待、遗弃的行为，故人民法院对王某要求小王补偿收养期间支出的抚育费的主张不予支持，但小王仍应给付必要的生活费。

第四节 涉 外 收 养

一、涉外收养的法律适用

涉外收养是指外国人或无国籍人在中华人民共和国境内领养中国儿童为其养子女的法律行为。《民法典》第1109条第1款规定："外国人依法可以在中华人民共和国收养子女。"《中华人民共和国涉外民事法律关系适用法》第28条规定，收养的条件和手续，适用收养人和被收养人经常居住地法律。因此，外国人在华收养子女，应当符合中国有关收养法律的规定，并应当符合收养人所在国有关收养法律的规定。因两国法律的规定不一致而产生的问题，由两国政府有关部门协商处理。

《民法典》第1109条第2款、第3款规定，外国人在中华人民共和国收养子女，应当经其所在国主管机关依照该国法律审查同意。收养人应当提供由其所在国有权机构出具的有关其年龄、婚姻、职业、财产、健康、有无受过刑事处罚等状况的证明材料，并与送养人签订书面协议，亲自向省、自治区、直辖市人民政府民政部门登记。前述规定的证明材料应当经收养人所在国外交机关或者外交机关授权的机构认证，并经中华人民共和国驻该国使领馆认证，但是国家另有规定的除外。

二、涉外收养的程序

根据民政部《外国人在中华人民共和国收养子女登记办法》的规定，涉外收养应履行下列法律手续：

（一）收养人应当提交的材料

收养人应通过外国收养组织向中国收养组织转交跨国收养申请书和下列报告和证明：①出生证明；②婚姻状况证明；③职业、经济收入和财产状况证明；④身体健康检查证明；⑤有无受过刑事处罚的证明；⑥收养人所在国主管机关同意其跨国收养子女的证明；⑦家庭情况报告，包括收养人的身份、收养的合格性和适当性、家庭状况和病史、收养动机以及适合于照顾儿童的特点等。

该报告和证明应由其所在国有权机构出具，经其所在国外交机关或者外交机关授权的机构认证，并经中华人民共和国驻该国使馆和领馆认证。

（二）送养人应当提交的材料

送养人应向省级人民政府民政部门提交本人的居民户口簿、居民身份证（儿童福利机构作为送养人的，应当提交其负责人的身份证件）、被收养人的户籍证明等情况证明，并根据不同情况提交下列有关证明材料：

（1）被收养人的生父母（包括已经离婚的）为送养人的，应当提交生父母有特殊困难无力抚养的证明和生父母双方同意送养的书面意见；单方送养的，应提交配偶死亡或下落不明的证明以及死亡的或者下落不明的配偶的父母不行使优先抚养权的书面证明。

（2）被收养人的父母均不具备完全民事行为能力，由被收养人的其他监护人作为送养人的，应当提交被收养人的父母不具备完全民事行为能力且对被收养人有严重危害证明以及监护人有监护权的证明。

（3）被收养人的父母均已死亡，由被收养人的监护人作为送养人的，应当提交其生父母的死亡证明、监护人实际承担责任的证明以及其他有抚养义务的人同意送养的书面意见。

（4）由儿童福利机构作为送养人的，应当提交弃婴、儿童被遗弃和发现的情况证明以及查找其父母或者其他监护人的情况证明；被收养人是孤儿的，应当提交孤儿父母的死亡或者宣告死亡证明，以及有抚养义务的其他人同意送养的书面意见。

送养残疾儿童的，还应提交县级以上医疗机构出具的该儿童的残疾证明。

（三）收养登记机关审查

收养登记机关对送养人提交的相关证明材料进行审查，对符合法律规定条件的，将被收养人和送养人名单通知中国收养组织。对查找不到生父母的弃婴和儿童，应当在报纸上刊登查找公告。自公告刊登之日起满60日，弃婴和儿童的生父母或者其他监护人未认领的，视为查找不到生父母的弃婴和儿童。

（四）中国收养组织审查

中国收养组织对外国人提交的有关材料进行审查后，将符合法律规定条件的被收养人和送养人的有关情况转交外国收养人。外国人同意收养的，中国收养组织向其发出来华收养子女通知书，同时通知登记部门向送养人发出被收养人已被同意收养的通知。

（五）收养人与送养人签订书面收养协议

收养人与送养人签订书面收养协议后，则共同到被收养人常住户口所在地的省级人民政府民政部门办理收养登记。在办理登记时，收养人应当提供中国收养组织发出的来华收养子女通知书和收养人的身份证件和照片。送养人应提供省级人民政府民政部门发出的被收养人已被同意收养的通知和送养人的居民户口簿和居民身份证（儿童福利机构作为送养人的，为其负责人的身份证件）、被收养人的照片。

（六）登记

收养登记机关对当事人的材料进行审查，审查应在自次日起7日内进行，对符合规定的，办理收养登记，发给收养登记证书。收养关系自登记之日起成立。

此外，对于是否办理公证程序，由当事人自愿选择。但如果收养关系当事人各方或者一方要求办理收养公证的，应当到收养登记地的具有办理涉外公证资格的公证机构办理收养公证。

思考与练习

一、思考

1. 什么是收养？

2. 收养有哪些基本原则？

3. 收养成立的条件有哪些？

4. 收养成立的程序有哪些？

5. 收养成立的效力有哪些？

6. 收养解除的条件和程序有哪些？

7. 收养解除的效力有哪些？

二、练习

（一）单项选择题

1. 收养关系成立后，养子女和亲生父母的（　　）。

　　A. 权利义务和自然血缘关系都消灭

　　B. 权利义务和自然血缘关系都不消灭

　　C. 权利义务关系消灭，自然血缘关系不消灭

　　D. 权利义务关系不消灭，自然血缘关系消灭

2. 吴某（女）16 岁，父母去世后无其他近亲属，吴某的舅舅孙某（50 岁，离异，有一个 19 岁的儿子）提出愿将吴某收养。孙某咨询律师收养是否合法，律师的下列哪一项答复是正确的？（　　）

　　A. 吴某已满 16 岁，不能再被收养

　　B. 孙某与吴某年龄相差未超过 40 岁，不能收养吴某

　　C. 孙某已有子女，不能收养吴某

　　D. 孙某可以收养吴某

3. 甲是一名没有配偶的男性，收养女性时，收养人和被收养人年龄应当相差多少周岁以上？（　　）

　　A. 25　　　　　　B. 35　　　　　　C. 40　　　　　　D. 45

（二）多项选择题

1. 未成年人属于（　　）情况之一的可以被收养。

　　A. 丧失父母的孤儿

　　B. 查找不到生父母的未成年人

　　C. 生父母有特殊困难无力抚养的子女

　　D. 非婚生子女

2. 小墨现年 9 周岁，生父马某已故，生母徐某虽有抚养能力，但因准备再婚决定将其送养。徐某的姐姐要求收养小墨，她系华侨富商，除已育有一子外符合收养人的其他条件；马某父母为退休教师，也要求抚养。下列哪些选项是正确的？（　　）

A. 徐某因有抚养能力不能将小墨送其姐姐收养

B. 徐某的姐姐因有子女不能收养小墨

C. 马某父母有优先抚养的权利

D. 收养应征得小墨同意

3. 收养人一般应同时具备下列哪些条件？（   ）

A. 无子女或者只有一名子女

B. 年满 30 周岁

C. 夫妻一方无生育能力

D. 有抚养、教育和保护被收养人的能力

（三）**案例练习**

孟某（男）与张某夫妇原来在陕西省工作，结婚多年，双方仍未生育，经多次商定领养了朋友刘强的 6 岁的女儿，取名叫孟青。孟某夫妻对孟青疼爱有加，小家庭很和睦。后来孟某夫妇调到北京工作。在孟青 12 岁那年，养父孟某因车祸去世。养母张某两年后与一名丧偶男性林某结为夫妻，从此家中矛盾不断。继父经常寻找各种借口挑剔孟青，想让孟青离开这个家。2016 年，因为怕女儿受到伤害，张某将养女的生父母邀至北京共商解决办法。双方商定，刘强夫妇暂时将孟青带回，等一年后做好林某的工作，张某再将孟青接回家。孟青最初不愿回到生父母那里，但想到养母的难处只好同意，但要求养母尽快接自己回家。孟青走后，张某常给女儿去信，信中仍以母女相称，但张某与后夫的关系并未缓和。2018 年，张某患病住院，医院诊断其为肝癌晚期。住院期间，张某一再请求刘强夫妻将女儿送回。但当孟青赶到北京时，张某已经病故。林某以孟青已回到生父母身边为由，拒绝孟青参加丧事，并提出不允许孟青继承养母张某的遗产。

【**任务**】请回答本案中孟青与张某的收养关系是否已经解除？

实训三　家庭关系

【案件来源】

2021 年 6 月，王某来到某律师事务所对自己遇到的法律纠纷进行咨询，请求律师出具法律意见书，某律师接待了王某。王某的基本情况：王某，女，1965 年 7 月 4 日出生，汉族，现住×省×市×区×街×号。

【案情简介】

李某与王某于 1985 年登记结婚，婚后育有 1 个女儿李小某，2020 年年初李某被检查出癌症晚期，被送往河北省某医院治疗，2020 年年底，李某因治疗无效去世。李某死后，其名下留有 3 套房产，其中 2 套为李某与王某婚后购买，1 套为李某父亲遗嘱中确定由李某继承的遗产，李某并未留下遗嘱。2021 年 1 月，陌生人梅某出现，声称其与李某共同生育一子梅小某。梅某出具一份李某的遗嘱，遗嘱记载李某已经将其父亲的房子分配给梅某及其儿子，梅某及其儿子要求继承李某父亲的房产。梅某出具的遗嘱上有李某的签字并按了手印，但遗嘱上没有其他见证人签字。王某不同意将房产交给梅某及其儿子梅小某，双方争执不下。2021 年 5 月，梅某将王某及其女儿李小某诉至法院，要求按照李某的遗嘱分配遗产。王某收到了法院邮寄的应诉通知书、起诉状、梅某提交到法院的证据材料、开庭通知书。

【任务前提】

律师接受委托后，对王某遇到的法律纠纷进行了客观的分析，对重要问题提出了自己的观点。由于该律师还有其他重要工作，找到律师助理，向其简单介绍了案情和自己的想法，要求助理将自己的观点整理成成熟的法律意见书，并把法律意见书的其他部分补充完整。下面为律师助理记录的法律意见书的部分：

法律意见书

致王女士：

　　我所接受您的委托，认真研读了您提供的证据资料，承办律师在此信息基础上，就您与梅某遗产纠纷一案依法出具法律意见书，仅供参考。

　　一、案件基本事实：

　　……

　　二、当事人提供的证据材料

　　……

　　三、归纳焦点

　　……

四、案情分析及相关法律法规

1. 根据《中华人民共和国民法典》第 1136 条之规定，打印遗嘱应当有两个以上见证人在场见证。遗嘱人和见证人应当在遗嘱每一页签名，注明年、月、日。

具体到本案，根据梅某出示的遗嘱应当属于法律规定的打印遗嘱，虽然遗嘱有李某的签字与手印，但根据《中华人民共和国民法典》的规定打印遗嘱应当有见证人的见证。本案中，梅某出具的遗嘱只有李某的签字和手印，缺少见证人的签字，故该遗嘱存在瑕疵，不能根据该遗嘱进行继承。

【学习任务】

假如你是该律师助理，请补全法律意见书。

【任务提示】

首先，梅某和梅小某能否继承李某的遗产？遗嘱无效并不意味着梅某和梅小某当然地不能继承李某的遗产。法律意见书应当回答谁有权继承遗产的问题。其次，须确定梅某和梅小某继承遗产的范围。遗嘱无效，不能按遗嘱分割的财产，应当进行法定继承。法定继承人只能继承被继承人的个人财产，故该案涉及的法律问题主要是夫妻财产的分割问题。

第四单元　离婚制度

第十章　离婚条件和离婚程序

知识目标

- 能够准确再现离婚的概念和特征，能够准确再现专权离婚主义、限制离婚主义、自由离婚主义的概念。
- 能够准确再现行政程序离婚的条件和程序。
- 能够准确再现诉讼程序离婚的法定条件。
- 能够准确再现诉讼程序离婚的两个特别程序的特殊点。

能力目标

- 面对离婚纠纷，能够准确判断当事人是否符合行政程序离婚的条件，指导当事人办理离婚登记，最大限度保护当事人合法权益。
- 面对离婚纠纷，能够迅速判断当事人是否符合判决离婚的法定条件，能够辨别离婚纠纷案件与一般民事诉讼案件诉讼程序的主要区别，能够即时、准确识别诉讼程序离婚中的两个特殊保护对象。

素养目标

- 逐渐培养保障当事人离婚自由，反对当事人草率离婚的自觉意识。
- 逐渐培养崇法尚法的自觉意识。
- 逐渐培养服务观念，耐心向当事人释法明理的自觉意识。

【引例】

甲（男）、乙（女）为取得单位分配住房资格，商议先假离婚，房子分到手后再办理复婚手续。2011年10月二人到婚姻登记机关办理了离婚登记。房子分到后，双方怕单位发现真相影响不好，暂时未复婚。2013年3月甲因为工作变动与丙（女）认识，很快便产生感情两人登记结婚。乙知道后到婚姻登记机关和盘托出假离婚的真相，要求婚姻登记机关宣告自己和甲离婚登记无效，恢复婚姻关系，并要求撤销甲和丙的结婚登记。

【任务要求】

请思考婚姻登记机关是否会因乙的请求宣告其与甲登记离婚无效？甲与丙的婚姻登记是否有效，乙要求撤销甲和丙的婚姻登记能否得到登记机关的支持？依据是什么？

【案例知识点提示】

登记离婚；登记离婚条件；假离婚

第一节　离婚制度概说

一、婚姻的终止

婚姻的终止是指合法的夫妻关系因发生一定的法律事实而归于消灭。婚姻终止因两种法律事实的发生而发生：一是婚姻当事人一方的死亡（包括自然死亡和宣告死亡），二是离婚。婚姻终止的原因不同，其法律后果也不同。

（一）婚姻因配偶死亡而终止

配偶死亡是婚姻终止的原因之一。配偶死亡可分为自然死亡和宣告死亡。配偶自然死亡使构成婚姻关系的主体不再完整，必然引起夫妻关系的消灭，并引起相应的法律后果。

1. 婚姻因配偶一方自然死亡而终止

配偶一方自然死亡，夫妻间的权利义务消灭，婚姻关系自然终止。因配偶一方死亡而终止婚姻的效力，只限于对夫妻双方的内部效力，即夫妻之间的人身关系和财产关系上的权利义务不复存在。但夫妻以外的婚姻效力并不当然消灭。在实际生活中，有的还继续与死亡配偶的亲属保持关系，甚至共同生活。

2. 婚姻因配偶一方被宣告死亡而终止

宣告死亡是指经利害关系人申请，法院依照法定程序作出宣告下落不明的自然人死亡的判决。按照我国《民法典》的规定，宣告死亡与自然死亡产生同样的法律效力，即夫妻间的权利义务消灭，婚姻关系自然终止。

宣告死亡是一种法律上的推定，所以被宣告死亡的人存在着已经死亡和没有死亡两种可能。当被宣告死亡人重新出现或得知其确未死亡的情况下，须经本人或利害关系人申请、由法院撤销原宣告死亡的判决。《民法典》第51条规定："被宣告死亡的人的婚姻关系，自死亡宣告之日起消除。死亡宣告被撤销的，婚姻关系自撤销死亡宣告之日起自行恢复。但是，其配偶再婚或者向婚姻登记机关书面声明不愿意恢复的除外。"

而被宣告失踪人与配偶并不因失踪宣告而终止婚姻关系，宣告失踪期间双方均不得再婚。如果宣告失踪之后，又被宣告死亡的，则婚姻关系自宣告死亡之日起终止。

（二）婚姻因离婚而终止

离婚是配偶生存期间解除婚姻关系的法律行为。它具有以下法律特征：

1. 从主体上看，离婚是夫妻双方的行为

没有合法的婚姻关系，即没有合法的夫妻身份，就不存在离婚问题，因为离婚就是解除合法的婚姻关系。如男女双方解除同居关系就不是离婚。违反婚姻家庭法，即使骗取了结婚证的，也只能宣告婚姻无效或撤销，不得按离婚办理。

2. 从内容上看，离婚终止了夫妻间的人身关系和财产关系

离婚会产生夫妻人身关系的消灭、子女抚养关系的变化、夫妻财产的分割等法律后果。离婚不同于配偶一方死亡的法律后果，不但具有对内的效力，而且还具有对外的效力。

3. 从程序上看，离婚必须依照法律程序来办理

婚姻家庭法规定，离婚有两个程序，即行政程序和诉讼程序，这两种程序的适用条件、具体的步骤各不相同。夫妻双方想要离婚，必须按照法定的程序来办理。双方私下协议离婚或一方宣布解除婚姻关系等自行离婚的行为是无效的。

（三）离婚与婚姻无效、撤销的区别

离婚与婚姻的无效和撤销，从形式上都是婚姻关系的解除，但实质上它们是不同的法律制度。离婚是解除合法有效的婚姻关系的法律手段，婚姻无效和撤销是违法婚姻的法律后果，它们有本质的区别。

1. 形成原因不同

离婚的原因一般发生在结婚之后，而导致婚姻的无效和可撤销原因是发生在结婚之时。

2. 请求权行使时间不同

离婚请求权只能在双方当事人生存期间行使；而无效婚姻的请求权既可在双方当事人生存期间也可在当事人双方或一方死亡后行使；撤销权必须在胁迫行为结束之日起或应当知道撤销事由之日起一年以内行使。

3. 时间效力不同

离婚自离婚之日起解除夫妻关系，没有溯及力；婚姻无效和撤销则自始无效，具有溯及力。

4. 请求权主体不同

离婚诉讼请求主体限于婚姻当事人；而婚姻无效的诉讼请求主体不局限于婚姻当事人，利害关系人也可以行使；撤销婚姻的请求主体仅限于婚姻当事人本人。

5. 适用程序不同

离婚既可依诉讼程序由人民法院处理，也可依行政程序由婚姻登记机关办理；而婚姻的无效、婚姻的撤销只能依诉讼程序由人民法院处理。

6. 法律后果不同

离婚依法产生一系列终止婚姻关系的法律后果，如夫妻财产分割、夫妻债务清偿、确定婚生子女抚养权等；而婚姻无效与撤销，当事人之间自始不产生婚姻关系的法律效力，当事人的财产不按夫妻财产分割，子女为非婚生子女。

（四）离婚与别居

别居是中世纪禁止离婚主义而缓解夫妻关系的一种辅助手段，是国外立法中的一项制度。别居是指由当事人申请，经法院裁决，从而永久解除或暂时解除夫妻同居义务，但保留其夫妻关系的法律行为。可见，别居只解除夫妻间同居义务，而不解除婚姻关系的其他义务；离婚则是全面解除夫妻间的权利义务关系。别居者双方均不得结婚，否则视为重婚；而离婚者双方都有再婚的权利。可见别居和离婚是完全不同的。在现代社会，别居制度虽仍然被一些国家所采用，但已不再是禁止离婚的补救手段，而是作为缓解夫妻矛盾的一种方式或作为离婚前的过渡期，衡量婚姻关系是否彻底破裂。

（五）离婚的种类

对于离婚，我们可以从不同的角度加以认识和分类，以更全面地了解离婚的含义。一

般从三个角度对离婚进行分类：一是从当事人的态度来分，可分为双方自愿离婚和一方要求离婚；二是从离婚的程序来分，可分为行政程序的离婚和诉讼程序的离婚；三是从解除婚姻关系的方式来分，可分为协议离婚和判决离婚。

二、离婚制度的沿革

自一夫一妻制的婚姻家庭制度产生以后，就开始了离婚制度产生、发展的历史。它和结婚制度同时产生，并随着社会的发展而发展变化。它经历了奴隶社会、封建社会、资本主义社会和社会主义社会几个历史阶段。从立法原则的发展变化看，它经历了禁止离婚主义到许可离婚主义的发展变化，下面我们从禁止离婚主义和许可离婚主义立法上看一下离婚制度的沿革。

（一）禁止离婚主义

禁止离婚主义是指禁止一切离婚的主张，即任何情况下夫妻都不得解除婚姻关系，它产生于基督教盛行于中世纪。到公元 313 年，教会被统治阶级所用，罗马皇帝康士坦丁信教，教会地位得到提高，使其迅速发展并成为国教，实现政教合一，甚至教皇居于国王之上。教会法对人们的婚姻家庭问题直接进行干预，禁止离婚主义就是对离婚的一种主张。按这个主张，夫妻关系恶劣无法共同生活的也不能离婚，而只是采取别居的办法，别居制度是作为禁止离婚的辅助手段而存在的。这一时期别居制度的意义同现代资本主义国家别居制度的意义是不同的，现代资本主义国家的别居制度是许可离婚的补充形式，是离婚的过渡形式，是为缓和矛盾而采取的，如果矛盾仍不能解决，则可由别居转为离婚。

（二）许可离婚主义

许可离婚主义是指允许夫妻一方或双方离婚的主张。许可离婚主义和禁止离婚主义是相对立的。它分为单方要求离婚和双方协议离婚。在各个不同的历史阶段，由于经济、政治和男女社会地位等方面的不同，它也是有所区别的。它经历了专权离婚主义、限制离婚主义和自由离婚主义三个阶段。

1. 专权离婚主义

专权离婚主义是指允许男子单方面离婚的主张。在奴隶社会和封建社会里，解除婚姻关系是丈夫的特权，妻子无离婚权。在《汉谟拉比法典》中就有丈夫可随意抛弃妻子的规定，在罗马法的"夫权婚姻"中丈夫有随意离弃、卖掉妻子的权利。还有我国古代的"七出"都是典型的专权离婚主义。丈夫享有离婚特权，也叫休妻。这种离婚以丈夫及其父母的意志为转移。男子在家庭中居于统治地位，男女结合后，女子的人身和财产权利均属于丈夫所有。它反映了男尊女卑的不平等的社会现象。古代的离婚立法最初多采取专权离婚主义。

2. 限制离婚主义

限制离婚主义是指允许人们离婚，但要有一定的限制，即要求一方构成错误或存在规定离婚的各种理由。因此，称为"有因离婚原则"，又因这种离婚须经法院裁判，所以又称为"裁判离婚"或"诉讼离婚"。早期限制离婚的法定理由限定为有责（即有过错），即婚姻当事人一方有违反法律规定的夫妻关系的准则和道德的行为，这种立法主义被称为"过错离婚原则"或"有责离婚原则"。后期的立法又将一些虽然不是当事人主观上有过错，但存在影响维持夫妻关系的情形，如生理缺陷、患精神病、生死不明等，也作为离婚的理由。导致这些原因在当事人主观上是无责任的，即无过错的。这种立法主义被称为"目的主义"，也称"无责离婚主义"。限制离婚主义一方面允许离婚；另一方面又认为离婚不是随随便便的，所以认为有加以限制的必要。限制离婚主义从形式上看，离婚理由适用于夫妻双方，比专权离婚主义又进步了，但实际上仍是严于女性而宽于男性。

3. 自由离婚主义

自由离婚主义即依照当事人一方或双方的意志而离婚的主张。自由离婚主义是依据当事人的意愿来决定是否解除婚姻关系，无论过错方还是无过错方都可依据法定的程序提出离婚请求。自由离婚主义的主体在法律地位上是平等的，也就更符合婚姻的本质。自 20世纪 60 年代以来，许多主要西方国家对离婚立法进行改革，强调自由离婚主义。自由离婚主义成为现代立法发展趋势，被更多国家所实行。

自由离婚主义与限制离婚主义的区别主要体现在以下几方面：

（1）自由离婚主义赋予当事人离婚诉权，不管有无过错；而限制离婚主义则有条件地赋予当事人离婚诉权，也就是对有过错一方则限制其离婚请求权。

（2）自由离婚主义对法定离婚理由只作概括性规定，而限制离婚主义则列举法定理由。

（3）自由离婚主义能更广泛地保护当事人的合法权利，而限制离婚主义在保护当事人合法权利的范围上则受到一定限制。因为自由离婚主义是概括性地规定了法定离婚理由，而限制离婚主义则是列举法定离婚理由。

（4）自由离婚主义有利于真正实现男女平等，而限制离婚主义则有利于男方。

三、我国封建社会离婚的主要方式

（一）出妻

出妻也称休妻，是专权离婚、夫权统治的象征。出妻产生于我国奴隶社会的"七出"，是男子"出妻"的七个理由，在封建社会中，妇女主动提出离婚为礼法所不容，但男子却可以在一定条件下"出妻"即休妻。它最早是礼制上的要求，后来则被统治阶级以法律形式固定下来。"七出"，又称"七弃"，七个理由分别如下：一是不顺，为其逆德也，指妻子得不到父母（即公婆）的欢心，公婆可以要求丈夫与妻子离婚；二是无子，为其绝世也，指妻子不生儿子，绝了夫家的后代；三是淫，为其乱族也，指妻子有不贞节的行为，乱了夫家的血统；四是妒，为其乱家也，指妻子有妒忌心理，影响了丈夫娶妾等；五是有恶疾，为其不可与其粢盛也，指妻子得了重病，不能一起来祭祖先；六是多言，为其离亲也，指妻子对家事多言多语，离间家庭关系，影响和睦；七是盗窃，为其反义也，指妻子擅自动用家庭财产，是盗窃行为，违反了封建制度所谓的"义"。妻子如果犯了其中的一条，丈夫就可以把妻子休弃。这是我国封建社会中最常见的离婚方式。

在特殊情况下，我国古代的礼和法还用"三不去"对"七出"进行一定的限制，"三不去"是指在法定的三种情况下，丈夫不能适用"七出"休妻。"三不去"包括：①尝更三年丧不去，即妻子为公婆服过三年丧，不能休；②贱取贵不去，即先贫后富，原来娶妻时，夫家贫贱，后来富贵了，不能休；③有所受而无所归不去，即妻子无处可回的不能休。但是，对于"七出"中的淫和有恶疾的，不适用"三不去"的规定。"三不去"是对男子专权离婚主义的一种限制性规定，但它无法改变妇女被"出"、被"休"的悲惨处境。

（二）义绝

义绝是我国古代特有的一种强制离婚的方式，是指夫妻间、夫妻一方和他方亲属间，双方亲属间，凡发生了法律所指明的事由，经官司处断，这种婚姻就被认为违背了夫妇之义。不论夫妻双方的意愿如何，必须强制离异，违者受刑事处罚。

根据《唐律疏议》记载，义绝有以下五种情况：①夫殴妻之祖父母、父母，杀妻之外祖父母、伯叔父母、兄弟、姑、姊妹；②祖父母、父母、外祖父母、伯叔父母、兄弟、姑、姊妹之间相杀；③妻殴詈夫之祖母、父母、杀伤夫之外祖父母、伯叔父母、兄弟、姑、姊妹；④妻与夫之缌麻以上亲属通奸或夫与妻母奸；⑤妻欲害夫者。"义绝"在很大程度上是出于维护封建制度的伦理纲常，巩固宗法家庭制度，它对男女双方的规定是不平等的。在"义绝"的五项理由中，除第二项对夫妻要求是一样的外，其余各项理由中妻的责任都比夫重。如夫对妻的祖母等亲属，必须有殴、杀的事实，才可构成义绝，而妻对夫的祖父母等亲属，仅有詈、伤的事实，就可构成义绝。至于第二项规定中的事由实际与妻本人无关，但也作为义绝的理由，当事人充当了封建礼教的牺牲品。

（三）和离

和离相当于现在的协议离婚。《唐律·户婚》规定："若夫妻不相安谐而和离者，不坐。"《唐律疏议》中解释："谓彼此情不相得，两愿离者，不坐。"但实际上这种规定一般为具文。由于妇女受到封建制度和封建思想的束缚，社会和家庭地位又都低于男子，所以"和离"也只是形式上的，实际上愿不愿离婚，还主要取决于男子。

（四）呈诉离婚

呈诉离婚，指夫妻一方基于特定原因向官府提起离婚诉讼。除上述三种离婚方式外，我国封建法律还曾规定，由于某些特定的原因，夫妻一方可向官府呈诉离婚。男方诉请离婚的原因，如"妻背夫在逃""妻殴夫"等；女方诉请离婚的原因，如"夫逃亡三年以上不归""夫典雇其妻""妻因受夫之祖父母、父母非理相殴至笃疾"等。

四、我国近代、现代离婚制度的演变

（一）国民政府民法中的离婚制度

国民政府民法亲属编中有关离婚的规定，是我国半殖民地半封建社会的离婚制度在法律上的集中体现。该法的离婚方式有两种，即两愿离婚和判决离婚。

1. 两愿离婚

两愿离婚即夫妻双方合意解除婚姻关系。"夫妻两愿离婚者，得自行离婚。但未成年人应得法定代理人之同意。"（第1050条）"两愿离婚后，关于子女之监护，由夫任之。但另有约定者，从其约定。"（第1051条）该法对两愿离婚后的生活问题未作任何规定，对于没有独立经济地位的旧社会妇女来说，她们的离婚权利实际上是很难实现的。

2. 判决离婚

判决离婚是夫妻双方无法达成协议或夫妻一方违反法定理由时，另一方向法院提请离婚，法院裁判离婚。法定理由："夫妻一方，以他方有下列情形之一者，得向法院请求离婚：①重婚者；②与人通奸者；③夫妻一方，受他方不堪同居之虐待者；④妻对于夫之直系亲属为虐待，或受夫之直系尊亲属之虐待，致不堪为共同生活者；⑤夫妻之一方以恶意遗弃他方在继续状态中者；⑥夫妻之一方意图杀害他方者；⑦有不治之恶疾者；⑧有重大不治之精神病者；⑨生死不明已逾三年者；⑩被处三年以上之徒刑或因犯不名誉之罪被处徒刑者"。(第 1052 条)

（二）新中国的离婚制度

1. 新中国离婚制度的发展

新中国的离婚制度，首先起源于中华人民共和国成立前的革命根据地立法。中华人民共和国成立后，在 1950 年和 1980 年的《婚姻法》中得到了进一步发展。1950 年颁布的《婚姻法》继承了革命根据地离婚立法的优良传统，对双方自愿离婚和男女一方要求离婚都作了规定。1980 年《婚姻法》则进一步规定了准予离婚的法定条件，使离婚纠纷的处理有了明确的根据。2001 年《婚姻法（修正案）》在坚持准予离婚的法定条件基础上，为了解决我国离婚标准过于原则、操作性差的情况，增加了认定夫妻感情确已破裂的列举性理由，并增设了离婚损害赔偿制度，进一步完善了婚姻制度。2020 年《民法典》延续了这一立法精神，并进一步对认定夫妻感情确已破裂的列举性理由进行了补充。

我国婚姻家庭法为离婚规定了两种不同的法律程序：依行政程序办理离婚登记和依诉讼程序提出离婚请求。当事人的离婚问题、离婚纠纷可以在婚姻登记机关、人民法院的帮助和监督下，通过协议或判决得到正确处理。

2. 离婚立法的指导思想

离婚立法的指导思想是离婚立法的出发点和立法依据。保障离婚自由，反对轻率离婚是中华人民共和国成立后两部《婚姻法》规定的离婚制度的指导思想，体现了我国离婚制度的重要特征。2001 年《婚姻法（修正案）》在保证婚姻自由、反对轻率离婚的基础上进一步强化了离婚救济，体现了保护弱者利益的社会正义和法律公平。2020 年《民法典》婚姻家庭编在行政程序离婚中增加了离婚冷静期制度，对轻率离婚予以限制。

保障离婚自由就是保障婚姻当事人依法行使解除婚姻关系的权利，是保障婚姻自由的重要组成部分，使那些名存实亡的婚姻关系得以解除也是社会和谐稳定的需要。失去存在条件的婚姻关系已无法发挥家庭的职能，也会给对方和家人带来痛苦。因此一旦婚姻已无存在的价值就应该解除。反对轻率离婚和保障离婚自由的目的是一致的。反对轻率离婚是指反对那些对婚姻不严肃不负责任的行为。婚姻关系是重要的人身关系，不仅关系到婚姻当事人双方，还关系到家庭成员的幸福和社会的稳定。只有对那些只是为了追求个人的享乐刺激，喜新厌旧，见异思迁，把婚姻视同儿戏的不道德行为进行约束限制，才能真正实现婚姻自由。

第二节 行政程序的离婚

【案例 10-1】 甲（男）和乙（女）一起在外地打工产生感情，双方均已符合结婚实质要件。但双方嫌返乡办理结婚登记手续太麻烦，便在没有办理结婚登记的情况下，即以夫妻名义同居生活，一年后生育一女。因为乙没生儿子，甲开始嫌弃乙，后发展到经常打骂乙，至无法共同生活。乙提出离婚，要求女儿随自己生活，甲同意，且无财产争议。为防止以后再婚存在隐患，甲、乙决定到婚姻登记机关办理离婚手续。

任务： 请回答婚姻登记机关能否给他们办理离婚登记，理由是什么？

一、行政程序离婚概念

行政程序的离婚又称协议离婚、双方自愿离婚，是指当事人双方出于离婚合意且对子女和财产问题达成一致，通过有关机关认可解除婚姻关系。在我国依行政程序，由婚姻登记机关对当事人的离婚申请进行审查、登记，符合登记条件的准予登记，发给离婚证，双方的婚姻关系终止。

协议离婚和结婚行为一样，在行为性质上属于法律行为而不是事实行为。当事人达成离婚合意后，还必须经主管机关审查批准，二者结合才构成协议离婚制度。当事人从取得离婚证起，解除夫妻关系。协议离婚制度是古老的，我国古代的和离制度及国民党时期的两愿离婚都属于此；协议离婚制度也是先进的，因为它注重婚姻双方当事人的主观意愿，是有利于婚姻自由程度提高的离婚制度。这种离婚方式不追究离婚的具体理由，有利于保护个人隐私权，并消除离婚中的对立情绪，因而是较先进的，但也容易产生弊端。有的当事人不考虑婚姻所应承担的社会责任而草率离婚，有的当事人为逃避共同义务或为获得共同利益而假离婚。

二、办理离婚登记的法定条件

（一）双方当事人必须具有完全民事行为能力

我国《婚姻登记条例》第12条第2项规定，办理离婚登记的当事人属于限制民事行为能力人或无民事行为能力人的，婚姻登记机关不予受理。为维护夫妻双方的合法权益，夫妻一方为无民事行为能力人或限制行为能力人的，离婚只能依诉讼程序进行。

（二）男女双方要求离婚且确有离婚合意

《婚姻登记条例》第12条第2项规定，未达成离婚协议的，婚姻登记机关不予受理。夫妻就解除婚姻关系必须达成协议而且有离婚合意。

（三）男女双方办理过结婚登记，持有结婚登记证明

根据《婚姻登记条例》第12条规定，离婚的主体是夫妻，未办理结婚登记的同居者不予办理离婚登记。结婚登记不是在中国内地办理的，也不予办理离婚登记。

（四）对子女抚养和财产、债务等问题已作了适当的安排和处理

双方协议离婚必须对子女、财产、债务有适当的安排和处理。对子女的安排，主要指子女由谁抚养（子女8周岁以上的应征求子女意见）、抚养费的数额、支付方法、非抚养方的探视安排等。财产、债务的处理，是对夫妻财产的分割，对夫妻债务的清偿。对财产的处理不得损害国家、集体和第三人利益。

（五）双方的离婚协议应符合有关法律规定

双方协议离婚，实际上是一种双方民事法律行为，应符合《民法典》关于双方民事

法律行为的一般规定。《民法典》第 143 条规定，具备下列条件的民事法律行为有效：①行为人具有相应的民事行为能力；②意思表示真实；③不违反法律、行政法规的强制性规定，不违背公序良俗。双方的离婚协议，应符合上述规定。

三、离婚的机关及程序

（一）办理离婚登记的机关

《婚姻登记条例》第 2 条规定："内地居民办理婚姻登记的机关是县级人民政府民政部门或者乡（镇）人民政府，省、自治区、直辖市人民政府可以按照便民原则确定农村居民办理婚姻登记的具体机关。"

（二）办理离婚登记的程序

根据《民法典》第 1076 条规定："夫妻双方自愿离婚的，应当签订书面离婚协议，并亲自到婚姻登记机关申请离婚登记。离婚协议应当载明双方当事人自愿离婚的意思表示和对子女抚养、财产以及债务处理等事项协商一致的意见。"男女双方自愿离婚的程序是依法办理离婚登记。离婚登记的程序可分为申请、受理、冷静期、审查、登记五个环节。

1. 申请

自愿离婚的男女双方，在对子女、财产及债务适当处理后，应持本人户口证明、身份证、本人结婚证、双方当事人共同签署的离婚协议书，双方共同到一方户口所在地的婚姻登记机关申请离婚登记，在婚姻登记机关现场填写的《离婚登记申请书》。离婚登记申请不得代理。

2. 受理

婚姻登记机关按照《婚姻登记工作规范》有关规定对当事人提交的材料进行初审。申请办理离婚登记的当事人有一本结婚证丢失的，当事人应当书面声明遗失，婚姻登记机关可以根据另一本结婚证受理离婚登记申请。

3. 冷静期

《民法典》第 1077 条第 1 款规定："自婚姻登记机关收到离婚登记申请之日起三十日内，任何一方不愿意离婚的，可以向婚姻登记机关撤回离婚登记申请。"撤回离婚登记申请的，当事人应当亲自填写《撤回离婚登记申请书》。这三十日的期限就是离婚冷静期。第 2 款规定："前款规定期限届满后三十日内，双方应当亲自到婚姻登记机关申请发给离婚证；未申请的，视为撤回离婚登记申请。"所以，撤回离婚申请的方式为两种：一是明示撤回；二是默示撤回，即离婚冷静期届满后三十日内未申请发给离婚证。

4. 审查

婚姻登记机关对当事人出具的证件、证明材料进行审查并询问相关情况。在审查中须查明以下几个问题：

（1）离婚申请人双方是否都有行为能力。如发现双方或一方为无行为能力人或限制行为能力人，不予登记。告知当事人通过诉讼程序解决。

（2）对子女问题是否已有适当安排。

（3）对财产问题及债务清偿问题是否已适当处理。

（4）证件是否齐全。

（5）是否办理过结婚登记。

（6）其结婚登记是不是在中国内地办理的。

5. 登记

婚姻登记机关经过审查和询问，对于符合《民法典》和《婚姻登记条例》所规定的条件的，应予以登记，发给离婚证，注销结婚证。当事人从取得离婚证起解除夫妻关系。离婚证和人民法院的离婚判决书、离婚调解书具有同等效力。

颁发离婚证，应当在当事人双方均在场时按照下列步骤进行：

（1）向当事人双方询问核对姓名、出生日期、离婚意愿。

（2）见证当事人本人亲自在《离婚登记审查处理表》"当事人领证签名并按指纹"一栏中签名并按指纹。

"当事人领证签名或按指纹"一栏不得空白，不得由他人代为填写、代按指纹。

（3）在当事人的结婚证上加盖条型印章，其中注明"双方离婚，证件失效。××婚姻登记处"。注销后的结婚证复印存档，原件退还当事人。

（4）将离婚证分别颁发给离婚当事人。

四、离婚登记的相关问题

（一）登记离婚后就子女、财产问题反悔

一方当事人不按照离婚协议履行应尽义务的（如对财产、子女抚养问题发生纠纷），另一方当事人可以向人民法院提起民事诉讼。《婚姻家庭编解释（一）》第 69 条第 2 款规定："当事人依照民法典第 1076 条签订的离婚协议中关于财产以及债务处理的条款，对男女双方具有法律约束力。登记离婚后当事人因履行上述协议发生纠纷提起诉讼的，人民法院应当受理。"离婚协议不属于法院应该强制执行的法律文书，没有强制执行力，所以一方当事人不按照离婚协议履行应尽义务的，另一方不能直接向人民法院申请强制执行。《婚姻家庭编解释（一）》第 70 条规定："夫妻双方协议离婚后就财产分割问题反悔，请求撤销财产分割协议的，人民法院应当受理。人民法院审理后，未发现订立财产分割协议时存在欺诈、胁迫等情形的，应当依法驳回当事人的诉讼请求。"撤销离婚协议要受到严格的限制，仅限于财产分割协议中存在欺诈、胁迫等情形。

（二）关于假离婚问题

假离婚是指婚姻当事人为了共同的或各自的目的，约定暂时离婚，待既定目的达到后再复婚的行为。《婚姻登记管理条例》第 25 条规定："申请婚姻登记的当事人弄虚作假、骗取结婚登记的，婚姻登记管理机关应当撤销婚姻登记，对结婚、复婚的当事人宣告其婚姻无效并收回结婚证，对离婚的当事人宣布其解除婚姻关系无效并收回离婚证，并对当事人处以 200 元以下罚款。"但《婚姻登记条例》实施后，婚姻登记机关不再享有宣布婚姻关系无效的权利。《婚姻登记条例》第 13 条规定："婚姻登记机关应当对离婚登记当事人出具的证件、证明材料进行审查并询问相关情况。对当事人确属自愿离婚，并已对子女抚养、财产、债务等问题达成一致处理意见的，应当当场予以登记，发给离婚证。"这就表明，登记离婚是双方当事人自愿并依法行使自己权利的行为，依法办理离婚登记手续，获得离婚证夫妻关系即正式解除。

假离婚后，一方已持离婚证与第三人结婚，另一方声称当初是假离婚，要求撤销对方的后一个婚姻关系，维持原婚姻关系的，根据最高人民法院《关于陈建英诉张海平"假离婚"案的请示报告的复函》，婚姻登记机关不予支持。本章引例中提到的乙要求撤销甲和丙的婚姻登记，婚姻登记机关不能支持。

（三）附协议离婚条件的财产分割协议的生效时间

夫妻双方起诉前要登记离婚，签订了登记离婚的协议，并对双方的财产分割、子女抚养等做了约定，但双方未到婚姻登记机关办理离婚登记，后起诉离婚的；或者为了取得民事调解书，双方约定到法院协议离婚，诉讼中一方反悔，另一方拿出该协议主张认定其合法有效的。法院应当如何处理？《婚姻家庭编解释（一）》第 69 条第 1 款规定："当事人达成的以协议离婚或者到人民法院调解离婚为条件的财产以及债务处理协议，如果双方离婚未成，一方在离婚诉讼中反悔的，人民法院应当认定该财产以及债务处理协议没有生效，并根据实际情况依照民法典第 1087 条和第 1089 条的规定判决。"

当事人达成的以登记离婚或者到人民法院协议离婚为条件的财产分割协议，性质上属于附生效条件合同。该财产分割协议以双方协议离婚为生效条件，即双方到民政部门办理离婚登记领到离婚证，或者到法院进行协议离婚。如果条件未成就，起诉离婚前签署的离婚协议就不应生效，不能作为法院审理离婚案件的依据。

[诉讼文书样本]

离婚协议书

男方：×××（写明姓名、性别、年龄、民族、籍贯、职业或者工作单位和职务、住址、联系电话）

女方：×××（写明姓名、性别、年龄、民族、籍贯、职业或者工作单位和职务、住址、联系电话）

双方经过充分考虑、协商，现就离婚问题达成协议如下（简述双方离婚原因）：

一、双方感情上已经完全破裂，没有和好可能。因此，双方均同意解除婚姻关系（双方是否自愿离婚的意思表示）。

二、明确子女的抚养归属权及抚养费（含生活费、教育费、医疗费）的负担，并写明给付上述费用的具体时间、方式。在抚养费条款之后，还应当就非直接抚养一方对子女的探望权作出时间、地点等明确具体的约定。

三、夫妻共同财产的分割（含房产、物业、电器、家具、通信设备、交通工具、现金存款、股票、债券、投资基金份额等有价证券、未上市股份有限公司股份、股权等）。

四、对债权债务的处理（对夫妻关系存续期间共同的债权、债务的享有和承担的具体处理）。

男方：_____　　　　　女方：_____

____年____月____日　　　____年____月____日

第三节　诉讼程序的离婚

诉讼程序的离婚，又称判决离婚，是指婚姻一方要求离婚，或双方同意离婚但对财产分割、子女抚养等问题不能达成一致意见，向人民法院提起离婚请求，人民法院调解或判决解除婚姻关系的法律制度。《民法典》第 1079 条第 1 款规定："夫妻一方要求离婚的，可以由有关部门进行调解或者直接向人民法院提起离婚诉讼。"根据上述规定，一方要求离婚的，可以先由有关部门进行调解，也可以直接向人民法院提起离婚诉讼。有关部门的调解，称诉讼外的调解，不是必经程序，但诉讼外的调解和人民法院的诉讼程序有着密切的内在联系。

一、诉讼外的调解

调解是我国处理离婚纠纷的重要方式。诉讼外的调解，也叫行政调解程序，是指人民法院以外的有关部门依法对一方要求离婚的纠纷进行调解。所谓有关部门，包括当事人所在单位、群众团体、基层调解组织和婚姻登记机关等。上述部门，由于接触群众较多，也比较了解当事人，易弄清纠纷的原因和了解事实真相。在进行调解、说服教育方面，都具有十分有利的条件。这种调解，可由一个部门单独进行，也可由几个部门联合调解，调解必须遵循自愿合法的原则，不得强迫调解。

通过诉讼外的调解，可以使离婚纠纷发生三种结果：

一是双方同意离婚，让当事人到婚姻登记机关进行离婚登记；

二是双方当事人和好、纠纷得到解决；

三是调解无效。一方坚持要求离婚，另一方坚持不同意，可建议当事人通过诉讼程序解决。

可见，诉讼外调解，实际上是诉讼程序的第一道防线，它可以使相当一部分离婚纠纷，在诉讼程序外得到解决，使矛盾得以缓和，其作用是不可忽略的。

二、诉讼程序

人民法院对当事人起诉请求离婚案件受理后进行调解或判决的法定过程即离婚的诉讼程序。根据婚姻家庭法规定，离婚的诉讼程序包括调解和判决两个阶段。

（一）起诉受理

婚姻当事人一方向人民法院起诉离婚的，原告应提交基本证据，向有管辖权的法院提交起诉状和副本，写明双方当事人的有效信息、起诉理由及要求、事实和有关法律依据。符合条件的人民法院应当立案受理。

根据我国《民事诉讼法》和《最高人民法院关于适用〈中华人民共和国民事诉讼法〉若干问题的意见》的规定，有管辖权的法院一般为：被告住所地人民法院，住所地与经常居住地不一致的，由经常居住地人民法院管辖；夫妻一方离开住所地超过一年，另一方起诉离婚的案件，由原告住所地人民法院管辖；双方离开住所地超过一年，由被告经常居住地法院管辖，无经常居住地的，由原告起诉时被告居住地人民法院管辖。

被告下落不明或宣告失踪的、被告不在中华人民共和国领域内的、被采取强制性教育措施的、被监禁的，由原告住所地或经常居住地人民法院管辖。但是双方当事人都被监禁或被采取强制性教育措施的，由被告原住所地人民法院管辖。被告被监禁或被采取强制性教育措施一年以上的，由被告被监禁地或被采取强制性教育措施地人民法院管辖。

非军人一方向军人（非文职）一方提出离婚诉讼的，由原告住所地人民法院管辖；双方当事人均为军人的民事案件由军事法院管辖；如果是非军人对文职军人提起离婚诉讼，或者军人对非军人提起离婚诉讼，适用一般管辖规则，即由被告住所地人民法院管辖。

双方在国外但未定居的，一方起诉离婚的，由原告或者被告原住地人民法院管辖；在国内结婚并定居国外的华侨，如定居国法院以离婚诉讼须由婚姻缔结地法院管辖为由不予受理，当事人向人民法院提出离婚诉讼的，由婚姻缔结地或一方在国内的最后居住地人民法院管辖；在国外结婚并定居国外的华侨，如定居国法院以离婚诉讼须由国籍所属国法院管辖为由不予受理，当事人向人民法院提出离婚诉讼的，由一方原住所地或在国内的最后居住地人民法院管辖。

需要特别注意的是，无民事行为能力人起诉离婚问题。《婚姻家庭编解释（一）》第62条规定："无民事行为能力人的配偶有民法典第三十六条第一款规定行为，其他有监护资格的人可以要求撤销其监护资格，并依法指定新的监护人；变更后的监护人代理无民事行为能力一方提起离婚诉讼的，人民法院应予受理。"因为无民事行为能力人不适用离婚登记程序，只能依诉讼程序办理离婚。无民事行为能力人的离婚案件，由其法定代理人进行诉讼。无民事行为能力人、限制民事行为能力人的监护人是他的法定代理人。如果夫妻一方是无民事行为能力人，其配偶是第一顺序的监护人。因此，无民事行为能力人如果作为原告起诉离婚，必须通过特别程序变更无民事行为能力人监护人，由其他有监护资格的人如父母、成年子女等作为新的监护人，否则会出现精神病人的代理人与被告为同一人的情况。一般情况下无民事行为能力人的其他有监护资格的人不能以无民事行为能力人为原告，代理其提起离婚诉讼，但有证据证明配偶一方有虐待、遗弃或者其他严重损害无民事行为能力人的财产权益、合法权益的除外。例如配偶虐待无民事行为能力人并危及其生命健康；恶意侵吞、转移无民事行为能力人的财产；一方遭遇车祸成了植物人，获得一大笔赔偿，配偶把钱拿走了，又不管病人。这种情况下，配偶既不离婚，又不履行夫妻扶养义务，则会侵害无民事行为能力人的合法利益。

（二）诉讼内调解

诉讼内调解是人民法院主持的调解，它是人民法院审理离婚案件的必经程序，贯穿人民法院审理离婚案件的始终，在一审、二审、再审监督程序中均适用。诉讼内调解重在发挥人民法院的主导作用，促使当事人达成协议。

我国《民法典》第1079条第2款规定："人民法院审理离婚案件，应当进行调解；如果感情确已破裂，调解无效的，应当准予离婚。"由此可见，调解是人民法院在查清事实的基础上对当事人进行说服教育的过程，是离婚诉讼的必经程序；它是司法机关行使审判职能的一个方面，它不同于有关部门的诉讼外调解。由于案情不同，调解工作应当有所侧重。一般说来，应当通过调解促使夫妻和好，必要时也可侧重作调解离婚工作。

诉讼内的调解有三种结果：

一是当事人双方达成离婚协议。人民法院按协议制作调解书，婚姻关系宣告解除。

二是当事人之间纠纷得到解决，达成和好协议。人民法院将调解笔录存卷，原告撤诉。

三是协议不成，调解无效，一方坚持离婚，另一方坚决不同意离婚，人民法院则应依法判决。

可见，调解是诉讼的第一个步骤，调解的好坏及当事人是否接受调解，对法院是否需要进行判决有着直接影响。

人民法院审理民事案件，根据当事人自愿的原则，在事实清楚的基础上，分清是非，进行调解。调解达成协议，必须双方自愿，不得强迫。调解协议的内容不得违反法律规定。

调解书经双方当事人签收后，即发生法律效力，当事人必须按照调解书的内容执行。对调解书有异议的不能上诉，也不能申请再审。一般情况下，当事人对已经发生法律效力的调解书，提出证据证明调解违反自愿原则或者调解协议的内容违反法律的，可以申请再审。经人民法院审查属实的，应当再审。但是，当事人对已经发生法律效力的解除婚姻关系的判决、调解书，不得申请再审。

（三）判决

判决是人民法院在调解无效的基础上，对有争议的诉讼所作的强制性决定。我国《民法典》第 1079 条第 2 款的规定表明，判决离婚是有条件的，而不是无条件的。只有夫妻感情确已破裂，调解无效，方得准予离婚，人民法院判决准予离婚时，应对子女抚养问题和夫妻财产等问题一并作出处理；如果感情尚未达到确已破裂的程度，即使调解无效，亦可根据具体情况判决不准离婚。人民法院的判决有两种结果：一是判决离婚，二是判决不准离婚。一审一经作出判决，当事人有 15 天的上诉期，在此期间内当事人不得另行结婚。未在上诉期内依法提出上诉的，判决发生法律效力。提起上诉的，案件进入二审程序，二审也可以调解，调解达成协议的调解书生效后，一审判决被视为撤销。二审判决属于终审判决，一经送达即发生法律效力。

在离婚案件的审理过程中，如果离婚案件中一方当事人死亡的，当事人之间的婚姻关系因一方死亡而归于消灭。离婚诉讼已无继续的必要，诉讼终结。人民法院受理离婚案件后，经审查确属无效婚姻的，应当将婚姻无效的情形告知当事人，并依法作出认定婚姻无效的判决。人民法院就同一婚姻关系分别受理了离婚和请求确认婚姻无效案件的，对于离婚案件的审理，应当待确认婚姻无效案件作出判决后进行。如婚姻关系被宣告无效后，涉及财产分割和子女抚养的，应当继续审理。

为了当事人可以冷静考虑自己的感情是否真正破裂，无法共同生活，防止有些当事人在没有新情况、新理由时缠讼，我国《民事诉讼法》第 127 条第 7 项规定："判决不准离婚和调解和好的离婚案件，判决、调解维持收养关系的案件，没有新情况、新理由，原告在 6 个月内又起诉的，不予受理。"这项规定是对原诉讼离婚的原告的限制，原诉讼离婚的被告向人民法院起诉的不受此条限制；同时如果出现新情况，或有新理由原告则可以在 6 个月内再次提起诉讼。

[诉讼文书样本]

民事起诉状
（离婚诉讼用）

原告：姓名，性别，出生年月，民族，籍贯（可省略），职业，工作单位和住址，联系方法。

被告：姓名，性别，出生年月，民族，籍贯（可省略），职业，工作单位和住址，联系方法。

诉讼请求：

1. 判决原、被告离婚；

2. 依法分割夫妻共同财产；

3. 婚生女（子）×××由原（被）告抚养；

4. 诉讼费由被告（或双方）承担。

事实和理由：

（在此叙述离婚的事实和理由，包括何时结婚、婚姻基础、婚后感情、夫妻感情破裂的事实和原因、夫妻共同财产有哪些、孩子多大等）

根据《民事诉讼法》《民法典》等法律规定，诉至贵院请求依法判决。

此致
××××人民法院

具状人：×××
年　　月　　日

附：1. 本起诉状副本一份；

2. 证据材料×份。

提交的相关证明材料：

一、证明当事人（原、被告）的诉讼主体资格的证据

1. 证明原、被告是夫妻关系的证据，如结婚证、婚姻关系证明书、户口簿以及身份证；

2. 如涉及构成事实婚姻的，应提交居委会或村委会出具的证明；

3. 证明被告下落不明的，应提交被告住所地或经常居住地居委会或村委会、公安机关的证明。

二、证明婚姻关系破裂的证据

1. 如涉及家庭暴力，应提交法医鉴定，提出证人；

2. 如涉及吸毒、赌博行为的，应提交居委会或村委会或公安机关出具的证明；涉及行政处罚、刑事犯罪的，应提交有关处罚决定或判决书；

3. 如涉及有重婚行为或有配偶与他人同居的，应提交上述行为相关的结婚证、子女出生证、居住证明、照片或居委会、村委会、公安机关出具的证明等证据。

因重婚、有配偶者与他人同居、实施家庭暴力、虐待遗弃家庭成员引起离婚的，无过错方有权请求损害赔偿。

三、证明由一方抚养子女为宜的证据

1. 子女户口、出生证明、身份证；

2. 证明一方经济状况良好的，应提交工资单或其他合法收入的证明，或提交有关居住情况的证据；

3. 如涉及 8 周岁以上未成年子女的，应提交子女本人愿跟随父或跟随母生活的相关证据。

四、证明婚姻关系存续期间有共同财产的证据

1. 离婚诉讼书证明有房产的，应提交房产证（不动产证）或购房合同、交款发票或出资证明；

2. 离婚诉讼书证明有银行存款并申请法院调查的，应提交开户银行名称及银行账号；证明有股票并申请法院调查的，应提交开户券商名称及股东代码、资金账号；证明有车辆的，应提交行驶证、车牌号；

3. 离婚诉讼书证明对方在公司拥有股权的，应提交该公司的工商登记情况、出资的证明等；

4. 离婚诉讼书证明一方有债权债务的，除提交借据以外，必须有相关的证据佐证；

5. 离婚诉讼书证明夫妻双方财产有约定的，必须提交协议书等相关的证据。

五、离婚诉讼书有具体的诉讼请求金额的，应提交诉讼请求金额的计算清单。

第四节　关于离婚诉讼的两项特别规定

我国婚姻家庭法在离婚问题上对现役军人和妇女给予了特殊保护。

一、在离婚问题上对现役军人的特殊保护

对现役军人的特殊保护，旨在有利于巩固人民军队，提高人民解放军的战斗力。强调军人有重大过错的除外，是《婚姻法（修正案）》的修改部分。修正后的规定，既保护了军人的合法权益，也注重了对非军人配偶一方离婚自由的保护，更好地体现了法律的公平精神，从而协调了对军婚的特殊保护与离婚自由原则之间的关系。2020 年《民法典》延续了这一立法精神。《民法典》第 1081 条规定："现役军人的配偶要求离婚，应当征得军人同意，但是军人一方有重大过错的除外。"

（一）现役军人的范围

现役军人系指正在中国人民解放军服役，具有军籍的人员。至于已由部队复员、转业的军人、军事单位中不具有军籍的职工等，均非本条所称之现役军人，其配偶提出离婚纠纷，应按一般规定处理。

（二）现役军人的配偶含义的界定

现役军人的配偶是指与现役军人履行了结婚登记手续，领取了结婚证的非军人配偶。在非军人配偶向现役军人方提出离婚的情况下适用本条。如双方均为现役军人，或现役军人向非军人的配偶一方提出离婚，应适用一般法律规定。

（三）须得军人同意的含义

此含义是本条规定的核心，是对现役军人的非军人配偶一方提出离婚请求的限制。应当征得军人同意要求：一是本条规定不限制双方协议离婚。因协议离婚已包含了军人的同意，无须适用本条规定。二是仅在双方是否离婚的问题上，需双方达成一致意见。如果军人一方同意离婚，但是在财产和子女问题上不能和非军人配偶达成协议，非军人配偶向法院提出离婚的，军人一方不再受该条保护。

（四）只适用于非军人一方要求离婚

现役军人的非军人配偶向法院提出离婚请求，必须经过军人同意。如果现役军人方向法院提出离婚请求，则不受本条限制，不必经非军人配偶同意。

（五）如果军人有重大过错，非军人方要求离婚的，不受此限

这一规定是《婚姻法（修正案）》的一个重要改进，主要是为了在军人方有重大过错时，保护非军人配偶方的利益，更好地体现法律的公平精神。《民法典》延续了这一立法精神。在适用本条时应注意，只有在军人有重大过错时才不受此限。何为有重大过错，根据《民法典》第 1079 条及《婚姻家庭编解释（一）》第 64 条规定，现役军人有以下情形的，可以视为军人有重大过错：

（1）重婚或者与他人同居；

（2）实施家庭暴力或者虐待、遗弃家庭成员；

（3）有赌博、吸毒等恶习屡教不改；

（4）其他重大过错导致夫妻感情破裂。

在离婚问题上既要贯彻执行对现役军人特殊保护的规定，同时也要根据具体情况保护军人配偶的合法权益，如现役军人不同意与配偶离婚，法院应与有关部门配合，对军人配偶进行爱国主义教育和法制教育。对婚姻基础和婚后感情都较好的，可依法判决不准离婚。对夫妻关系确已破裂，经做工作夫妻和好无望的，确有离婚必要的，人民法院可根据有关政策，通过军人所在单位团以上政治部门协助做好军人方的工作，准予离婚。这种情况是上述规定的例外，处理时必须慎重对待，严格掌握。

现役军人的配偶提出离婚应当征得军人同意的规定，只是保护军人婚姻的民事方法，如果此类纠纷是由第三者破坏军人婚姻的犯罪行为引起的，还应追究破坏者的刑事责任。我国《刑法》第 259 条规定："明知是现役军人的配偶而与之同居或者结婚的，处三年以下有期徒刑或者拘役。"

二、关于在一定时期内限制男方离婚请求权的特别规定

【案例 10-2】 2013 年 6 月甲（男）与乙（女）经人介绍认识三个月后结婚。婚后一直没有孩子，经检查是男方有问题，一直在治疗。2016 年 8 月女方说自己怀孕了，甲非常高兴并悉心照顾，但后来甲发现乙与其同事丙关系不太正常，甲质问乙无果。甲去医院检查，得知自己的病并未治愈，不可能使女方怀孕，乙所怀孩子不可能是自己的。在事实面前乙承认和同事丙有男女关系。2016 年 12 月甲打算向人民法院提起诉讼，要求与乙离婚。乙承认错误，但不同意离婚。

任务： 分析说明甲是否可以在乙怀孕期间提出离婚请求？法院应如何处理？

《民法典》第 1082 条规定："女方在怀孕期间、分娩后一年内或者终止妊娠后六个月内，男方不得提出离婚；但是，女方提出离婚或者人民法院认为确有必要受理男方离婚请求的除外。"

本条是根据保护妇女和未成年人合法权益原则，对怀孕期间和分娩后 1 年内、终止妊娠后 6 个月内的妇女的特殊保护。女方在怀孕期间和分娩后、终止妊娠（包括自然流产和实施人工终止妊娠术）后不久，身体、精神均在特殊时期，胎儿、婴儿也需特殊照料。男方在此期间提出离婚，很容易给女方造成强烈的刺激，以致影响孕妇、产妇健康，不利于胎、婴儿的发育和成长，这些规定也是社会主义道德的要求。

在适用这一规定时，应注意以下几个问题：

（一）这是对男方离婚诉权的暂时性限制

这个对男方离婚诉权的特殊规定，只适用在女方怀孕和分娩后 1 年内、终止妊娠 6 个月内的特殊时期，是暂时的。它既不是对男方离婚诉权的剥夺，也不涉及是否准予离婚的实质性问题。期间届满之后，男方离婚诉权自然恢复。

（二）这一规定限制的主体是男方

本条规定的宗旨，就是为了保护妇女、未成年人的利益，如果女方认为在此期间离婚对其本人及胎、婴儿更有益时，作为原告诉讼离婚不受此限制。若双方一致同意离婚且对其他问题均有适当安排，也允许到民政部门办理离婚登记。

（三）人民法院认为确有必要受理男方离婚请求的除外

所谓"确有必要"，主要有两种情况：（1）一般是指女方因通奸而怀孕。男方提出离婚为女方所不争或已经查明属实，法院可以受理男方的离婚请求。如果女方是在婚前与他人发生性行为而怀孕，仍受《民法典》第 1082 条保护。（2）双方确有不能继续共同生活的重大而急迫的理由。如一方对他方有危及生命、人身安全的可能，视其迫切性，为防止矛盾激化，发生意外事故，人民法院认为应当及时受理的，但就具体案件来说，是否受理，由人民法院审查后决定。

案例 10-2 中，乙在与甲存在夫妻关系的情况下与他人发生性行为而怀孕，虽然在怀孕期间，但不能受《民法典》第 1082 条的保护，甲有权提起离婚诉讼。

（四）对女方保护的特殊情况

（1）处理特殊案件时应注意该条的规定，旨在保护女方和胎儿、婴儿的身心健康。

（2）女方分娩后1年内婴儿死亡的，原则上仍应使用上述规定。

（3）一审宣判后女方发现怀孕提起上诉的，查明属实后，二审法院应即撤销原判决，驳回原告的离婚请求，不必发回原审法院重新审理。

第五节　判决离婚的法定条件

判决离婚的
法定条件

【案例10-3】 2005年4月乙（女）经人介绍认识甲（男）。由于两人生活区域离得较远，虽说认识半年多其实没见过几次面，但因岁数都偏大很快就登记结婚了。结婚后乙发现甲偷鸡摸狗不务正业，让乙在人前抬不起头来。甲不听乙规劝，还动手打乙，2006年10月乙要求甲和自己办理离婚登记好和好散，甲不同意。2006年11月乙实在没办法搬回娘家住，直到2009年6月。2009年7月乙向人民法院提出与甲离婚的诉讼请求，甲不同意。

任务： 分析法院该如何处理此案。

人民法院审理离婚案件，如果调解无效就要进行判决，准予离婚或是不准离婚。那么，什么情况下准离，什么情况下不准离呢？这就涉及准离与不准离的法定条件。法定离婚理由，是指法律规定的是否准予离婚的一般规范模式。法定离婚理由既是离婚当事人提起离婚诉讼的指引，也是司法机关判决的法律依据。

一、夫妻感情确已破裂是准予离婚的法定条件

根据各国立法实际，法定离婚理由的立法原则，一般可概括为有责主义、无责主义与破绽主义。这三种原则有时是单独适用，有时是相互结合同时使用。我国《民法典》第1079条规定："夫妻一方要求离婚的，可以由有关组织进行调解或者直接向人民法院提起离婚诉讼。人民法院审理离婚案件，应当进行调解；如果感情确已破裂，调解无效的，应当准予离婚。有下列情形之一，调解无效的，应当准予离婚：（一）重婚或者与他人同居；（二）实施家庭暴力或者虐待、遗弃家庭成员；（三）有赌博、吸毒等恶习屡教不改；（四）因感情不和分居满二年；（五）其他导致夫妻感情破裂的情形。一方被宣告失踪，另一方提起离婚诉讼的，应当准予离婚。经人民法院判决不准离婚后，双方又分居满一年，一方再次提起离婚诉讼的，应当准予离婚。"我国在裁判离婚条件上采用了破绽主义的立法原则。

（一）夫妻感情确已破裂与调解无效的关系

从现行规定可见，夫妻感情确已破裂就是我国离婚制度中判决离婚的法定标准。它的构成包括：夫妻感情已破裂、调解无效。感情是否确已破裂是准离或不准离的实质条件，而调解无效则是离婚的程序上的要求。感情确已破裂是起决定作用的条件。调解虽是必经程序，但准离或不准离不取决于调解是否有效，而是取决于感情是否破裂。感情确已破裂，调解无效，准予离婚。感情没有破裂，即使调解无效，也可以不准离婚。调解无效

是一种结果，它可能是由于感情破裂，也可能是由于某些误解或客观上的原因。所以调解无效，不等于感情已经破裂。人民法院在审理离婚案件中，应该全面、正确地理解法律规定的精神，不要把调解无效作为"感情确已破裂"的标准，更不要把调解无效作为准予离婚的法定条件，而要从婚姻的实际状况出发，以夫妻感情是否确已破裂作为准离或不准离的根据。

（二）夫妻感情确已破裂的含义

夫妻感情确已破裂包括以下几层含义：（1）从时间上说，是指已经破裂，而不是将要破裂或刚刚开始破裂，双方感情冲突"由来已久"。（2）从程度上说，是彻底破裂，而不是某些方面的破裂，双方感情上矛盾很尖锐，"积怨太深"。（3）从性质上说，是真正破裂，不是虚假的破裂或主观上误认为的破裂，双方感情上的分歧是真实的，是客观存在，"无可挽回"的。

（三）夫妻感情确已破裂作为准予离婚法定条件的依据

1. 婚姻本质的要求

婚姻是男女两性的结合，它是一种社会现象，决定于社会的经济基础，并为政治制度等上层建筑所制约。爱情是婚姻的本质，也是两性结合的基础。那么，维系婚姻的也应是爱情。正如恩格斯所说："只有以爱情为基础的婚姻才是合乎道德的，那么也只有继续保持爱情的婚姻才合乎道德。"[①] 如果爱情已消失，那么，这种婚姻就是"死亡了的婚姻"它的存在已失去了意义。马克思说："离婚仅仅是对下面这一事实的确定：某一婚姻已经死亡，它的存在仅仅是一种外表和骗局。……死亡这一事实的确定取决于事物的本质，而不取决当事人的愿望。"[②] 可见，我国婚姻家庭法把夫妻感情是否确已破裂作为确定是否准予离婚的条件是符合马克思主义关于婚姻本质的论述的。

2. 当代离婚立法的发展要求

不论从国外的婚姻立法情况看，还是从我国婚姻立法的情况看，以夫妻感情破裂作为准予离婚的条件，标志着婚姻立法进入了一个新的阶段，具有重要意义。世界各国婚姻立法的历史表明，离婚界限的规定，基本采取以下三种方法。

（1）具体规定的方法。这种方法具体列举离婚的法定理由。例如，中国古代关于"七出"的规定，国民政府民法关于诉请离婚的"十大理由"的规定，古罗马关于法定理由的规定，均采用这种方法。通常把通奸、遗弃、虐待等行为作为法定的离婚理由。

（2）具体与概括相结合的方法。这种方法既具体列举离婚理由，又概括规定离婚的法定条件，例如，《日本原民法典》列举离婚的十个理由，1947年改为五个理由："一、配偶有不贞行为时；二、被配偶恶意遗弃时；三、配偶生死不明在三年以上时；四、配偶患强度精神病没有康复希望时；五、有其他难以继续的重大理由时。"前四个理由是具体规定，第五个理由则是概括规定的方法。上述五项规定反映了具体列举和概括规定相结合的方法。

（3）概括规定的方法。这种方法不是具体列举离婚的法定理由，而是概括规定离婚

---

① 《马克思恩格斯选集》第4卷，人民出版社2012年版，第94页。
② 《马克思恩格斯全集》第1卷，人民出版社1956年版，第184页。

的条件。离婚是一个社会现象，从原因上说具有多样性和复杂性，不能列举无遗。因此，有些国家在法律上采取了概括性的规定。例如 1912 年《瑞士民法典》规定："对于配偶人发生不可期待继续婚姻共同生活程度的婚姻关系之重深破裂时，配偶双方得随时请求离婚。"这一规定首次提出了感情"破裂"的新观点。《苏俄婚姻和家庭法典》也规定："如果法院确认夫妻双方已无法继续共同生活和维持家庭，应准予离婚。"

我国婚姻立法，在相当长的一段时间内，也是注重理由，后来将"理由是否正当"改为"夫妻关系能否维持"，1980 年修订《婚姻法》时，明确提出了感情破裂原则，以此代替了法定理由论。20 世纪 70 年代开始，国际上大多数国家从法定理由论转向感情破裂论。这在法律上可以说是当代离婚立法的一个发展趋势。

3. 符合我国离婚立法的历史发展趋势

以感情确已破裂作为离婚的原则界限，是我国离婚制度不断发展的结果。1931 年《中华苏维埃共和国婚姻条例》确立了离婚自由原则，抗日战争、解放战争时期的婚姻条例继续坚持了这一原则。1950 年《婚姻法》规定："男女一方坚决要求离婚的经人民政府和司法机关调解无效时，亦准予离婚。"1953 年 3 月中央人民政府法制委员会在《关于婚姻法问题的若干解答》中对此作了进一步的解答："人民法院对于一方坚决要求离婚，如经调解无效而又确实不能继续维持夫妻关系的，应准予离婚。"1963 年的《最高人民法院关于执行民事政策几个问题的意见》明确提出"感情是否完全破裂"作为离婚的标准。1979 年的《最高人民法院关于贯彻执行民事政策法律的意见》指出："人民法院审理离婚案件准离与不准离的基本界限，要以夫妻关系事实上是否确已破裂、能否恢复和好为原则。"1980 年《婚姻法》则首次在法律上明确规定："如感情确已破裂，调解无效，应准予离婚。"所以以感情确已破裂作为离婚的原则界限，是我国离婚制度不断发展的结果。

由上述可见，我国婚姻家庭法把感情确已破裂作为离婚的法定条件，是符合社会主义婚姻本质的要求，且符合我国婚姻立法的历史发展，更符合当代婚姻立法的发展趋势。

二、认定夫妻感情确已破裂的列举性理由

《婚姻法（修正案）》在坚持感情破裂这一法定离婚理由的前提下，根据审判实践经验又列举了认定夫妻感情确已破裂的情形。《民法典》延续了这一立法精神并加以补充。根据《民法典》第 1079 条及《婚姻家庭编解释（一）》第 23 条规定，有下列情形之一，一方坚决要求离婚，经调解无效，应依法判决准许离婚。

（1）重婚或者与他人同居。这里的重婚包括法律上的重婚和事实上的重婚；"与他人同居"，是指有配偶者与婚外异性，不以夫妻名义，持续、稳定地共同生活。重婚或与他人同居的行为严重违反了夫妻应当相互尊重、互相忠实的婚姻宗旨，对方不原谅的，应准予离婚。

（2）实施家庭暴力或者虐待、遗弃家庭成员。实施家庭暴力或虐待、遗弃家庭成员的行为，都是对家庭成员人身权利的严重侵害。实施家庭暴力或虐待、遗弃家庭成员，严重伤害了夫妻感情，违反了婚姻义务，对方不谅解的，应准予离婚。

（3）有赌博、吸毒等恶习屡教不改。赌博、吸毒等恶习屡教不改的，将严重丧失家

庭的物质基础。过错方必将放弃家庭责任，严重伤害夫妻感情，根本无法维持家庭生活。对方提出离婚的，经调解无效，准予离婚。

（4）因感情不和分居满两年。男女婚后共同居住生活是基本需要。因感情不和双方分居达两年之久，足以认定感情破裂，调解无效，应准予离婚。这里需要注意分居不能自动解除夫妻关系，它只是判断感情是否破裂的一种情形。适用该规定时应注意两个问题：①该分居情形专指因夫妻感情不和所致，非因工作、学习、户口等原因而分居；②分居时间应具有持续性，而不是时断时续。

（5）夫以妻擅自终止妊娠为由主张感情确已破裂请求离婚。夫妻都有生育权，在家庭生活中夫妻的生育权有可能发生冲突。根据《婚姻家庭编解释（一）》第23条的规定，夫以妻擅自终止妊娠侵犯其生育权为由请求损害赔偿的，人民法院不予支持；夫妻双方因是否生育发生纠纷，致使感情确已破裂，一方请求离婚的，人民法院经调解无效，应认定为感情确已破裂。

（6）一方被宣告失踪，另一方提出离婚诉讼的，人民法院应当判决离婚。男女婚后共同居住生活是婚姻的基本需要，失踪人的配偶请求离婚，应当准予离婚。

（7）经人民法院判决不准离婚后，双方又分居满一年，一方再次提起离婚诉讼的，人民法院应当判决离婚。本条规定是《民法典》新增加的内容，它吸收了《最高人民法院关于人民法院审理离婚案件如何认定夫妻感情确已破裂的若干具体意见》的立法精神，可以有效防止草率离婚。行政程序离婚有冷静期的规定，诉讼程序离婚同样应当防止草率离婚，人民法院认定夫妻感情破裂应尽量采取慎重的态度，既要反对离婚案件久拖不决又要反对草率离婚。

（8）其他导致夫妻感情破裂的情形。因为上述情形并不能包括全部夫妻感情破裂的情形，本项是补充，是一个兜底性的规定。因此，其他导致夫妻感情破裂的情形，在调解无效的情况下，法律同样规定应准予离婚。

为了统一对离婚条件的认识，改变现实中有过错的配偶不能提出离婚的错误观念，《婚姻家庭编解释（一）》第63条规定："人民法院审理离婚案件，符合民法典第1079条第3款规定'应当准予离婚'情形的，不应当因当事人有过错而判决不准离婚。"

三、如何认定夫妻感情确已破裂

既然夫妻感情确已破裂是判决离婚的法定条件，那么如何认定夫妻感情确已破裂，是正确运用《民法典》第1079条处理离婚纠纷的重要环节。

夫妻感情是指夫妻双方基于自然因素和社会因素而形成的相互关切、喜爱之情。夫妻感情属于社会意识范畴，从根本上说，它是由社会、家庭间的物质生活条件和夫妻双方的思想境界、道德品质决定的。它具有伦理性、社会性和可变性三个特征。

（一）认定夫妻感情确已破裂的观点和方法

认定夫妻感情是否确已破裂，首先，必须有一个正确的观点和方法。因为夫妻的感情状况如何，虽然是复杂的，但它是客观存在的，是可以认识的。

1. 要用发展的观点

不能固定地、静止不变地看问题。人的感情是由社会各个因素所决定的，同时又受个人心理因素、思想状况的影响。因此，它具有可变性的特点。可能从好变坏，也可能由坏变好。我们在认定时，要以辩证法的观点和方法，发展地看问题，要看到过去，更要看到现在。

2. 要用全面的观点

不能形式地、片面地看问题。在认定人的感情变化时，不能只看一时一事，而要看全面，要看现象，更要看本质，要全面分析。总之，判断夫妻感情是否破裂，不能凭执法者的主观臆断，也不能轻信当事人的陈述。要运用马克思主义的观点方法进行由表及里，去伪存真地客观分析，要深入实际调查研究，进行全面的综合分析，得出准确可靠的结论。这就要求我们不但懂得心理学、伦理学和社会学知识，还应有比较丰富的社会经验和敏锐的观察力。

（二）司法实践中认定夫妻感情确已破裂的方面

判断夫妻感情是否确已破裂，有无恢复和好可能，是一个复杂的问题，需要抓住主要环节和理由，透过现象看本质，历史地、发展地、全面地分析研究。根据审判实践，审理离婚案件时，可以从四个方面来判断夫妻的状况，一般归纳为"四看"。

1. 看婚姻基础

看婚姻基础是指看双方在结婚时的感情状况，即夫妻关系赖以建立的思想条件。当事人的结合是自主自愿还是勉强同意，或是包办强迫；双方结婚是以爱情为基础还是以金钱、地位和容貌等为基础的，婚前是彼此充分了解还是草率结合。当前我国的婚姻结构，大致可分为三种情况：第一种是指男女双方经过自由恋爱、自主结合的婚姻；第二种是指经人介绍，以一定的物质条件为前提条件的婚姻；第三种是父母或他人违背男女双方或一方意愿，强迫包办而结成的婚姻。

一般说来，婚姻基础好的，婚后感情也较好。如发生离婚纠纷，也较易调解和好；而双方婚姻基础较差，婚后双方又没有建立起真挚的夫妻感情，发生离婚纠纷后，就不易和好。对缺乏感情基础的婚姻，调解无效，就不应勉强维持他们的夫妻关系。

但是婚姻基础只能说明过去，不是绝对因素。婚姻基础好的不一定永恒不变，而婚姻基础差些的也可能在婚后的共同生活中建立起深厚的感情。所以，不能一概而论，要具体案件具体分析。

2. 看婚后感情

看婚后感情是指看结婚后共同生活期间的感情状况。婚姻关系具有多方面的内容，双方的政治思想、道德品质、工作状况、生活作风、志趣爱好以至家庭成员的关系，都会不同程度地反映到夫妻的感情上来。看婚后感情是要透过现象看本质。因此，在分析婚后感情时，第一要看婚前基础与婚后感情的发展变化的情况。如婚前感情基础好否，婚后感情好、一般或是恶化；婚前感情基础一般，婚后感情是向好的方向发展，或是向坏的方向发展。第二要看婚后感情如何变化，是先好后坏，或是先坏后好，还是时好时坏。第三要看婚后感情变化的原因是由于自身的原因，还是思想作风上的原因；是家庭成员关系的原因，还是经济上的原因；是性格上的原因，还是生理上的原因。第四要从婚后感情的总体上看，恰如其分地确定其感情状况，比如好、一般、差。不能简单抽出个别孤立的事例，特别是早期的个别的或差的事例来说明现实状况，必须把生活中反映其感情好坏的各种事例，纳入感情总体中加以观察，才能得出正确结论。

3. 看离婚的原因

离婚原因是夫妻矛盾的焦点和核心。离婚的原因就是夫妻感情发生裂痕的原因。从这里可以看出，夫妻在感情上矛盾的性质和程度。看离婚的真实原因：一是查明离婚的真实原因。一般的离婚案件，夫妻双方因要求不同，往往反映的情况也不同。要求离婚的一方，尽量夸大矛盾，证明感情已破裂；不愿意离婚的一方尽量缩小矛盾，证明感情未破裂。所以，要查清真正原因，才能有的放矢。二是判断离婚原因的性质。看是内因还是外因，是可以调解的，还是不可调解的。如属于生活实际问题，则要衡量这种实际问题能否解决和改变，如属生理缺陷、精神病，要看它的轻重程度，能否治好，等等。如果经过努力，实际问题能够解决和改变，就要着重调解和好，否则就要考虑准予离婚。在司法实践中，原告往往罗列离婚的许多材料和事实，必须从中提炼概括出起决定性的、主要的原因，分析是内因还是外因。一般说来，外因能够排除，而内因则不易排除，还要看这个原因是根本性的还是枝节性的。只有掌握了离婚的真正原因，才能更好地判断离婚的性质，才能对症下药，针对性地做好调解工作。

4. 看有无和好因素

这是在上述三方面的基础上，对婚姻现状和今后发展的前途所作的估计和预测。它决定调解工作的方向，也为最后作出判决提供了根据。从夫妻关系看，大致有三种情况：一是夫妻感情未破裂，有和好希望，应加强调解和好工作，调解无效，也不准离婚。二是夫妻感情尚未完全破裂，有和好的一线希望，也应大力加强调解和好工作，调解无效，另一方坚决不离，应不准离婚。三是夫妻感情确已完全破裂，和好无望，也应进行调解，争取转变，或调解离婚。如调解无效，则应做好不愿离婚一方的工作。

以上"四看"是一个整体，它们相互联系，相互影响，彼此补充。总之，看婚姻基础和看婚后感情，是为了判断夫妻感情的现状；看离婚的真正原因和看有无和好的因素，是为了判断夫妻感情的前途。"看"是为了教育，为了改善夫妻关系。夫妻感情是一种能动的因素，一定条件下可以由好变坏，一定条件下也可以由坏变好。因此，创造转化的条件，争取各方面配合，做好疏导教育工作非常重要。认定夫妻感情破裂程度，进行调解工作，都应考虑子女因素和社会反应及影响，这是离婚的社会性质所决定的。但不能以子女利益和社会舆论作为准离与不准离的一个标准。在查清事实的基础上，准确认定夫妻感情破裂的性质，工作做到家了，如仍无和好可能，夫妻感情已经完全破裂，应果断准予离婚，不准久拖不决。

（三）关于复婚问题

《民法典》第 1083 条规定："离婚后，男女双方自愿恢复婚姻关系的，应当到婚姻登记机关重新进行结婚登记。"《婚姻登记条例》第 14 条规定："离婚的男女双方自愿恢复夫妻关系的，应当到婚姻登记机关办理复婚登记。复婚登记适用本条例结婚登记的规定。"

复婚是指合法解除婚姻关系的男女双方自愿恢复夫妻关系，到婚姻登记机关办理登记手续，重新确立夫妻关系的法律行为。复婚实际上是一种结婚行为，但是在结婚主体上有其特殊性，因而具有结婚的一般特点，适用于婚姻家庭法关于结婚的一般规定，同时又具有特殊性，即本条对复婚的特别规定。根据婚姻家庭法的规定，男女双方要求恢复婚姻关系的，必须是男女双方自愿，而且应到婚姻登记机关登记。男女双方自愿是复婚的实质要件，到婚姻登记机关登记则是形式要件，只有同时具备了法定的实质要件和形式要件，复婚才发生法律效力。

思考与练习

一、思考

1. 简述离婚的概念和种类。
2. 行政程序离婚的含义是什么？
3. 办理离婚登记的条件是什么？
4. 我国婚姻家庭法在离婚问题上的两个特别规定是什么？
5. 我国婚姻家庭法规定判决离婚的法定条件是什么？
6. 论述认定夫妻感情确已破裂的几个方面。

二、练习

（一）判断题

1. 离婚自由是处理离婚问题的指导思想。（　　）
2. 夫妻一方如果因患精神病等丧失行为能力，离婚问题就只能通过诉讼程序处理。（　　）
3. 男女一方要求离婚的，必须经过有关部门的调解后，才可以向人民法院提出离婚诉讼。（　　）

（二）单项选择题

1. 婚姻家庭法规定，男女一方要求离婚的，（　　）。
   A. 须由有关部门进行调解
   B. 须向人民法院提出离婚诉讼
   C. 须经有关部门调解无效后向人民法院提出离婚诉讼
   D. 可由有关部门进行调解或直接向人民法院提出离婚诉讼
2. 下列不属于婚姻终止情形的有（　　）。
   A. 配偶自然死亡　　B. 分居　　　　C. 离婚　　　　D. 配偶被宣告死亡
3. 中国古代最重要的离婚方式是（　　）。
   A. 七出　　　　　　B. 义绝　　　　C. 和离　　　　D. 判决
4. 离婚是（　　）的法律行为。
   A. 在配偶生存期间解除合法婚姻关系　　B. 在配偶生存或死亡后终止夫妻关系
   C. 免除夫妻同居义务　　　　　　　　　D. 解除同居义务
5. 甲男和乙女都是解放军某部干部，二人婚后感情不和，乙女要求离婚，对此，（　　）。
   A. 乙须征得甲同意　　　　　　　　　B. 乙须征得法院同意

C. 乙无须征得甲同意　　　　　　　D. 甲若不同意离婚，法院不得准予离婚

6. 根据《婚姻登记条例》的规定，内地居民自愿离婚的，男女双方共同到(　　)的婚姻登记机关办理离婚登记。

A. 一方当事人的出生地　　　　　　B. 一方当事人的常住户口所在地

C. 一方当事人的工作地　　　　　　D. 一方当事人的惯常居所地

7. 根据我国法律规定，被宣告死亡人与配偶的婚姻关系，自(　　)之日起消除。

A. 被宣告死亡人下落不明　　　　　B. 配偶请求法院宣告死亡

C. 法院宣告死亡　　　　　　　　　D. 被宣告死亡人实际死亡

8. 在夫妻双方同意离婚的情况下，妻委托其妹代为去办理离婚登记手续，对此行为，根据我国婚姻家庭法(　　)。

A. 可以代理，但以代理人为完全民事行为能力为限

B. 不得代理

C. 如果夫妻双方同意则可以代理

D. 在登记机关同意的情况下可以代理

9. 我国古代聘娶婚中婚约成立的标志是(　　)。

A. 纳征　　　　　B. 纳吉　　　　　C. 请期　　　　　D. 纳采

（三）多项选择题

1. 在我国离婚的方式有(　　)。

A. 登记离婚　　B. 诉讼离婚　　　C. 公证离婚　　　D. 仲裁离婚

2. 我国封建社会的离婚方式有(　　)。

A. 七出　　　　　B. 义绝　　　　　C. 和离　　　　　D. 登记

3. 根据我国婚姻家庭法的规定，女方在(　　)，男方不得提出离婚。

A. 怀孕期间　　　　　　　　　　　B. 分娩后一年内

C. 终止妊娠后六个月内　　　　　　D. 丧失生育能力后

4. 在我国夫妻双方协议离婚的条件有(　　)。

A. 夫妻双方离婚确系自愿　　　　　B. 单位要出具介绍信

C. 双方对子女抚养问题作出适当处理　D. 财产分割问题无争议

5. 认定感情是否破裂，应看(　　)。

A. 婚姻基础　　B. 婚后感情　　　C. 离婚原因　　　D. 有无和好可能

6. 我国《民法典》规定："现役军人的配偶要求离婚，应当征得军人同意，但军人一方有重大过错的除外。"这里所谓"军人一方有重大过错"的情形包括(　　)。

A. 现役军人重婚或与他人同居的

B. 现役军人实施家庭暴力或虐待、遗弃家庭成员的

C. 现役军人有赌博、吸毒等恶习，已经改正的

D. 现役军人有其他严重伤害夫妻感情的行为的

（四）名词解释

婚姻终止

（五）简答题

1. 协议离婚的条件有哪些？

2. 简述"七出"的具体内容。

（六）论述题

1. 如何认定夫妻感情确已破裂？

2. 试述离婚与婚姻无效及婚姻被撤销的区别。

（七）案例练习

1. 田某和张某感情不和于 2008 年协议离婚，双方就子女、财产问题达成如下协议：孩子张小某随母亲田某一起生活，张某在离婚后半年内一次性支付给田某子女生活补助 1 万元。离婚后，张某没有按约定支付 1 万元，现田某持该协议向人民法院申请强制执行。

【任务】法院能否强制执行？为什么？

2. 李某（男）夏某（女）经人介绍确立恋爱关系，由于李某年龄大着急结婚，夏某也同意，于是双方很快便结婚了。结婚后李某发现夏某容易激动，因一点小事情绪就不稳定，且严重时说话、行为怪异甚至让人恐怖。李某带夏某到医院检查，诊断为间歇性精神病。经打听，李某得知夏某与其结婚前就得过精神病。李某想尽快摆脱夏某，诱哄夏某在离婚协议上签字，想办理离婚登记。

【任务】请回答：（1）他们能办理离婚登记吗？（2）李某要想和夏某解除婚姻关系，应该通过什么途径？

第十一章　离婚效力

知识目标
- 能够准确再现确定离婚后直接抚养子女关系的各项优先条件。
- 能够准确再现离婚时确定各项财产性质的标准，分割夫妻共同共有财产的办法，认定夫妻共同债务的标准。
- 能够准确再现离婚过错损害赔偿责任的构成要件，主张离婚过错损害赔偿的时限。

能力目标
- 面对离婚纠纷，能够准确判断当事人是否符合直接抚养子女的条件，能够及时确定非直接抚养子女一方的抚养费标准。
- 面对离婚纠纷，能够准确判断离婚时共同共有的财产，并判定正确的分割办法，准确认定共同债务，并正确分配清偿责任。
- 面对离婚纠纷，能够准确应用我国法律规定的离婚救济制度保护当事人的合法权益。

素养目标
- 逐渐培养处理离婚纠纷中，保障男女平等，保护妇女合法权益的自觉意识，保护婚姻家庭，及时进行离婚救济的自觉意识。
- 逐渐培养处夫妻离婚纠纷过程中对夫妻的债权人不欺不诈、诚实守信的自觉意识。
- 逐渐培养服务意识，尚法守法的自觉意识。

离婚不是对结婚的否定，而是对已经死亡的婚姻的认定。作为终止婚姻关系的法律事实，离婚必然产生一系列的法律后果，导致当事人内部和外部多重法律关系的消灭或变更。离婚的效力又称为离婚的法律后果。

第一节　离婚的法律后果

一、离婚行为生效的时间

离婚的法律后果，只能产生于离婚的法定手续完成之后。离婚的程序不同，离婚行为的生效时间也不同。行政程序的离婚，离婚效力的发生时间在离婚登记之日，而不是在双方签订离婚协议之日。诉讼程序离婚，双方达成离婚协议，法院制作离婚调解书的，从最后一方签收离婚调解书之日起，离婚行为生效；一方签收调解书，另一方拒绝签收的，调解书不生效。在法院判决离婚中，一审判决送达双方，双方均不上诉的，一审判决即生效。当事人不服上诉的，一审判决不生效，在此期间双方的夫妻身份关系并未解除；案件进入二审程序，二审法院审理后依法作出判决，二审判决为终审判决。

二、离婚行为的法律效力

离婚解除了夫妻身份关系。从离婚之日起，当事人基于夫妻身份关系而产生的一切权利义务关系，即归于消灭。

（一）离婚引起配偶身份、称谓以及双方近亲属之间姻亲关系终止

离婚引起婚姻关系终止，双方不再互为配偶，当事人之间因结婚而建立的夫妻身份、称谓终止。我国法律未对姻亲之间的权利义务关系进行明确的规定，自然对离婚后姻亲关系是否维持也没有规定，通说认为依据习惯，离婚后基于婚姻而产生的姻亲关系应当消灭。

（二）当事人获得再婚自由

我国《民法典》规定一夫一妻为基本原则，男女双方不得同时有两个以上的配偶，禁止重婚，有配偶者不得再行结婚。离婚引起夫妻关系的终止，双方不再互为配偶，双方再次成为没有配偶的人，我国没有待婚期的规定，双方从离婚之日起获得了再婚的自由。任何人对他们的再婚不得加以干涉，一方对另一方再婚不得加以干涉。再婚自由是结婚自由的固有部分，是法定权利，任何人不因与他人的协议或承诺而受到限制。

（三）当事人日常家事代理权消灭

《民法典》第 1060 条规定了夫妻日常家事代理权，离婚后，夫妻日常家事代理权随之消灭。夫妻之间的日常家事代理权是服务于共同生活基于彼此的配偶身份而产生的，离婚后这种代理权当然消灭。

（四）当事人之间共同共有财产关系终止

根据我国《民法典》的规定，夫妻之间没有约定的，婚后所得的财产除特有财产之外，为双方共同共有财产。夫妻需要共同操持家务，料理家庭生活，共同生活关系形成共同共有财产的基础。双方一旦解除婚姻关系，生活共同体解散，不会再有共同共有财产的关系。不仅离婚之后不存在共同共有财产的关系，而且婚姻关系存续期间形成的共同共有的财产也要进行分割。

（五）当事人之间的扶养权利义务关系终止

《民法典》第 1059 条规定："夫妻有相互扶养的义务。"夫妻之间的扶养关系是基于夫妻间的身份关系而存在的，离婚之后，夫妻间的身份关系不复存在，所以夫妻之间扶养的权利义务失去了存在的前提，应同时解除。任何一方不再享有要求对方扶养的权利，任何一方不再承担扶养的义务。

（六）法定继承人资格丧失

我国《民法典》第 1061 条规定："夫妻有相互继承遗产的权利。"《民法典》第 1127 条规定，配偶为第一顺序法定继承人。在婚姻关系存续期间，一方死亡后另一方以第一顺序继承人的身份参加继承。夫妻离婚后，彼此丧失了配偶身份，而他们在婚姻关系存续期

间的继承权是基于他们合法的配偶身份而产生的，离婚后即丧失了法定继承人资格，不管他们曾共同生活了多久。

第二节 离婚后对子女的抚养

【案例 11-1】 2011 年 11 月，曾某（女）与徐某（男）结婚，婚后一年生育一女。婚后徐某好赌，其于 2015 年 10 月写下《保证书》承诺不再赌博，但未兑现，反于 2016 年 1 月因欠赌债而离家出走。徐某月平均工资为 7457 元，曾某月平均工资为 2989 元。2016 年 6 月，曾某以徐某参与赌博且不履行家庭义务为由，提起诉讼，请求判令与徐某离婚，女儿由曾某抚养。

任务： 请回答如果法院判令二人离婚，曾某要求女儿由其抚养的诉求能否得到法院支持？

离婚会带来一系列的法律后果，夫妻不再共同生活，父母对子女的抚养教育方式自然发生相应的变化。不论是登记离婚还是诉讼离婚，都必须妥善处理子女抚养教育问题。《婚姻家庭编解释（一）》对离婚时如何处理子女抚养问题作了比较具体的规定，结合《民法典》及《婚姻家庭编解释（一）》的规定，处理离婚后子女抚养问题应注意以下几个方面的问题。

一、离婚不改变父母子女关系

按照婚姻家庭法的一般理论，夫妻关系和父母子女关系是两种不同性质的关系。前者是男女两性基于自愿原则而结合的婚姻关系，可依法成立，亦可依法解除；后者是基于子女出生而形成的自然血亲关系，不能人为地解除。离婚不改变父母子女之间法律上的权利义务关系，因为父母子女关系是基于子女出生这一法律事实而产生的，在身份存续期间，该法定人身关系不因其他原因而消灭。

离婚后只要子女没有死亡，子女和父母的身份关系就依然存在。子女无论由谁抚养，改变的只是子女的抚养关系，而不是身份关系。子女和父母的身份关系不得用协议或判决的方式予以剥夺；父母在离婚时不得约定子女同一方解除父母子女关系；离婚后抚养子女一方也不得故意向子女隐瞒另一方的真实情况，或者采取胁迫手段要求子女和其父或母断绝关系。《民法典》第 1084 条第 1 款规定："父母与子女间的关系，不因父母离婚而消除。离婚后，子女无论由父或者母直接抚养，仍是父母双方的子女。"

养父母与养子女之间的身份关系及其权利义务关系，不因养父母离婚而消除。养父母离婚后，养子女无论由养父还是养母抚养，仍是养父母双方的养子女。在特殊情况下，如养父母离婚时经生父母及有识别能力的养子女同意，双方自愿达成协议，未成年的养子女一方面可依法解除收养关系，由生父母抚养，也可以变更收养关系，由原养父或养母一方收养，但变更或解除必须符合收养法的要求，不得侵害未成年养子女的合法权益。

生父与继母或者生母与继父离婚后，已形成事实上的抚养教育关系的继父母与继子女的权利义务关系，应视具体情况而定。《婚姻家庭编解释（一）》第 54 条规定："生父与继母离婚或者生母与继父离婚时，对曾受其抚养教育的继子女，继父或者继母不同意继续抚养的，仍应由生父或者生母抚养。"受继父母长期抚养教育的继子女已成年，继父母与继子女间已经形成的身份关系、权利义务关系不因父母离婚而自然解除，只有在继父母或继子女一方或双方提出解除继父母子女关系并符合法律要求的条件下，方可解除。但由继父母养大成人并已独立生活的继子女，对于无劳动能力，生活困难的继父母的晚年生活费用仍应继续承担。

二、离婚后子女由何方直接抚养的问题

父母离婚虽然不能消除父母子女之间权利义务的关系，但离婚后夫妻双方不再共同生活，双方共同抚养子女改为由父或母一方与子女共同生活，承担直接抚养的责任。在离婚纠纷中会发生双方争养子女的积极冲突和双方都不愿抚养子女的消极冲突。如果父母是协议离婚，双方应对子女抚养问题达成一致意见，否则婚姻登记机关不予离婚登记。通过法院调解或者判决离婚的，人民法院在调解、判决离婚时，应把子女随哪一方生活，具体地写入离婚调解书或离婚判决书中。《婚姻家庭编解释（一）》第 60 条规定："在离婚诉讼期间，双方均拒绝抚养子女的，可以先行裁定暂由一方抚养。"

（一）不满两周岁的子女由何方抚养的问题

离婚后，不满两周岁的子女，以由母亲直接抚养为原则。《民法典》第 1084 条第 3 款规定："离婚后，不满两周岁的子女，以由母亲直接抚养为原则。"

不满两周岁的子女，在特殊情况下由父亲抚养。根据《婚姻家庭编解释（一）》第 44 条规定："对不满两周岁的子女，母亲有下列情形之一，父亲请求直接抚养的，人民法院应予支持：（一）患有久治不愈的传染性疾病或者其他严重疾病，子女不宜与其共同生活；（二）有抚养条件不尽抚养义务，而父亲要求子女随其生活；（三）因其他原因，子女确不宜随母亲生活。"

父母协议不满两周岁的子女由父亲直接抚养。《婚姻家庭编解释（一）》第 45 条规定："父母双方协议不满两周岁子女由父亲直接抚养，并对子女健康成长无不利影响的，人民法院应予支持。"

（二）已满两周岁的未成年子女由何方抚养的问题

1. 对于已满两周岁的未成年子女的抚养问题，采用了"协议优先"的原则

对于已满两周岁的未成年子女随哪一方生活，法律充分尊重父母的意愿，在不影响子女成长的前提下可由父母协商；抚养子女对于离婚的父母既是权利也是义务，《婚姻家庭编解释（一）》第 48 条规定："在有利于保护子女利益的前提下，父母双方协议轮流直接抚养子女的，人民法院应予支持。"如果协商不成，由人民法院根据双方的具体情况，按照最有利于未成年子女的原则判决。

2. 法律关于子女随一方生活的原则及优先条件

《民法典》第 1084 条规定："已满两周岁的子女，父母双方对抚养问题协议不成的，由人民法院根据双方的具体情况，按照最有利于未成年子女的原则判决。"如果父母双方关于子女抚养不能达成协议，由人民法院根据双方情况和子女的利益予以判决。法院应以保护子女合法权益为前提，处理具体问题时应当考虑父母双方的思想品质、生活作风、文

化素质、经济条件、家庭环境等因素，作出有利于子女身心健康的判决。《婚姻家庭编解释（一）》第 46 条规定："对已满两周岁的未成年子女，父母均要求直接抚养，一方有下列情形之一的，可予优先考虑：（一）已做绝育手术或者因其他原因丧失生育能力；（二）子女随其生活时间较长，改变生活环境对子女健康成长明显不利；（三）无其他子女，而另一方有其他子女；（四）子女随其生活，对子女成长有利，而另一方患有久治不愈的传染性疾病或者其他严重疾病，或者有其他不利于子女身心健康的情形，不宜与子女共同生活。"此外，《婚姻家庭编解释（一）》第 47 条规定："父母抚养子女的条件基本相同，双方均要求直接抚养子女，但子女单独随祖父母或者外祖父母共同生活多年，且祖父母或者外祖父母要求并且有能力帮助子女照顾孙子女或者外孙子女的，可以作为父或者母直接抚养子女的优先条件予以考虑。"

案例 11-1 中，曾某的诉求能得到支持。在确定抚养权的归属时，应当优先考虑子女的利益，对父母双方的条件要综合作出判断，应当由有利于子女健康成长的一方抚养。男方的收入虽然明显高于女方，但因经济条件并不是确定抚养权归属的唯一优先条件，且男方具有不良嗜好，不利于子女的健康成长，而女方有稳定的工作和收入，无其他不良嗜好，故应当由女方抚养子女。

3. 关于已满 8 周岁的子女由何方抚养的问题

已满 8 周岁的子女，已经具备了一定的识别能力，愿意与谁生活，他们已经能作出判断，所以子女随父或随母生活发生争执的，应尊重其真实意愿。父母对抚养子女已达成协议，且无损于子女利益，不必再征求子女的意见；如父母双方不能达成协议，应征求子女的意见，原则上可以尊重子女的选择。如果子女的选择对其成长不利，法院也可作出与其意见不同的判决。

（三）抚养关系的变更

离婚后子女抚养问题通过协议或判决确定后，父母应认真履行协议或判决确定的权利和义务。但在今后生活中如发生了需要变更抚养关系的情况，法律也允许变更抚养关系。

1. 父母协商变更

《婚姻家庭编解释（一）》第 57 条规定："父母双方协议变更子女抚养关系的，人民法院应予支持。"抚养关系的变更是民事法律行为，允许当事人意思自治，即使没有出现抚养一方不宜或不能抚养子女的情形也可以协议变更。父母双方协议变更子女抚养关系不需要登记。行政程序离婚的，虽然夫妻离婚时需要登记子女由谁抚养，但离婚后夫妻变更子女的抚养关系不必进行变更登记。

2. 法院判决变更

如果一方要求变更子女抚养关系，而另一方不同意变更，要求变更的一方应向法院起诉。提起变更之诉的既可以是直接抚养一方，也可以是非直接抚养一方。法院受理后应先进行调解，调解达成协议的在调解书中应写明抚养关系变更的事由、变更后抚养人等；调解不成的，人民法院应作出是否变更抚养关系的判决。

《婚姻家庭编解释（一）》第 56 条规定："具有下列情形之一，父母一方要求变更子女抚养关系的，人民法院应予支持：（一）与子女共同生活的一方因患严重疾病或者因伤残无力继续抚养子女；（二）与子女共同生活的一方不尽抚养义务或有虐待子女行为，或者其与子女共同生活对子女身心健康确有不利影响；（三）已满八周岁的子女，愿随另一方生活，该方又有抚养能力；（四）有其他正当理由需要变更。"

三、离婚后非直接抚养子女一方的抚养费负担问题

《民法典》第1085条第1款规定："离婚后，子女由一方直接抚养的，另一方应当负担部分或者全部抚养费。负担费用的多少和期限的长短，由双方协议；协议不成的，由人民法院判决。"

（一）确定子女抚养费的一般原则

离婚后父母双方对子女仍有抚养和教育的义务，这种义务包括负担子女生活费、教育费和医疗费等费用。父母对未成年子女的抚养费负担义务是强制性的义务。父母离婚后，不直接抚养子女的一方，应负担必要的抚养费的一部分或者全部。如何确定子女抚养费的数额，婚姻家庭法只作了抽象的原则性规定，即离婚后，子女由一方直接抚养的，另一方应当负担部分或者全部抚养费。负担费用的多少和期限的长短，由双方协议；协议不成的，由人民法院判决。

（二）确定子女生活费的具体办法

在确定负担子女抚养费问题上，婚姻家庭法规定了父母双方协议和人民法院判决两种方式，并确定协议优先原则。

1. 父母协商

父母协商抚养费问题可以减少冲突缓和矛盾，一般情况下能客观地反映双方的实际能力，有利于协议的执行和子女的身心健康。对于父母达成的子女抚养协议，法院应当进行审查，一般可以准许；如果协议明显不利于子女利益，应当不予准许。子女也可以就损害自己的合法权益的协议向人民法院提起诉讼。《婚姻家庭编解释（一）》第52条规定："父母双方可以协议由一方直接抚养子女并由直接抚养方负担子女全部抚养费。但是，直接抚养方的抚养能力明显不能保障子女所需费用，影响子女健康成长的，人民法院不予支持。"

2. 法院判决

（1）子女抚养费的确定标准。《婚姻家庭编解释（一）》第49条规定："抚养费的数额，可以根据子女的实际需要、父母双方的负担能力和当地的实际生活水平确定。有固定收入的，抚养费一般可以按其月总收入的百分之二十至三十的比例给付。负担两个以上子女抚养费的，比例可以适当提高，但一般不得超过月总收入的百分之五十。无固定收入的，抚养费的数额可以依据当年总收入或者同行业平均收入，参照上述比例确定。有特殊情况的，可以适当提高或者降低上述比例。"

这里所说的月总收入，是指一个人一个月所获得的劳动报酬总数，如基本工资、工龄工资、奖金以及其他补贴等，保健费、洗理费、卫生费等完全属于职工个人的不应计算在内。有特殊情况的，如双方收入相差很大，一方负担较重或子女长期患病的，可以适当提高或者降低比例。《婚姻家庭编解释（一）》第51条规定："父母一方无经济收入或者下落不明的，可以用其财物折抵抚养费。"

（2）子女抚养费的给付方法。子女抚养费的给付方法，一般采取两种给付方式：一

是定期给付，二是一次性给付。定期给付是给付子女抚养费的一般方式，一般以月、年为支付的时间单位。有固定收入的或虽无固定收入，但每月有相当收入的，应当按月给付。有条件的可以一次性给付。

（3）子女抚养费的支付期限。《婚姻家庭编解释（一）》第53条规定："抚养费的给付期限，一般至子女十八周岁为止。十六周岁以上不满十八周岁，以其劳动收入为主要生活来源，并能维持当地一般生活水平的，父母可以停止给付抚养费。"

子女虽已成年，但尚不能独立生活，父母有负担能力的，仍应负担必要的抚养费。这里的不能独立生活，主要包括两种情况：①尚在校接受高中及其以下学历教育；②丧失、部分丧失劳动能力等非因主观原因而无法维持正常生活的成年子女。

另外，《婚姻家庭编解释（一）》第59条规定："父母不得因子女变更姓氏而拒付子女抚养费。父或者母擅自将子女姓氏改为继母或继父姓氏而引起纠纷的，应当责令恢复原姓氏。"

（三）子女抚养费的变更

1. 子女抚养费增加

父母在协议或法院判决给付子女抚养费后，随着生活条件的变化，如果子女的生活和教育费用需要增加，子女可以向父母任何一方要求变更抚养费数额，但这个要求及要求的数额应该是合理的。在确认子女要求及其数额是否合理时，应从两方面来判断：一是子女提出了超出原定数额的要求确实属于生活学习所必需；二是被要求的父或母有负担能力。子女要求增加抚育费的，应另行起诉。

根据《婚姻家庭编解释（一）》第58条规定，具有下列情形之一，子女要求有负担能力的父或者母增加抚养费的，人民法院应予支持：第一，原定抚养费数额不足以维持当地实际生活水平。近年来，我国居民生活水平提高很快，如果离婚时确定的抚养费数额不能满足几年后子女的实际需要，法院应根据实际情况作出增加子女抚养费的裁判。第二，因子女患病、上学，实际需要已超过原定数额。例如子女患有较严重的疾病，花费较大，原定抚养费不能支付医疗费用，或子女因上学，需要支付较大数额的费用，而原定抚养费数额不足以维持。第三，有其他正当理由应当增加。例如出现负担给付抚养费义务的父方或母方经济收入增加、物价上涨、生活地域发生变化等情况，子女可以要求增加抚养费。

需要注意的是，子女提出的要求虽然合理，但是父或母或者父母双方无力负担，人民法院应根据父母的实际情况，适当减少子女所提出的数额或者维持原来的给付数额。

2. 在特定情况下，抚养费也可以减少或免除给付

所谓特定情况抚养费也可以减少或免除给付，是指以下三种情况：（1）有给付义务的一方，由于长期患病或丧失劳动能力，失去经济来源，确实无力按原协议或判决确定的数额给付，而抚养子女的一方又能够负担，有抚养能力的。这种减负是有条件的，待给付一方情况好转，有能力按原定数额给付时，应依照原定数额给付。（2）有给付义务的一方，因犯罪被收监改造，无力给付的。（3）直接抚养子女方再婚后，继父或继母愿意负担子女所需抚育费的一部分或全部。应注意，这种减少或免除是以继父母自愿为前提的，如情况发生变化，继父或继母不愿负担或无力负担该费用，有给付义务的生父或生母应按原定数额给付。

解决子女抚养问题是离婚纠纷中的难点之一，除了上面各项要求，《婚姻家庭编解释（一）》第 61 条还特别作出规定，对拒不履行或者妨害他人履行生效判决、裁定、调解书中有关子女抚养义务的当事人或者其他人，人民法院可依照《民事诉讼法》的规定采取强制措施。

四、离婚后不直接抚养子女的父或母的探望权

《民法典》第 1086 条规定："离婚后，不直接抚养子女的父或者母，有探望子女的权利，另一方有协助的义务。行使探望权利的方式、时间由当事人协议；协议不成的，由人民法院判决。父或者母探望子女，不利于子女身心健康的，由人民法院依法中止探望；中止的事由消失后，应当恢复探望。"

探望权是男女双方离婚后，不直接抚养子女的一方依法享有与未成年子女联系、会面、交往、短期共同生活的权利。探望权是基于父母子女关系而享有的一种身份权，这种身份关系是非抚养方对子女的探望权产生的法律基础。只要父母子女间的身份关系存在，探望权就是非抚养子女一方的法定权利，非有法定理由不得予以限制或剥夺。这一法律规定不仅保护了子女的利益，也保护了父母的合法权益。离婚时未涉及探望权问题，不管是行政程序离婚还是诉讼程序离婚，离婚后当事人就探望权问题单独提起诉讼的，人民法院应予受理。间接抚养方在行使探望权时，直接抚养子女的一方有协助的义务，对拒不执行有关探望子女的判决或者裁定的，人民法院可以对有协助义务的个人和单位采取拘留、罚款等强制措施。

（一）探望权的权利义务主体

父母离婚后，子女由一方直接抚养，直接抚养方成为子女抚养的主要担当人，非直接抚养方的权利则受到一定的限制。父母离婚并不影响父母子女间的人身关系，不直接抚养子女的父（母）自然享有对子女的探望权，即直接抚养权一经确定，探望权也就同时产生。探望权的主体只能是非直接抚养方的父（母）；而抚养方的父（母）则是探望权的义务主体，应当协助探望权人实现探望的权利。如直接抚养方设置障碍，拒绝有探望权的一方探望子女，就侵害了非直接抚养方的探望权利，应承担侵权责任。不直接抚养子女的父母是指不随子女共同生活的一方，父母子女包括婚生父母子女、养父母子女、同意继续抚养的有抚养关系的继父母子女、非婚生父母子女。探望不以负担费用为前提，不直接抚养方即使因某种原因未支付抚养费，仍有探望的权利；也不以随子女共同生活的父母一方未再婚为前提，即使直接抚养方已经再婚，不直接抚养方仍有探望的权利；也不以非轮流抚养为限，在父母轮流抚养子女的情况下，未与子女共同生活的一方仍有探望权。

应该强调的是，依据目前的立法，未成年子女非直接抚养方的父（或母）的近亲属，包括未成年子女的祖父母、外祖父母主张探望权，或代替未成年子女的父（或母）行使探望权仍然不能得到法律的支持。

《民法典》规定了离婚后不直接抚养子女的父或者母对子女的探望权是十分必要的，但是现行的规定似仍有不足之处。离婚后父母与子女间的探望权应当是双向的、相互的，子女不仅是探望权行使的对象，而且也是探望权的主体。未成年人利益的最大化是当代有关未成年人立法的重要原则。父母离婚后，为了弥补子女与父母双方共同生活的缺憾，满

足子女探望父或母的合理要求，今后似可在有关探望权的解释中增设下列规定：父母离婚后，已满 8 周岁的未成年子女，有探望不与其共同生活的父或者母的权利，直接抚养子女的一方有协助的义务。

（二）行使探望权的方式

行使探望权，涉及抚养方和子女的利益，因此确定探望时间、探望方式是必要的。《民法典》规定了确定探望时间、方式的两种途径，即父母协议和法院判决两种方式，并确定了协议优先原则。行使探望权的方式可以分为探望式和逗留式两种方式。父母在协议确定探望子女的时间或方式上除考虑双方的实际情况外，应着重考虑是否有利于子女身心健康。一般在不影响子女的学习、严重改变子女生活规律的前提下，可确定在一段时间内，间接抚养方与子女单独交流，可以安排间接抚养方前来探望、子女短期随其生活、外出旅游，也可以通信、通话等。如果双方不能就探望的时间方式达成协议，或直接抚养方拒绝协商，探望权人可向法院提起诉讼，法院应受理探望权人的请求，依法就探望的时间和方式作出判决。

（三）探望权的中止及恢复

探望权的中止是指探望权人符合探望权中止的法定理由，由法院裁定探望权人在一定期间中止行使探望权的法律制度。探望权是探望权人的法定权利，法律应给予保护，但探望权的行使涉及抚养方和子女的利益，当存在损害相关人尤其是子女的合法权益情形时，应对探望权予以限制。

1. 探望权中止的法定理由

《民法典》第 1086 条规定："父或者母探望子女，不利于子女身心健康的，由人民法院依法中止探望。"可见不利于子女身心健康，是探望权中止的唯一法定理由。如果父母的探望行为造成的是其他损害，但没有不利于子女身心健康，人民法院就不能裁定探望权中止。特别是，不能将不直接抚养方不支付或延期支付抚养费作为中止探望权的理由。

2. 中止探望权的主体

中止探望对探望权人影响很大，因此《民法典》规定，中止探望权的主体只能是人民法院，其他个人、组织或机关不得中止探望人的探望权。

3. 探望权中止的请求权人

依据《婚姻家庭编解释（一）》第 67 条规定，申请中止探望权的主体只能是未成年子女、直接抚养子女的父或者母以及其他对未成年子女负担抚养、教育、保护义务的法定监护人。

4. 探望权中止的程序

《婚姻家庭编解释（一）》第 66 条规定："当事人在履行生效判决、裁定或者调解书的过程中，一方请求中止探望的，人民法院在征询双方当事人意见后，认为需要中止探望的，依法作出裁定。"中止探望权的裁定一经作出，就具有法律的强制力，探望权人必须遵守。

5. 探望权的恢复

中止探望只是探望权的暂时停止行使，而不是探望权的消灭。中止探望权的情形消失后，人民法院应当根据当事人的请求书面通知其恢复探望。

（四）探望权的强制执行

【**案例** 11-2】 甲婚内出轨，其妻子乙向人民法院提起离婚诉讼。人民法院经过审理作出判决，准予离婚；婚生女儿丙由乙扶养，甲每月支付抚养费 2000 元；甲每月探望丙一次，时间为 3 小时，可在乙的住处，也可将丙领出乙的家。判决生效后，甲到乙的住处探望丙，但丙对甲出轨一事耿耿于怀，拒绝甲的探望，乙经劝说仍无济于事。甲请求人民法院强制执行，人民法院启动执行程序后，要求乙履行判决义务，协助甲实现探望权。但丙仍坚持己见，乙的劝说仍无效果。

任务：请回答人民法院能够强制执行吗？

《婚姻家庭编解释（一）》第 68 条规定："对于拒不协助另一方行使探望权的有关个人或者组织，可以由人民法院依法采取拘留、罚款等强制措施，但是不能对子女的人身、探望行为进行强制执行。"

探望权的强制执行是对拒不协助另一方行使探望权的有关个人和组织依法采取拘留、罚款等强制措施，但不能对子女的人身、探望行为进行强制执行。案例 11-2 中，乙作为丙的直接抚养人，有协助甲行使探望权的义务。甲行使探望权时，乙应积极履行协助义务。但是丙拒绝被甲探望。在这种情况下，人民法院启动强制执行程序是错误的，在强制执行过程中，鉴于丙拒绝被甲探望的事实，人民法院应及时中止执行程序。

第三节　离婚时的财产处理

离婚终止了夫妻间的共同生活的关系，离婚之后不仅不存在共同共有财产的关系，而且婚姻关系存续期间形成的共同共有的财产也要进行分割，进而产生了夫妻财产清算、夫妻财产分割、债务清偿等财产方面的一系列法律后果。夫妻共同财产分割的问题非常复杂，《婚姻家庭编解释（一）》作出了规定，处理离婚时的财产问题应注意以下几个方面。

一、分清财产的性质

家庭共同生活中形成的财产一般分为夫妻共同共有财产、个人财产与家庭共同共有财产三个方面，离婚时处理夫妻共同共有财产时应严格加以区分。离婚时可以分割的财产仅限于夫妻共同共有财产及家庭共同共有财产中属于夫妻一方的应有份额，分割财产时还应注意保护未成年人的财产。

（一）家庭共同共有财产

家庭财产是家庭成员各自所有的财产和家庭成员共同所有的财产的总和。家庭共同共有财产是指家庭成员共同积累、购置、受赠的财产，家庭成员交给家庭的财产和共同生活期间共同劳动的收入等。结婚之后，夫妻与一方其他家庭成员共同生活，双方离婚时尚未分家析产的，家庭财产包括：夫妻共同共有财产、夫妻各自所有的财产，其他家庭成员各自所有的财产和全体或部分家庭成员共同所有的财产。夫妻离婚时只能分割夫妻的共同财产及夫妻财产在家庭共同共有财产中的相应份额，不能分割其他家庭成员的财产。因此，在进行夫妻财产分割时，首先应弄清夫妻共同共有财产的范围。离婚时，可先就已查清的财产问题进行处理，对一时难以查清的财产的分割问题可告知当事人另案处理；也可中止离婚诉讼，待析产案件审结后再恢复离婚诉讼。司法实践中要特别关注，夫或妻名义下的存款或者其他财产一般应为个人财产，但是婚姻关系存续期间产生的夫或妻名义下的存款或者其他财产，有其他证据证明为其他家庭成员的，应当根据财产的来源、夫妻的收入和支出情况进行综合判断，不能简单地认定为夫妻共有财产，以免损害夫或妻一方及其他家庭成员的利益。

（二）夫妻共同共有财产

根据《民法典》第1062条及《婚姻家庭编解释（一）》第25条的规定，在夫妻没有财产约定的情况下，除法律规定为个人特有财产外，夫妻关系存续期间所得的财产一般为夫妻共同共有财产。对于夫妻共同共有财产，夫妻双方享有平等的处理权，婚姻关系终止时原则上应平均分割，必要时可根据结婚时间的长短、财产来源等具体情况处理，处理时应注意不能降低和损害财产的使用价值。

（三）夫妻个人财产

根据《民法典》第1063条、第1065条的规定，夫妻个人财产包括两部分：一部分是根据夫妻间的约定归夫妻个人所有的财产。夫妻可以书面约定婚前财产以及婚姻关系存续期间所得的财产的归属，司法实践中没有争议的口头约定也予认可。另一部分是在没有约定或约定不明的情况下，由法律直接规定的夫妻个人特有财产，主要包括一方的婚前财产，一方因受到人身损害获得的赔偿或者补偿；遗嘱或者赠与合同中确定只归一方的财产，一方专用的生活用品。离婚时个人财产原则上归个人所有。

关于个人特有财产能否转化为共同财产的问题。根据《婚姻家庭编解释（一）》第31条规定，夫妻一方的个人财产，不因婚姻关系的延续而转化为夫妻共同财产，但当事人另有约定的除外。

（四）未成年子女的财产

未成年子女的财产，是指从出生至不满18周岁的子女应得的财产，主要包括受赠的和分家析产时分得的财产。未成年子女的财产，归未成年子女所有。在父母离婚后，未成年子女的财产应由直接抚养的一方代为管理。一方管理未成年子女财产时，应履行法定义务，不为子女利益不得处分子女财产。

二、分割夫妻共同共有财产时应坚持的原则

《民法典》第1087条规定："离婚时，夫妻的共同财产由双方协议处理；协议不成的，由人民法院根据财产的具体情况，按照照顾子女、女方和无过错方权益的原则判决。"据此我国所确定的分割共同财产的原则是：照顾子女和女方权益的原则、照顾无过错方权益原则、尊重当事人意愿原则。

（一）照顾子女和女方权益的原则

整体来说，我国目前妇女的经济状况仍较男子差，为保证妇女不因经济问题影响离婚权利的行使，不因离婚而出现生活水平严重下降，保障下一代的健康成长，在分割共同财

产时需照顾子女、女方的利益。

（二）照顾无过错方权益原则

对因一方过错引起的离婚，在分割共同财产时要照顾无过错一方。所谓过错是指一方有赌博、酗酒、通奸、与他人同居、重婚、家庭暴力、虐待和遗弃等行为。我国实行离婚过错损害赔偿制度，但其适用范围有严格限制，总体来说比较窄，仅限于与他人同居、重婚、家庭暴力、虐待和遗弃以及其他重大过错。一方的其他过错对无过错方同样造成巨大伤害，所以在分割共同财产时，无过错方无论主动要求离婚，还是被动承受离婚的后果都应得到照顾，以体现法律的公平。

（三）尊重当事人意愿原则

财产约定优先于法定，夫妻双方对财产归谁所有以书面形式约定，或以口头形式约定双方无争议的，离婚时应按约定处理；但是双方约定规避法律或逃避债务的无效。

三、判决分割夫妻共同财产的具体操作

（一）分割夫妻共同财产的方式

1. 协议分割与判决分割

这是根据分割夫妻共同财产的依据不同所作的分类。协议分割，是指夫妻双方在平等自愿基础上通过协商，对夫妻共同财产的分割达成了共识。判决分割，是夫妻双方就共同财产分割无法达成一致意见时，由人民法院作出判决的分割方式。

2. 实物分割、价金分割与价值补偿

这是根据分割夫妻共同财产的具体方法不同所作的分类。实物分割，是指在不影响其财产价值和使用价值的前提下，对财产进行实际分配，双方各自依据其分割的份额取得应得的财产。价金分割，是指在共有物不能分割或分割后有损其价值或使用价值的前提下，将共有物进行变卖，双方就变卖后所得的价金进行分割，各自取得相应的价金。价值补偿，是指夫妻一方取得共有物，另一方获得相当于其应得份额的价格补偿金。

（二）分割夫妻共同财产的方法

【案例 11-3】 甲大学毕业后，见房价上涨很快，立即按揭购买了一套价值 100 万元（考虑利息）的房屋，登记在自己名下，在支付了 40 万元购房首付款后，甲和乙结婚。婚后，双方约定，房贷归甲负责，乙负责家庭生活与清偿购买汽车的贷款。甲以自己的工资又支付了 40 万元的房贷。不料此时甲、乙离婚，房屋价值 500 万元。

任务：请回答房屋应当如何分？

依据《婚姻家庭编解释（一）》的规定，人民法院在对夫妻共同财产具体分割时，应当特别注意以下问题。

1. 分割发放到军人名下的复原费、自主择业费等一次性费用的处理

《婚姻家庭编解释（一）》第 71 条规定："人民法院审理离婚案件，涉及分割发放到军人名下的复员费、自主择业费等一次性费用的，以夫妻婚姻关系存续年限乘以年平均值，所得数额为夫妻共同财产。前款所称年平均值，是指将发放到军人名下的上述费用总

额按具体年限均分得出的数额。其具体年限为人均寿命七十岁与军人入伍时实际年龄的差额。"

2. 关于有价证券及股份的分割

《婚姻家庭编解释（一）》第 72 条规定："夫妻双方分割共同财产中的股票、债券、投资基金份额等有价证券以及未上市股份有限公司股份时，协商不成或者按市价分配有困难的，人民法院可以根据数量按比例分配。"此类财产市场价格变动较大，分割共同财产时要充分考虑它作为夫妻共同财产，双方均衡承担风险问题，人民法院一般的做法是根据数量按比例分配，一方要求价值补偿的不予支持。

3. 关于有限责任公司出资额的分割

有限责任公司是典型的两合公司，股东之间需要彼此了解，相互信任。如果离婚后夫妻协商一致，将婚姻关系存续期间以一方名义出资的有限责任公司股权分割为两人各自分别持有，那么就需要征求其他股东的意见。

《婚姻家庭编解释（一）》第 73 条规定："人民法院审理离婚案件，涉及分割夫妻共同财产中以一方名义在有限责任公司的出资额，另一方不是该公司股东的，按以下情形分别处理：

（一）夫妻双方协商一致将出资额部分或者全部转让给该股东的配偶，其他股东过半数同意，并且其他股东均明确表示放弃优先购买权的，该股东的配偶可以成为该公司股东；

（二）夫妻双方就出资额转让份额和转让价格等事项协商一致后，其他股东半数以上不同意转让，但愿意以同等条件购买该出资额的，人民法院可以对转让出资所得财产进行分割。其他股东半数以上不同意转让，也不愿意以同等条件购买该出资额的，视为其同意转让，该股东的配偶可以成为该公司股东。

用于证明前款规定的股东同意的证据，可以是股东会议材料，也可以是当事人通过其他合法途径取得的股东的书面声明材料。"

4. 关于合伙企业中出资额的分割

合伙企业与合伙人之间承担无限连带责任，一方面合伙人之间需要彼此了解，相互信任；另一方面合伙人可以按照法律规定或约定退伙。《婚姻家庭编解释（一）》第 74 条规定："人民法院审理离婚案件，涉及分割夫妻共同财产中以一方名义在合伙企业中的出资，另一方不是该企业合伙人的，当夫妻双方协商一致，将其合伙企业中的财产份额全部或者部分转让给对方时，按以下情形分别处理：

（一）其他合伙人一致同意的，该配偶依法取得合伙人地位；

（二）其他合伙人不同意转让，在同等条件下行使优先购买权的，可以对转让所得的财产进行分割；

（三）其他合伙人不同意转让，也不行使优先购买权，但同意该合伙人退伙或者削减部分财产份额的，可以对结算后的财产进行分割；

（四）其他合伙人既不同意转让，也不行使优先购买权，又不同意该合伙人退伙或者削减部分财产份额的，视为全体合伙人同意转让，该配偶依法取得合伙人地位。"

5. 关于独资企业的财产的分割

《婚姻家庭编解释（一）》第 75 条规定："夫妻以一方名义投资设立个人独资企业

的，人民法院分割夫妻在该个人独资企业中的共同财产时，应当按照以下情形分别处理：

（一）一方主张经营该企业的，对企业资产进行评估后，由取得企业资产所有权一方给予另一方相应的补偿；

（二）双方均主张经营该企业的，在双方竞价基础上，由取得企业资产所有权的一方给予另一方相应的补偿；

（三）双方均不愿意经营该企业的，按照《中华人民共和国个人独资企业法》等有关规定办理。"

6. 确认双方共同共有房屋价值与归属

《婚姻家庭编解释（一）》第76条规定："双方对夫妻共同财产中的房屋价值及归属无法达成协议时，人民法院按以下情形分别处理：

（一）双方均主张房屋所有权并且同意竞价取得的，应当准许；

（二）一方主张房屋所有权的，由评估机构按市场价格对房屋作出评估，取得房屋所有权的一方应当给予另一方相应的补偿；

（三）双方均不主张房屋所有权的，根据当事人的申请拍卖、变卖房屋，就所得价款进行分割。"

7. 所有权欠缺的房屋的处理

《婚姻家庭编解释（一）》第77条规定："离婚时双方对尚未取得所有权或者尚未取得完全所有权的房屋有争议且协商不成的，人民法院不宜判决房屋所有权的归属，应当根据实际情况判决由当事人使用。当事人就前款规定的房屋取得完全所有权后，有争议的，可以另行向人民法院提起诉讼。"

8. 夫妻一方婚前签订不动产买卖合同，以个人财产支付首付款并在银行贷款，婚后用夫妻共同财产还贷，不动产登记于首付款支付方名下的，离婚时该不动产的处理

《婚姻家庭编解释（一）》第78条规定："夫妻一方婚前签订不动产买卖合同，以个人财产支付首付款并在银行贷款，婚后用夫妻共同财产还贷，不动产登记于首付款支付方名下的，离婚时该不动产由双方协议处理。依前款规定不能达成协议的，人民法院可以判决该不动产归登记一方，尚未归还的贷款为不动产登记一方的个人债务。双方婚后共同还贷支付的款项及其相对应财产增值部分，离婚时应根据民法典第1087条第1款规定的原则，由不动产登记一方对另一方进行补偿。"

案例11-3中，涉案房屋的分割方式如下：（1）约定优先，甲乙双方可以约定房屋所有权归乙。（2）若不能达成协议产生争议，法院可以判决房屋所有权归甲。（3）剩余的20万元房贷属于甲的个人债务，乙不负偿还责任。（4）双方以夫妻共同财产（甲婚后的工资）还贷的部分及其自然增值应认定为夫妻共同财产，甲应给乙相应的补偿。以共同财产还贷的比例是40%。甲应向乙补偿的增值数额是：（500－100）×40%÷2＝80（万元）。

9. 婚姻关系存续期间，双方用夫妻共同财产出资购买以一方父母名义参加房改的房屋，产权登记在一方父母名下，离婚时该房屋问题的处理

《婚姻家庭编解释（一）》第79条规定："婚姻关系存续期间，双方用夫妻共同财产出资购买以一方父母名义参加房改的房屋，登记在一方父母名下，离婚时另一方主张按照

夫妻共同财产对该房屋进行分割的，人民法院不予支持。购买该房屋时的出资，可以作为债权处理。"

10. 离婚时夫妻一方尚未退休、不符合领取基本养老金条件，另一方请求按照夫妻共同财产分割基本养老金的处理

《婚姻家庭编解释（一）》第 80 条规定："离婚时夫妻一方尚未退休、不符合领取基本养老金条件，另一方请求按照夫妻共同财产分割基本养老金的，人民法院不予支持；婚后以夫妻共同财产缴纳基本养老保险费，离婚时一方主张将养老金账户中婚姻关系存续期间个人实际缴纳部分及利息作为夫妻共同财产分割的，人民法院应予支持。"

11. 离婚时尚未实际分割的遗产

婚姻关系存续期间，夫妻一方作为继承人依法可以继承的遗产，在继承人之间尚未实际分割，起诉离婚时另一方请求分割的，根据《婚姻家庭编解释（一）》第 81 条的规定，人民法院应当告知当事人在继承人之间实际分割遗产后另行起诉。

我国《民法典》第 1121 条规定："继承从被继承人死亡时开始。"在婚姻关系存续期间，夫妻一方作为继承人所继承的遗产，应当作为夫妻共同财产，在离婚时按照夫妻共同财产的处理原则进行分割。但在现实生活中经常发生被继承人死亡但并未在其死亡后即时分割遗产的情况。此时，如果夫妻双方离婚，一方请求分割遗产中夫妻应有份额，由于遗产尚未在继承人之间分割，夫妻对于遗产的共同财产只是享有期待权，夫妻一方关于分割该部分财产中夫妻共有份额的条件尚不具备，因此，不能在离婚诉讼中进行处理。

12. 夫妻之间借款协议的处理

夫妻之间订立借款协议，以夫妻共同财产出借给一方从事个人经营活动或者用于其他个人事务的，应视为双方约定处分夫妻共同财产的行为，根据《婚姻家庭编解释（一）》第 82 条规定，离婚时可按照借款协议的约定处理。婚姻家庭法规定夫妻双方对共同财产有平等的处理权，故夫妻之间的借款行为应当视为夫妻对共同财产的合法处分。夫妻一方向另一方从夫妻共同财产中借款，除作为借款来源的夫妻共同财产属于双方共同共有而与普通自然人之间的借贷不同外，在本质上并无不同，应属于民事借贷行为。因此在双方离婚产生纠纷时应适用自然人之间借款合同的民事法律规定。

13. 关于土地承包经营权的分割

《民法典》第 1087 条第 2 款规定："对夫或者妻在家庭土地承包经营中享有的权益等，应当依法予以保护。"

土地承包经营权是农村居民的一项重要民事权利，承包责任田的划分一般以户为单位，在离婚时承包责任田的处理往往关系到离婚后离开原居住场所的一方今后生存问题。因此人民法院在判决此类离婚案时，应当协同村委会的基层领导将责任田划分一并予以考虑。为此，2003 年 3 月 1 日起实行的《农村土地承包法》第 31 条规定："妇女离婚或者丧偶，仍在原居住地生活或者不在原居住地生活但在新居住地未取得承包地的，发包方不得收回其原承包地。"

14. 离婚时未处理的夫妻共同财产的分割

离婚诉讼中的财产分割仍然奉行谁主张谁举证的原则，谁主张分割谁举证证明存在财产。如果离婚过程中存在一方对另一方个别共同共有财产不了解，导致出现离婚时没有分

割的情况，应当允许离婚后重新分割。离婚后，一方以尚有夫妻共同共有财产未处理为由向人民法院起诉请求分割的，根据《婚姻家庭编解释（一）》第83条的规定，经审查该财产确属离婚时未涉及的夫妻共同财产，人民法院应当依法予以分割。

15. 夫妻分居两地分别管理、使用的婚后财产

夫妻分居两地分别管理、使用的婚后所得财产，应认定为夫妻共同财产。在分割财产时，各自分别管理、使用的财产归各自所有。双方所分财产价值相差悬殊的，差额部分，由多得财产的一方以与差额相当的财产抵偿另一方。夫妻因感情不和而分居，分居期间所得的财产仍为共同共有财产，但分割共同共有财产时应考虑财产的来源合理分割。

四、离婚时的债务清偿

【案例11-4】 杨某与吴某2003年3月于石家庄登记结婚。结婚时杨某为某医院大夫，吴某为某国企职工。近些年由于工作单位效益不好，吴某辞职承包了石家庄市到辛集市的客运专线，自己从事个体运输。2018年2月，杨某认为吴某懒惰并有赌博恶习导致生意不景气与其协议离婚。2019年3月，陌生人秦某找到杨某称2016年至2017年吴某共向其借款20万元，并向杨某出示了2017年5月签的总欠条，请求杨某偿还债务。杨某称其不知道借款之事，吴某从未将该款项用于夫妻共同生活，如果真有欠条一定是吴某欠的赌债，属于非法债务没有法律效力。经查，吴某所写欠条没有写明借款用途，杨某与吴某的离婚协议中没有关于夫妻共同债务的任何约定。

任务：请回答杨某是否有清偿债务的义务？

《民法典》第1089条规定："离婚时，夫妻共同债务应当共同偿还。共同财产不足清偿或者财产归各自所有的，由双方协议清偿；协议不成的，由人民法院判决。"

处理夫妻债务问题时要分清债务的性质，落实清偿责任。夫妻共同生活不仅形成了积极财产即共同共有的财产，也形成了消极财产即共同债务。共同债务夫妻均应当承担清偿责任，离婚时应当确定夫妻分担共同债务的办法。

（一）夫妻共同债务

1. 夫妻共同债务的认定

夫妻共同债务是指夫妻一方或双方在婚姻关系存续期间为维持家庭共同生活或者为共同生产、经营活动所负的债务。

夫妻为共同生活或为履行法定的抚养、赡养义务等所负债务，以及共同财产制下一方或双方因治疗疾病所负的债务，应被认定为夫妻共同债务，以夫妻共同财产清偿，双方共同负责。

《民法典》第1064条规定："夫妻双方共同签名或者夫妻一方事后追认等共同意思表示所负的债务，以及夫妻一方在婚姻关系存续期间以个人名义为家庭日常生活需要所负的债务，属于夫妻共同债务。夫妻一方在婚姻关系存续期间以个人名义超出家庭日常生活需要所负的债务，不属于夫妻共同债务；但是，债权人能够证明该债务用于夫妻共同生活、共同生产经营或者基于夫妻双方共同意思表示的除外。"夫妻所负债务仅在符合法律规定的情况下才能被认定为夫妻共同债务。法律规定的认定夫妻共同债务四种情况分别为：

（1）家庭日常生活所负的债务；（2）夫妻共同签名或事后追认的债务；（3）夫妻共同生活所负的债务；（4）夫妻共同生产经营所负的债务；（5）基于夫妻双方共同意思表示所负的债务。除为家庭日常生活所负债务外，夫妻以个人名义所负债务认定为夫妻共同债务的，需债权人举证证明。

2. 夫妻共同债务的偿还顺序

离婚时夫妻双方有共同财产的，对于已届清偿期的共同债务应直接用共同财产偿还，夫妻共同债务因清偿而消灭。夫妻债务未届清偿期，夫妻共同财产不足清偿，或者财产归各自所有，则由夫妻双方协议清偿，即先由夫妻双方就清偿份额进行约定，双方协议不成，或者协议无效的情况下，则应由人民法院判决。夫妻双方财产共同所有的，应以均等偿还为原则，夫妻财产归各自所有且协议不成的，由人民法院判决。

3. 夫妻双方对债权人的连带责任

夫妻共同债务应当共同清偿，因此除债权人同意外，清偿协议仅对夫妻双方产生约束力，人民法院判决也仅对离婚纠纷双方当事人产生拘束力，不能据此约束债权人。债权人有权请求夫妻一方就全部共同债务承担连带责任。

4. 夫妻相互间的追偿权

夫妻双方就共同债务对债权人承担连带偿还责任，一方承担责任超出共同债务清偿协议约定或人民法院判决份额的，可向另一方追偿。《婚姻家庭编解释（一）》第35条规定："当事人的离婚协议或者人民法院生效判决、裁定、调解书已经对夫妻财产分割问题作出处理的，债权人仍有权就夫妻共同债务向男女双方主张权利。一方就夫妻共同债务承担清偿责任后，主张由另一方按照离婚协议或者人民法院的法律文书承担相应债务的，人民法院应予支持。"

（二）个人债务

个人债务是指夫妻一方在婚前所负的债务，婚后以个人名义所负与共同生活无关的债务以及夫妻双方约定为个人负担的债务。

个人债务包括：男女双方各自婚前所负债务，但债权人能够证明所负债务用于婚后家庭共同生活的除外；夫妻双方约定由个人所负担的债务，但为逃避债务所作的约定除外；夫妻双方约定实行分别财产制的前提下，一方对外所负的债务；一方未经对方同意擅自资助与其没有抚养义务的亲朋所负的债务；一方未经对方同意，独自筹资从事经营活动，其收入确未用于共同生活所负的债务。个人债务原则上由其本人偿还，夫妻另一方不承担连带责任，对方自愿为其偿还的可以偿还，但不得强迫。《婚姻家庭编解释（一）》第34条规定："夫妻一方与第三人串通，虚构债务，第三人主张该债务为夫妻共同债务的，人民法院不予支持。夫妻一方在从事赌博、吸毒等违法犯罪活动中所负债务，第三人主张该债务为夫妻共同债务的，人民法院不予支持。"

《民法典》第1064条规定："夫妻一方在婚姻关系存续期间以个人名义超出家庭日常生活需要所负的债务，不属于夫妻共同债务；但是，债权人能够证明该债务用于夫妻共同生活、共同生产经营或者基于夫妻双方共同意思表示的除外。"在案例11-4中，吴某所欠债务明显超出日常生活所需费用，且杨某不认可为共同债务。因此，该笔债务为个人债务，杨某没有清偿债务的义务。

五、离婚妨碍分割夫妻共同财产的责任

夫妻共同共有的财产在婚姻关系存续期间，夫妻共同共有的财产一般由夫妻双方分别进行管理。如果离婚时当事人利用管理或控制财产之便隐藏、转移、变卖、毁损、挥霍自己管理的财产或伪造夫妻共同债务，则构成对另一方的侵权。夫妻一方隐藏、转移、变卖、毁损、挥霍夫妻共同财产，或者伪造夫妻共同债务企图侵占另一方财产的，根据《民法典》第 1092 条规定，在离婚分割夫妻共同财产时，对该方可以少分或不分。离婚后，另一方发现有上述行为的，可以向人民法院提起诉讼，请求再次分割夫妻共同财产。请求再次分割夫妻共同财产的诉讼时效为 3 年，从当事人发现之次日起计算。

隐藏、转移、变卖、毁损、挥霍夫妻共同财产的违法行为，如果破坏了民事诉讼的正常程序，根据《民事诉讼法》第 118 条规定，人民法院可依据情节轻重，对当事人处以人民币 100 000 元以下罚款或 15 日以下拘留的民事制裁；情节严重的，当事人还要承担刑事责任。

第四节　离婚救济制度

离婚救济是法律为离婚过程中权利受到损害的一方提供的权利救济方式，或者是为弱势一方提供的法律救助手段。根据我国婚姻家庭法的规定，离婚救济方式包括离婚时的经济补偿请求权、经济帮助请求权和离婚损害赔偿请求权。

离婚损害赔偿请求权

一、离婚时的经济补偿请求权

【案例11-5】甲与乙登记结婚后，两地分居。孩子出生后，为兼顾孩子和老人，妻子乙与甲的父母共同生活。甲在外地工作期间，与丙产生婚外恋情，以夫妻名义共同生活。乙和甲的父母多方规劝，无奈甲不思悔改，继续与丙保持同居关系。乙向人民法院提起离婚诉讼。

任务：乙是否有权要求甲进行经济补偿？

2001 年修正的《婚姻法》第 40 条规定："夫妻书面约定婚姻关系存续期间所得的财产为各自所有，一方因抚养子女、照顾老人、协助另一方工作等付出较多义务的，离婚时有权向另一方请求补偿，另一方应予以补偿。"离婚时的经济补偿请求权仅限于实行分别财产制的夫妻。对此，《民法典》做了修改和完善，扩大了离婚时经济补偿的适用范围，在第 1088 条规定："夫妻一方因抚育子女、照料老年人、协助另一方工作等负担较多义务的，离婚时有权向另一方请求补偿，另一方应当给予补偿。具体办法由双方协议；协议不成的，由人民法院判决。"这样，离婚时的经济补偿请求权取消了财产制的限制。适用本规定时应注意以下几个问题：

（一）离婚补偿的条件

离婚时的经济补偿制度既适用于在夫妻关系存续期间约定采用分别财产制的当事人，

也适用于采用法定夫妻财产制即婚后所得共同制的当事人。在具体实施中，不能以分割夫妻共同财产的平等或者照顾规则代替经济补偿。

婚姻家庭生活中，夫妻双方均有抚育子女、照料老人等义务。在离婚时夫妻一方可请求补偿的前提条件是其在婚姻家庭生活中对上述义务付出更多。抚育子女包括抚育亲生子女，也包括抚育养子女、继子女，照料老人则包括照料父母、养父母、具有抚养关系的继父母，以及其他有扶养义务的长辈亲属。较多的义务是指一方从事的抚养子女、照料老人等家务劳动无论从数量上还是在所花费的时间上都比对方多，或一方协助另一方工作比自己在工作方面从对方得到的协助多。

（二）离婚补偿请求权的行使

《民法典》第1088条规定，"夫妻一方因抚育子女、照料老人、协助另一方工作等负担较多义务的，离婚时有权向另一方请求补偿。"在经济补偿中，付出较多义务的一方是补偿请求权人，因补偿请求权人付出较多义务而受益的另一方是补偿义务人。离婚补偿基于付出义务较多的一方请求而发生，在当事人没有提出请求的情况下，人民法院不主动适用该条规定，且该补偿请求权的行使时间应限于离婚之时，即在协议离婚或诉讼离婚中一并提出。

案例11-5中，根据《民法典》第1088条规定，甲乙分居两地，照顾甲的父母和抚养子女的重任均由乙承担，乙付出义务较多，具备行使经济补偿请求权的条件，应当得到支持。甲有配偶而与他人同居，乙在提起离婚诉讼时，除了可以提出经济补偿请求，还可以另行请求离婚过错损害赔偿。

（三）补偿的数额和给付方式

如果付出较多义务的一方请求补偿，另一方应当予以补偿。至于如何补偿，应由双方协议。如果另一方不予补偿，或双方在补偿的方式、数额等问题上发生争议，可经诉讼程序由人民法院判决。诉讼离婚时，人民法院应当就该问题组织双方调解，协商确定补偿数额，调解不成时，由人民法院综合双方婚姻关系持续时间的长短，付出义务的内容及所需要的时间和精力，对方从一方协助中受益情况等因素予以确定。如果婚姻关系持续时间较长，一方家务劳动的强度大，付出时间和放弃自己发展机会多，另一方受益多，则确定较多的经济补偿数额。

（四）经济补偿的性质

经济补偿是我国婚姻家庭关系中一项独立的制度，其性质既不同于离婚时共同财产的分割，也不同于离婚过错损害赔偿（赔偿责任以赔偿义务人有法定的过错为前提，对补偿责任制则无此要求），《民法典》第1088条规定的离婚经济补偿不同于《民法典》第1087条规定的离婚分割夫妻共同财产时照顾女方权益的判决原则。根据我国的实际情况，女方一般是为抚育子女、照料老人、协助另一方工作等付出较多义务的一方，离婚时对夫妻共同财产的处理应考虑女方生活需要给予照顾，付出义务较多的，还可依据本条规定单独请求经济补偿。如其丈夫在婚姻关系中存在过错，女方亦可一并主张离婚过错损害赔偿。

二、经济帮助请求权

【案例 11-6】甲乙结婚后，乙即辞去工作，做全职太太。随着两个子女相继长大进入幼儿园，乙的空闲时间多了，乙开始出入棋牌室打麻将。在此过程中，乙结识麻友丙，双方关系逐渐暧昧，最终发展到通奸。甲不能容忍乙的背叛，提起离婚诉讼，乙同意离婚，但以缺乏工作技能、短时间难以找到工作为由，请求甲予以经济帮助，每月支付其生活费 5000 元。甲则以是乙的过错导致离婚为由，拒绝对其进行经济帮助。

任务： 请回答甲能否以因乙的过错导致离婚为由拒绝对乙进行经济帮助？

《民法典》第 1090 条规定："离婚时，如果一方生活困难，有负担能力的另一方应当给予适当帮助。具体办法由双方协议；协议不成的，由人民法院判决。"这是《民法典》关于离婚中夫妻经济帮助请求权的具体规定。所谓经济帮助请求权，是指在夫妻离婚时，生活困难的一方请求有负担能力的一方提供帮助的权利。离婚时经济帮助保障婚姻关系解除后困难一方的生活需要，不仅有利于社会稳定，而且有利于打消困难一方在离婚问题上的经济顾虑，为实现离婚自由创造条件。

（一）经济帮助的性质

离婚时对生活困难一方提供经济帮助，不同于婚姻关系存续期间的扶养义务，它不是夫妻扶养义务的延续，而是婚姻关系解除的法律后果。

离婚时生活困难一方的经济帮助请求权与离婚时尽义务较多的一方享有补偿请求权不同。离婚时给予生活困难一方适当的经济帮助是对受助方的有条件的帮助。而离婚时尽义务较多的一方请求另一方给予补偿是权利、义务相一致的体现，是当事人应当得到的回报。

（二）经济帮助的条件

离婚时一方对另一方的经济帮助请求权的行使应具备以下三个条件：

1. 接受帮助的一方生活困难

离婚后夫或妻一方取回的个人财产、分得的共同财产、获得的补偿金、有合理预期的劳动收入和其他收入等金钱或者生活用品无法维持当地基本生活水平。

2. 经济困难只能发生在离婚之时

离婚时的经济帮助具有严格的时效性。一方生活困难的情形一定发生在离婚之时，离婚后发生的生活困难，当事人没有相应的经济帮助请求权。

3. 提供帮助的一方必须有负担能力

提供帮助的一方应在其能力所及的范围内提供帮助，如果他本人也存在生活困难，则不必提供帮助。

只有同时具备上述三个条件，才能实行一方对另一方的经济帮助。

案例 11-6 中，乙在婚姻关系存续期间做全职太太，甲支付的扶养费是其唯一收入来源。离婚后乙短期内难以找到工作，没有收入，失去生活来源，生活困难；甲的收入丰厚，具备对乙提供经济帮助的条件。虽然甲乙的婚姻关系解除是乙的过错所致，但该过错不能作为拒绝对乙提供经济帮助的理由。

（三）经济帮助的办法

《民法典》第 1090 条规定，离婚时，一方对他方提供经济帮助的具体办法由双方协议；协议不成的，由人民法院判决。在实践中，这种帮助除了考虑帮助方的经济条件，应当着重考虑受助方的具体情况和实际需要，受助方年龄较轻且有劳动能力，只是存在暂时性困难的，采用一次性支付帮助费的办法。受助方年老病残、失去劳动能力而又无生活来源的，应作长期的妥善安排。

（四）经济帮助的执行

在执行经济帮助期间，接受帮助的一方另行结婚时，对方可终止给付。原定经济帮助执行完毕后，一方要求继续给予帮助时，一般不予支持。如遇有特殊情况，符合经济帮助条件的，可酌情处理。

三、离婚过错损害赔偿请求权

【案例 11-7】 甲与乙结婚，甲系再婚，甲与前妻所生儿子丙，随甲乙共同生活。结婚之初，乙还能做到善待继子丙。但在甲与乙的儿子丁出生后，乙经常趁甲不在家时让丙做家务，稍不满意对丙非打即骂，有时甚至不让丙吃饭。甲知道后，警告乙不得再对丙实施侵害行为，乙置若罔闻。甲忍无可忍，向人民法院提起离婚诉讼。

任务：请回答甲向乙提出离婚诉讼时，是否有权要求乙承担离婚损害赔偿责任？

离婚过错损害赔偿，简称"离婚过错赔偿"，是指因夫妻一方重婚或与他人同居，实施家庭暴力或虐待、遗弃家庭成员或其他重大过错而导致离婚的，无过错方有权要求过错方赔偿自己因离婚而遭受损失的一种法律制度。

（一）设立离婚过错损害赔偿制度的意义

在当今社会，人与人之间，当一方受到他方侵害时，要求民事赔偿是很自然的事。而婚姻作为一种民事法律行为，由于一方的重大过错导致婚姻关系破裂时，因 1980 年《婚姻法》中没有离婚过错责任的规定，对无过错方造成的财产或精神上的损害当时也就得不到应有的补偿。夫妻双方同样有相互尊重和不受侵害的权利，如果受到一方的侵害，受害方同样应该获得法律的保护。基于此，2001 年修改《婚姻法》开始，确立了离婚过错损害赔偿制度。经过近 20 年社会生活和司法实践的检验，离婚损害赔偿制度充分显示了其合理性、正当性和可操作性，故《民法典》予以沿用和完善，其第 1091 条规定："有下列情形之一，导致离婚的，无过错方有权请求损害赔偿：（一）重婚；（二）与他人同居；（三）实施家庭暴力；（四）虐待、遗弃家庭成员；（五）有其他重大过错。"

1. 离婚过错损害赔偿制度的建立是我国婚姻法律制度的一次历史性的突破和进步

它通过离婚损害赔偿制度，可以补偿无过错方的损失，使无过错方得到救济和慰藉，保护婚姻家庭中无过错方的利益，维护婚姻家庭的平等、稳定。

2. 有助于督促婚姻关系双方履行婚姻义务

婚姻使男女双方形成人身和财产方面的权利义务关系，双方都应自觉履行相互忠诚、相互扶助等义务。当一方故意违反婚姻义务，实施虐待、遗弃、重婚、通奸、侮辱等行为，造成另一方财产或人身方面的损害时，这种损害不可能通过离婚本身得到消释。只有通过损害赔偿，才能使过错方承担必要的民事责任，使无过错方得到精神上的抚慰和经济上的补偿。

3. 司法实践的需要

离婚中共同财产的分割应照顾无过错方，而由于夫妻一方的过错行为，导致婚姻关系破裂时，无过错方在身心和财产方面受到的损害理应得到赔偿，这才能体现法律的公平。离婚过错损害赔偿制度，就是要解决离婚过错方使无过错方受到身心和财产方面的双重损害的问题，以体现法律的公正。

4. 具有制裁和预防违法行为的功能

损害赔偿作为侵权者应承担的民事责任之一，体现了对违法行为的制裁，对其他可能发生侵权行为的人，也具有警戒和预防作用。

（二）离婚过错损害赔偿责任的构成要件

根据《民法典》的规定，离婚过错损害赔偿责任的构成，必须同时具备以下四个要件：

1. 存在法律规定的违法行为

配偶一方有重婚、与他人同居、实施家庭暴力和虐待、遗弃家庭成员以及其他重大过错等违法行为。2001 年修正的《婚姻法》第 46 条只确认并列举出四种具体行为类型，《民法典》第 1091 条增加了"有其他重大过错"的兜底性规定，这样规定更契合婚姻家庭和社会生活的实际，更有利于离婚损害赔偿制度的应用。

2. 违法行为与离婚的法律后果之间存在因果关系

离婚过错损害赔偿，必须具备离婚这一结果要件，否则就不构成离婚损害赔偿责任。而且离婚必须是由于过错方的违法行为导致的。如果当事人不主张离婚，只主张损害赔偿，人民法院是无法支持的。

3. 无过错方因离婚造成了损害

损害，是指因过错方的违法行为给无过错方造成的财产性利益的减少、丧失和非财产性的精神痛苦、压抑等伤害。离婚财产损害的范围，包括过错方给无过错方造成的财产损害，包括已经发生的直接的现实损害和可期待利益的间接损害，但配偶继承权等期待权除外；非财产损害方面，包括对无过错方造成的身体健康权、自由权的损害和对名誉权、荣誉权、尊严权、姓名权等造成的情感创伤、精神损害。没有财产损害或者人身损害的发生，就失去了承担损害赔偿责任的前提。物质损害必须有充足的证据证明违法行为是发生损害结果的直接原因，才能认定有因果关系；精神损害只要确认过错方有违法行为即可。

4. 过错方主观上有过错

过错方主观上明知合法的婚姻关系受法律保护，合法的配偶身份利益不受侵犯，却故意违反婚姻家庭法的规定，实施违法行为。过错是指违法行为人对自己的行为及其后果的心理状态。离婚出于有上述违法行为一方的过错，而享有离婚损害赔偿请求权的一方对此是无过错的。但是，对于无过错，不应作机械的、绝对化的理解。请求权一方在或长或短的婚姻家庭生活中可能有其他某些过错，只要不是导致离婚的主要或直接原因，仍可视为无过错方。

（三）离婚损害赔偿的主体

1. 权利主体

配偶中蒙受违法行为侵害的无过错方，为离婚损害赔偿的请求权人。依据《民法典》第 1091 条规定，离婚损害赔偿请求权的主体只能是婚姻关系中无法定过错的一方当事人，有过错的配偶一方无权提出离婚损害赔偿。《婚姻家庭编解释（一）》第 90 条规定，夫妻双方均有《民法典》第 1091 条规定的过错情形，一方或者双方向对方提出离婚损害赔偿请求的，人民法院不予支持。

离婚损害赔偿是法律赋予无过错方配偶的一项诉讼权利，是否行使赔偿请求权，由受损害的无过错方自行决定。即赔偿请求权实行"告诉乃论"的原则，如果无过错方在离婚诉讼中没有提出损害赔偿的问题，人民法院不能主动判决离婚损害赔偿问题。但是，人民法院受理此类案件时，有义务以书面形式告知当事人享有提出离婚损害赔偿请求的权利。

2. 义务主体

实施了违法行为的过错配偶方，为离婚损害赔偿的义务人，即赔偿主体。《婚姻家庭编解释（一）》第 87 条规定："承担民法典第 1091 条规定的损害赔偿责任的主体，为离婚诉讼当事人中无过错方的配偶。"造成婚姻关系破裂的第三者，不是婚姻损害赔偿的责任主体，无过错方不能向"第三者"索赔，离婚损害赔偿请求只能由无过错方向自己的合法配偶提出，不得向婚姻关系以外的人提出。

（四）请求离婚损害赔偿的时限

根据《婚姻家庭编解释（一）》第 87 条和第 88 条规定：

（1）人民法院判决不准离婚的案件，对于当事人基于《民法典》第 1091 条提出的损害赔偿请求，不予支持。

（2）在婚姻关系存续期间，当事人不起诉离婚而单独依据《民法典》第 1091 条提起损害赔偿请求的，人民法院不予受理。

（3）人民法院受理离婚案件时，应当将《民法典》第 1091 条等规定的当事人的有关权利义务，书面告知当事人。符合《民法典》第 1091 条规定的无过错方作为原告基于该条规定向人民法院提起损害赔偿请求的，必须在离婚诉讼的同时提出，否则视为放弃。

（4）人民法院受理离婚案件时，应当将《民法典》第 1091 条等规定的当事人的有关权利义务，书面告知当事人。符合《民法典》第 1091 条规定的无过错方作为被告的离婚诉讼案件，如果被告不同意离婚也不基于该条规定提起损害赔偿请求的，可以就此单独提起诉讼。

（5）人民法院受理离婚案件时，应当将《民法典》第 1091 条等规定的当事人的有关权利义务，书面告知当事人。无过错方作为被告的离婚诉讼案件，一审时被告未基于《民法典》第 1091 条规定提出损害赔偿请求，二审期间提出的，人民法院应当进行调解；调解不成的，告知当事人另行起诉。双方当事人同意由第二审人民法院一并审理的，第二审人民法院可以一并裁判。

《婚姻家庭编解释（一）》第 89 条规定："当事人在婚姻登记机关办理离婚登记手续后，以民法典第 1091 条规定为由向人民法院提出损害赔偿请求的，人民法院应当受理。

但当事人在协议离婚时已经明确表示放弃该项请求的，人民法院不予支持。"

《民法典》第 1091 条规定："有下列情形之一，导致离婚的，无过错方有权请求损害赔偿：（一）重婚；（二）与他人同居；（三）实施家庭暴力；（四）虐待、遗弃家庭成员；（五）有其他重大过错。"案例 11-7 中，乙虽然未对丈夫甲实施虐待行为，但是对继子丙实施了虐待行为，并导致离婚，造成甲精神上的损害，对此损害结果乙应承担赔偿责任。

（五）离婚损害赔偿的数额

最高人民法院《婚姻家庭编解释（一）》第 86 条规定："民法典第 1091 条规定的'损害赔偿'，包括物质损害赔偿和精神损害赔偿。涉及精神损害赔偿的，适用《最高人民法院关于确定民事侵权精神损害赔偿责任若干问题的解释》的有关规定。"

1. 物质损害赔偿数额

对于离婚损害赔偿中的物质损害赔偿，应当按照实际损害、遵循全部赔偿原则。即离婚过错方承担赔偿责任的大小，应当以其违法行为所造成的实际财产损失的大小，全部赔偿给无过错方。即赔偿范围以所造成的实际损害为限，损失多少，赔偿多少，包括直接损失和间接损失。对于人身伤害也应以实际损害作为确定损害赔偿的基本依据。

2. 精神损害的赔偿

对于精神损害赔偿金的计算，《最高人民法院关于确定民事侵权精神损害赔偿责任若干问题的解释》第 5 条规定："精神损害赔偿数额根据以下因素确定：（一）侵权人的过错程度，但是法律另有规定的除外；（二）侵害行为的目的、方式、场合等具体情节；（三）侵权行为所造成的后果；（四）侵权人的获利情况；（五）侵权人承担责任的经济能力；（六）受理诉讼法院所在地平均生活水平。"法官在裁量精神损害赔偿金额时，应公正地行使自由裁量权，确定公平、合理的精神损害赔偿金额，安抚受害人，惩戒过错方。

思考与练习

一、思考

1. 离婚的法律后果是什么？

2. 离婚时双方均要求抚养子女的，哪些情况可以视为优先条件？

3. 如何理解探望权？

4. 试析离婚时经济帮助的条件。

5. 离婚过错损害赔偿制度有何意义？

6. 离婚损害赔偿责任的构成要件是什么？

二、练习

（一）判断题

1. 男女双方自行达成离婚协议后，即发生离婚的效力。（　　）

2. 夫妻一方未经对方同意，独自筹资从事经营活动，其收入未用于共同生活所负的

债务，应由双方以共同财产偿还。（　　　）

3. 离婚后，子女的抚养费经法院判决后，不能变更。（　　　）

（二）单选题

1. 甲与乙结婚后，以个人名义向其妹借款 30 万元购买商品房一套，夫妻共同居住，后甲、乙离婚。甲向其妹的借款，离婚时应如何处理？（　　　）

  A. 由甲偿还　　　　　　　　　　　　B. 由乙偿还

  C. 以夫妻共同财产偿还　　　　　　　D. 主要由甲偿还

2. 根据我国《婚姻家庭编解释（一）》的相关规定，符合《民法典》第 1091 条规定的无过错方作为原告基于该条规定向人民法院提起损害赔偿请求的，必须（　　　）。

  A. 在离婚诉讼的同时提出　　　　　　B. 在离婚后 6 个月内提出

  C. 在离婚后 1 年内提出　　　　　　　D. 在离婚后 2 年内提出

3. 王某和刘某欲离婚，因王某的债务问题二人产生争执。王某有一笔 15 万元的债务，主张该债务为夫妻二人的共同债务，而刘某则主张此债务为王某的个人债务，如果王某有足够证据证明该债务用于夫妻的共同生活，则该债务（　　　）。

  A. 属于二人共同债务　　　　　　　　B. 属于刘某的个人债务

  C. 属于王某的个人债务　　　　　　　D. 应当由二人各承担一半

4. 2001 年修订的《婚姻法》规定，离婚后，哺乳期内的子女以随哺养的母亲为原则。《民法典》将其重新规范为，离婚后，不满（　　　）的子女，以由母亲直接抚养为原则。

  A. 一周岁　　　B. 两周岁　　　C. 三周岁　　　D. 四周岁

5. 张某和王某结婚后，张某一直在外忙于工作，王某在家照顾孩子和老人，后两人因感情破裂打算离婚，并且王某向张某提出了补偿的要求，依据《民法典》，下列哪一说法是正确的？（　　　）

  A. 张某有权拒绝给予补偿　　　　　　B. 张某可以给予补偿

  C. 张某应当给予补偿　　　　　　　　D. 王某无权提出补偿请求

（三）多项选择题

1. 有下列（　　　）情形之一导致离婚的，无过错方有权请求损害赔偿。

  A. 重婚的　　　　　　　　　　　　　B. 有配偶者与他人同居的

  C. 实施家庭暴力的　　　　　　　　　D. 虐待、遗弃家庭成员的

2. 一方要求变更子女抚养关系，应予支持的情形包括（　　　）。

  A. 与子女共同生活的一方患严重疾病的

  B. 与子女共同生活的一方伤残无力抚养子女的

  C. 与子女共同生活的一方不尽抚养义务的

  D. 8 周岁以上的未成年子女，愿随另一方生活，该方又有抚养能力的

3. 甲与乙离婚并达成协议：婚生男孩丙（3 岁）由乙（女方）抚养，如双方中一方再婚，则由另一方抚养。后乙在丙 6 岁时再婚，甲去乙家接丙回去抚养，乙不允。甲即从幼儿园将丙接回，并电话告知乙。为此，双方发生争执，诉至法院。下列有关论述正确的有哪些？（　　　）

A. 甲、乙均为丙的监护人

B. 乙的行为是违约行为，受合同法的调整

C. 甲欲行使对丙的抚养权，应通过诉讼程序解决

D. 甲、乙的协议违反了法律

（四）**案例练习**

方某，男，50岁，大学教授，事业有成，妻子朱某温柔体贴、儿子聪明健康，家庭幸福美满。方教授带的一位女学生苟某对方教授非常倾心，并以身相许，在突如其来的感情面前方教授迷失了方向，认为找到了人生的第二春。苟某毕业后，方教授决定与妻子分居，并秘密买了一处房产与苟某同居。对外，方教授称与苟某只是普通的师生关系，但有人在无意中发现了他们的事情。长期的夫妻分居使朱某的压力很大，人们议论纷纷，其子也在学校遭到同学的猜测。于是，朱某向人民法院提出离婚诉求，但方教授不同意离婚，也不承认与他人有同居关系。

【任务】请回答：1. 人民法院能否判决朱某和方教授离婚？2. 如果人民法院判决离婚，朱某能否获得损害赔偿？3. 离婚后儿子应由谁抚养？

实训四 离婚制度

【案件来源】

2021 年 1 月，王某来到某律师事务所对自己遇到的法律纠纷进行咨询，请求律师出具法律意见书，某律师接待了王某。王某的基本情况：王某，男，1986 年 7 月 4 日出生，汉族，职员，现住×省×市×县××乡××村××街×号。

【案情简介】

王某与刘某经人介绍相识确立恋爱关系。2011 年 1 月，王某与刘某登记结婚，2012 年 1 月儿子王小某出生。王某十分疼爱儿子，为了给孩子更好的生活，王某决定外出打工。2021 年王某在一次偶然的验血的时候发现，自己的血型和妻子刘某的血型不可能生出王小某血型的儿子。王某立刻进行了 DNA 检测，发现王小某与自己并无血缘关系。经调查刘某的微信聊天记录和通话记录，发现刘某与王某结婚后一直与其前男友谢某保持密切联系，王某认为王小某系妻子刘某与其前男友谢某的孩子。为此王某受到巨大的打击，强烈要求妻子净身出户。

【学习任务】

假如你是该律师，请为王某制作一份完整的法律意见书。

【任务提示】

首先，确立诉讼请求。王某认为自己的权利受到侵犯却没有提出清晰明确的诉讼请求。律师应当首先为他梳理哪些权利受到侵犯，明确告知其应当如何向人民法院主张权利，向他解释哪些诉求没有法律依据不能支持，哪些诉求虽然他没有想到，但是法院有可能依法支持。其次，收集证据。仔细推敲王某收集了哪些证据，还需要哪些证据。证据应当高度概然地证明证明对象。若想证明刘某与他人同居，仅证明刘某生育的儿子王小某与王某没有血缘关系还不够，还要进一步收集证明刘某与他人同居的证据。再次，判断当事人是否符合判决离婚的法定条件。要甄别、认定王某与刘某的夫妻感情是否确已破裂。最后，说明王某能够得到哪些救济。

第五单元　附　　论

第十二章　特殊婚姻制度

知识目标

- 能够准确再现民族婚姻的概念及特征。
- 能够准确再现民族自治地方变通或补充法律规定的主要内容。
- 能够准确再现涉外婚姻的概念。
- 能够准确再现确定涉外婚姻家庭纠纷的准据法的方法。

能力目标

- 面对民族婚姻，能够正确地判断当事人是否符合结婚的条件，正确地辨识夫妻之间的权利义务关系。
- 面对涉外婚姻，准确辨识涉外婚姻家庭纠纷的准据法，正确指导当事人完成结婚登记程序、离婚登记程序，按法律规定的程序处理婚姻家庭纠纷。
- 面对涉侨、涉港澳台婚姻，准确判断当事人是否符合结婚条件，正确指导当事人完成结婚程序，按法律规定的条件和程序处理婚姻家庭纠纷。

素养目标

- 逐渐培养既能依法贯彻婚姻家庭法规范又能维护各民族的风俗习惯的自觉意识。
- 逐渐培养既能依法贯彻婚姻家庭法规范又能拥有国际法视野的自觉意识。
- 逐渐培养既能依法贯彻婚姻家庭法规范又能维护祖国统一的自觉意识。
- 逐渐培养服务意识和精益求精的职业精神。

【引例】

高鸿在工作中与同事金顺爱产生了深厚的感情，并确立恋爱关系。高鸿，男，汉族，27岁，吉林省吉林市某中学教师；金顺爱，女，朝鲜族，25岁。双方在筹备结婚时，女友母亲却表示坚决反对，说是朝鲜族的姑娘不能与汉族人结婚。

【任务要求】

不同民族的男女可以结婚吗？

【案例知识点提示】

不同民族男女之间结婚的条件。

第一节　民　族　婚　姻

一、民族婚姻的概念和特征

民族婚姻，是指在少数民族内、各少数民族之间、少数民族与汉族之间组成的婚姻关系。民族婚姻具有以下特征：

（1）民族婚姻主体的一方或双方为少数民族。

（2）民族婚姻的内容和形式，民族特色鲜明。各少数民族受不同的传统文化和宗教信仰的影响，其自然环境、生产条件、生活方式与婚姻家庭模式差异很大。

（3）民族婚姻具有强烈的地方特色。因少数民族主要聚居边疆地区，地理区域和社会生活环境不同，民族婚姻的地方特色浓郁；即使在同一民族的不同支系之间、居住于不同区域的当事人之间，婚姻家庭的组成也各具特色。

（4）民族婚姻受风俗习惯的影响深远。各少数民族都有自己世代流传的婚姻习俗，保持或改革这些民族婚姻的习俗，是各少数民族的自由。

二、民族自治地方制定变通或补充规定的原则和程序

我国是一个统一的多民族国家，有 55 个少数民族，占全国总人口不到 10%。长期以来，由于各民族之间经济、文化发展的水平不同；生产条件、生活方式、传统文化、宗教和风俗习惯的特点不同，在婚姻家庭领域里的风俗习惯、伦理道德也各有差异。为尊重少数民族传统的宗教、道德和婚姻习俗，维护民族团结，各少数民族自治地方在执行《民法典》时，可以在宪法规定的权限内，依据《民法典》的原则，结合当地少数民族婚姻家庭的具体情况，制定某些变通或补充的规定。

《立法法》第 75 条规定："民族自治地方的人民代表大会有权依照当地民族的政治、经济和文化的特点，制定自治条例和单行条例。自治区的自治条例和单行条例，报全国人民代表大会常务委员会批准后生效。自治州、自治县的自治条例和单行条例，报省、自治区、直辖市的人民代表大会常务委员会批准后生效。自治条例和单行条例可以依照当地民族的特点，对法律和行政法规的规定作出变通规定，但不得违背法律或者行政法规的基本原则，不得对宪法和民族区域自治法的规定以及其他有关法律、行政法规专门就民族自治地方所作的规定作出变通规定。"

三、民族自治地方变通或补充规定的内容

自 1980 年《婚姻法》公布以来，各民族自治地方根据宪法和婚姻家庭法的基本原则，先后制定了一些适合本民族地区具体情况的补充规定或变通条例。如新疆维吾尔自治区 1988 年 10 月 15 日修订的《婚姻法》的补充规定，西藏自治区 2004 年 6 月 9 日修订的《婚姻法》的变通条例，宁夏回族自治区 1981 年 6 月 15 日制定的《婚姻法》的补充规定。此外，一些自治州，如甘孜、阿坝、凉山、黔南等及自治县，如循化、门源、化隆等也制定了一些变通规定。这些既符合我国婚姻法的基本原则，又适合各民族自治地方婚姻

家庭具体情况的规定，对加强民族团结、促进民族婚姻家庭关系、改革婚姻家庭制度产生了良好的影响。

（一）对于法定婚龄的变通

我国各少数民族普遍存在早恋、早婚现象，青年男女一般在16~18岁就结婚。《民法典》规定的法定婚龄，男性不得早于22周岁，女性不得早于20周岁的结婚年龄，在少数民族地区若不适当降低就难以执行。因此，许多民族自治地方都将《民法典》规定的最低结婚年龄分别降低2周岁，即制定了"男性不得早于20周岁，女性不得早于18周岁"的变通规定。

各少数民族对法定婚龄的变通规定，一般只适用于少数民族，而不适用于汉族，如：宁夏回族自治区规定，与少数民族结婚的汉族男女结婚年龄仍执行法定婚龄。有的规定只适用于少数民族农村人口，而不适用于少数民族的国家职工，如：云南澜沧拉祜族自治县的变通规定，男女双方都是国家职工的仍执行法定婚龄。

（二）对于禁止近亲结婚的变通

由于少数民族大多长年聚居在交通不便、人口稀少的边疆、山区，通婚范围比较狭小，不少民族盛行只在本民族内通婚的习俗，近亲结婚较为普遍，表兄弟姐妹结婚更是许多民族的习惯。对于《民法典》禁止三代以内旁系血亲结婚的规定，在法律执行过程中仍需有一个观念转变的过程。因此，有些少数民族民族自治地方作了变通规定。如黔南布依族苗族自治州变通规定为："推行三代以内旁系血亲不结婚。"宁夏回族自治区变通规定为：回族推迟到1983年1月1日起执行禁止三代以内旁系血亲结婚的规定。

（三）对于民族通婚问题的补充规定

不同民族之间的通婚问题，我国《婚姻法》并无限制性规定。从我国民族婚姻发展史来看，有的允许各民族之间通婚，有的民族宗教教规不允许与外族通婚，有的是因民族间的隔阂而不许与某些民族通婚。为保证婚姻自由，宪法和婚姻法对不同民族间通婚问题，采取尊重少数民族风俗习惯的原则。许多民族自治地方的补充规定都明确规定，不同民族的男女之间可以通婚，任何人不得干涉。如宁夏回族自治区针对回族的传统习俗，特别规定："回族和其他民族的男女自愿结婚的，他人不得干涉。"而有的民族由于当地的宗教信仰和风俗习惯，限制本民族与外族通婚，对此禁婚规定应当予以尊重。男女双方仍坚持结婚的，应当依法向有关人员宣传婚姻法的精神，并按有关民族、宗教政策妥善处理。

对于不同民族的男女结婚后所生的子女应归属于哪一民族的问题，可按当地群众的习惯处理，或由夫妻双方协商规定，在子女长大后，应尊重其本人的意愿。

（四）对于婚姻家庭传统习俗的补充规定

1. 禁止宗教干涉婚姻家庭

许多少数民族都信仰宗教，如藏族信仰藏传佛教、回族信仰伊斯兰教、傣族信仰佛教等。宪法规定保护我国公民宗教信仰自由，保护正常的宗教活动，但不得利用宗教力量对婚姻家庭进行非法干涉。因此，一些民族自治地方规定禁止宗教干涉婚姻家庭，如新疆维吾尔自治区的补充规定"禁止宗教干涉婚姻家庭""禁止以宗教仪式代替法定结婚登记"。宁夏回族自治区规定："禁止用宗教仪式代替法定的婚姻登记。信奉伊斯兰教的男女结婚，自愿举行宗教仪式的，只能在领取结婚证后进行。"

2. 关于少数民族的婚嫁仪式

少数民族的婚嫁仪式多种多样，各具特色，反映了各民族文化和历史的发展。如景颇族结婚时男方先将姑娘"偷"回家中，然后再提亲、宴请宾客；傣族男女结婚要请寨中有威望的老人在新郎、新娘手上拴线；有的民族男女双方自愿举行"抢婚"等。这些传统的仪式，大多数并不违背婚姻家庭法的基本原则，应当予以尊重和保护。但有的少数民族结婚，只重视按照本民族或本地区的风俗，举行婚礼仪式，确立并承认夫妻关系。对于是否进行了法定结婚登记，一般不予重视。可见，民族习惯法向现代法制观念的转变仍需一定的过程。

3. 关于实行一夫一妻制

我国的少数民族一般实行一夫一妻制的婚俗。但有一些少数民族地区，如青海、西藏、四川等一些地方还保留着一妻多夫、一夫多妻婚姻的残迹。由于我国法律不具有溯及力，之前形成的多夫、多妻家庭，仍予以承认或维系，可继续共同生活。如西藏自治区规定："废除一夫多妻，一妻多夫等封建婚姻，对执行本条例之前（即 1982 年 2 月 1 日）形成的上述婚姻关系，凡不主动提出解除婚姻关系者，准予维系。"对于落后的陈规陋俗，由各民族自治地区采取妥善的步骤和办法，逐步地改革。

4. 关于婚姻家庭习俗的改革

少数民族婚姻家庭习俗的改革涉及婚姻家庭的许多方面，由于各民族自治地方的情况不同，许多补充规定各有其针对性。如新疆维吾尔自治区规定："禁止买卖婚姻和借婚姻索取财物。寡妇有再婚的自由，任何人不得以任何借口干涉。""禁止一方用口头或文字通知对方的方法离婚。"四川省阿坝藏族自治州规定："实行男女婚姻自由。禁止强迫、包办、买卖、转房婚姻。禁止借婚姻索取财物。禁止利用宗教、家族、部落或者其他形式干涉婚姻自由。"青海省海南藏族自治州等民族自治地方规定："禁止一方用口头或者文字通知对方的方法离婚。"许多民族自治地方都强调结婚、离婚必须办理法律手续。

这些变通或补充规定的适用范围，根据各民族自治地方的实际情况，具体规定各异。如新疆、西藏、宁夏等自治区规定只适用于居住在本自治区的各少数民族。化隆、循化等自治县规定只适用于少数民族中的一般群众。甘孜、阿坝等自治州规定既适用于本州的少数民族，也适用于同少数民族结婚的汉族。民族自治地方制定的变通或补充规定，只是对《民法典》的局部变通或补充，这些规定与《民法典》同时施行。未作变通规定的，仍应按照《民法典》执行，以维护国家法律的统一和尊严。

第二节　涉外婚姻和涉港澳台婚姻

一、涉外婚姻

【案例 12-1】 原告：张某，女，中国公民；被告：游某，男，美国公民。游某于 1999 年 8 月到中国海南旅游期间与原告张某相识并建立了恋爱关系。三天后游某便返回了美国。2000 年 7 月 17 日游某再次来到中国海南，与张某相处一个星期后，便于同月 25

日在海口市民政局办理了结婚登记手续。由于双方婚前相处时间短，彼此了解不够，且婚后张某拒绝与游某同居，双方无法建立起夫妻感情。2000 年 8 月 2 日，张某以双方婚前了解不够，婚后无法建立起感情，夫妻关系无法维持为理由，向海南省海口市振东区人民法院起诉，要求与游某离婚。游某在答辩中也认为双方夫妻关系确难以维持，表示同意离婚。

任务：请回答人民法院能否受理张某的离婚诉讼？理由是什么？

（一）涉外婚姻家庭的概念和适用原则

1. 涉外婚姻家庭的概念

广义的涉外婚姻家庭，是指在中国境内，中国公民同外国人，或者外国人同外国人；以及在外国境内，中国公民同外国人，或者中国公民同中国公民之间的婚姻家庭。狭义的涉外婚姻家庭专指在中国境内，中国公民同外国人，或者外国人同外国人之间依照中国的法律处理结婚、离婚、复婚等事宜。婚姻家庭法中的涉外婚姻家庭，通常指狭义的涉外婚姻家庭。

可见，所谓涉外，是指婚姻家庭关系的主体涉外、缔结地涉外或者法律后果涉外。我国现行《民法典》对涉外婚姻家庭关系并无明确规定；《中华人民共和国涉外民事关系法律适用法》（以下简称《法律适用法》）第三章规定了涉外婚姻家庭关系的法律适用原则和准据法；《婚姻登记条例》等法律和法规，成为我国调整涉外婚姻家庭关系的法律依据。

2. 涉外婚姻家庭的法律适用原则

（1）必须严格遵守国际条约、我国法律和国际惯例。除我国声明保留的条款外，应遵守我国缔结或参加的国际条约的规定；国际条约和我国法律均没规定的，适用国际惯例。

（2）我国法律对涉外民事关系的法律适用没有规定的，适用与该涉外民事关系有最密切联系的法律。

（3）我国法律对涉外民事关系有强制性规定的，直接适用该强制性规定。

（4）适用外国法律或者国际惯例的，不得违背我国的社会公共利益。婚姻当事人规避我国强制性或者禁止性法律规范的行为，不发生适用外国法律的效力。

（二）涉外结婚问题

1. 涉外结婚的法律适用

我国涉外结婚关系中，结婚条件和结婚手续的准据法的确定采用区别制。《法律适用法》第 21 条规定："结婚条件，适用当事人共同经常居所地法律；没有共同经常居所地的，适用共同国籍国法律；没有共同国籍，在一方当事人经常居所地或者国籍国缔结婚姻的，适用婚姻缔结地法律。"

关于婚姻的条件（实质条件）的法律适用是一个有条件选择的冲突规范：（1）适用当事人结婚时的共同经常居所地法；（2）结婚时没有共同经常居所地的，适用共同国籍国法；（3）没有共同国籍，在一方当事人经常居所地或者国籍国缔结婚姻的，适用婚姻缔结地法。

若双方结婚时既无共同经常居所地，也没有共同的国籍，婚姻缔结地也不在任何一方的经常居所地或国籍国，那么结婚的条件应当适用"最密切联系原则"来确定适用的准据法。

《法律适用法》第22条规定："结婚手续，符合婚姻缔结地法律、一方当事人经常居所地法律或者国籍国法律的，均为有效。"该条规定的法律适用是一个无条件选择适用的冲突规范；这就意味着在司法实践中，很难因为婚姻手续问题而认定婚姻无效。

2. 涉外结婚的程序

（1）涉外结婚的登记机关。中国公民同外国人在中国内地自愿结婚的，男女双方当事人必须共同到中国公民一方常住户口所在地的省、自治区、直辖市人民政府的民政部门或者省、自治区、直辖市人民政府民政部门确定的婚姻登记机关办理结婚登记。

（2）涉外结婚登记的证件。办理结婚登记的内地居民应当出具下列证件和证明材料：①本人的户口簿、身份证；②本人无配偶以及与对方当事人没有直系血亲和三代以内旁系血亲关系的签字声明。办理结婚登记的外国人应当出具下列证件和证明材料：①本人的有效护照或者其他有效的国际旅行证件；②所在国公证机构或者有权机关出具的、经我国驻该国使（领）馆认证或该国驻华使（领）馆认证的本人无配偶的证明，或者所在国驻华使（领）馆出具的本人无配偶的证明。申请结婚的中国公民同外国人还须提交我国指定医院出具的婚前健康检查证明。

（3）涉外结婚登记的程序。①申请，符合上述规定且证件齐全要求结婚的双方当事人，可持证件和照片，共同到指定的婚姻登记机关提出结婚申请；②审查，婚姻登记人员应对结婚登记当事人出具的证件、证明材料认真地进行审查和验证，并询问相关情况；③登记，经审查了解，认为符合我国法定结婚条件的，应准予登记，发给结婚证；双方当事人自取得结婚证时起，确立夫妻关系。对当事人不符合结婚条件不予登记的，应当向当事人说明理由。

3. 涉外复婚问题

中国公民同外国人离婚后或者外国人同外国人离婚后，双方自愿在我国境内复婚的，按涉外结婚的有关规定办理。

（三）涉外离婚问题

1. 涉外离婚的法律适用

我国《法律适用法》针对协议离婚和诉讼离婚规定了不同的法律适用规则。

（1）协议离婚的法律适用。《法律适用法》第26条规定："协议离婚，当事人可以协议选择适用一方当事人经常居所地法律或者国籍国法律。当事人没有选择的，适用共同经常居所地法律；没有共同经常居所地的，适用共同国籍国法律；没有共同国籍的，适用办理离婚手续机构所在地法律。"

关于协议离婚的法律适用，《法律适用法》规定了一个有条件选择适用的冲突规范：①尊重当事人有限制的意思自治，当事人只有协议选择适用一方当事人经常居所地法律或者国籍国法方为有效，即所选法律要和当事人有一定的人身关系；②若当事人没有达成有效的意思自治，则适用其共同经常居所地法；③没有共同经常居所地的，适用共同国籍国法；④连共同国籍也没有的，适用办理离婚手续机构所在地法律。

（2）诉讼离婚的法律适用。《法律适用法》第 27 条规定："诉讼离婚，适用法院地法律。"按此规定，涉外诉讼离婚的法律适用，我国采用法院地法原则，即凡是由我国人民法院受理的涉外离婚案件，不论是离婚的条件，还是离婚的程序，均适用我国的法律。

这是一个双边的冲突规范。例：韩国公民朴某与德国公民卡尔，自 2018 年 1 月起一直居住在中国深圳，并于 2018 年 6 月在深圳结婚。2020 年 8 月两人欲解除婚姻关系，若双方向中国法院起诉离婚，法院应适用中国法；若双方协议离婚，后又因离婚协议发生纠纷诉至中国法院，如两人选择适用中国法、韩国法或德国法，法院应适用当事双方选择的法律；若当事双方没有选择法律，法院应适用共同经常居所地的中国法解决协议离婚纠纷。

2. 涉外离婚的程序

中国公民同外国人在中国境内要求离婚的，法律规定有两种方式：

（1）登记离婚程序。只有在中国境内登记的涉外婚姻，才能在中国境内通过行政登记程序离婚。

① 离婚的登记机关。男女双方自愿离婚且有共同签署的离婚协议书的，应当共同到中国居民常住户口所在地的婚姻登记机关办理离婚登记。

② 离婚登记的证件材料。办理离婚登记的内地居民应当出具的证件和证明材料：A. 本人的户口簿、身份证；B. 本人的结婚证；C. 双方当事人共同签署的离婚协议书。办理离婚登记的外国人除应当出具上述第 A 项、第 B 项规定的证件和证明材料外，还应当出具本人的有效护照或者其他有效的国际旅行证件。离婚协议书应当载明双方当事人自愿离婚的意思表示以及对子女抚养、财产及债务处理等事项协商一致的意见。

③ 离婚登记的生效。婚姻登记机关应对当事人出具的证件和证明材料进行审查，对确属自愿离婚，并对子女抚养及抚养费、财产分割、债务清偿等问题意见一致的，应准予登记，发给离婚证。

（2）诉讼离婚程序。涉外婚姻的当事人只有一方要求离婚的，应依据我国《民事诉讼法》的相关规定，向有管辖权的人民法院提起离婚诉讼。

①管辖。中国公民同外国人在我国境内要求离婚的，只要被告在我国有住所或居所的，人民法院就有权受理此案；对于被告不在我国境内居住的离婚案件，如果原告在我国境内有住所，那么原告住所地或最后居住地的人民法院亦有管辖权。中国公民一方居住在国外，一方居住在国内，不论哪一方向人民法院提起离婚诉讼，国内一方住所地人民法院都有权管辖。国外一方在居住国法院起诉，国内一方向人民法院起诉的，受诉人民法院有权管辖。案例 12-1 中，原告住所地人民法院有管辖权，故人民法院能受理张某的离婚诉讼。

②代理。涉外离婚诉讼的当事人一方不在国内居住，无法亲自起诉、出庭应诉的，可以委托我国公民、律师或居住在我国境内的外国人担任诉讼代理人进行诉讼活动。但其本人应向人民法院提交关于离婚、子女抚养归属、财产分割等问题的书面意见。

外国人一方从国外寄交或者托交的授权委托书应经过其所在国公证机关证明，并经我国驻该国使、领馆认证，或者履行我国与该所在国订立的有关条约中规定的证明手续后，才具有效力。

③审判。人民法院依法审理涉外离婚案件并作出判决。国外一方当事人如不服一审判决,可以在收到判决书之日起 30 日内提出上诉。当事人不能在法定期间提起上诉,申请延期的,是否准许,由人民法院决定。

3. 涉外离婚问题处理界限

(1)人民法院审理涉外离婚案件,应依《民法典》第 1079 条"人民法院审理离婚案件,应当进行调解;如感情确已破裂,调解无效,应准予离婚"的规定处理。凡夫妻感情确已破裂,调解无效的,应准予离婚;凡夫妻感情尚未破裂,调解或判决不准离婚。

(2)我国公民结婚后,一方移居国外并加入外国国籍,或在外重婚、纳妾、改嫁,或常年对国内配偶生活不闻不问的,应属夫妻感情破裂,国内一方提出离婚的,经查证属实,应准予离婚。

(3)对于居住在外国的外国人与居住在中国境内的中国籍配偶长期杳无音信,中国籍配偶要求离婚的,一般应准予离婚。

(四)涉外夫妻关系的法律适用

涉外夫妻关系是合法有效的婚姻产生的特定男女之间的一种法律关系,包括夫妻人身关系和夫妻财产关系。我国区分夫妻人身关系和夫妻财产关系,分别确定其准据法。详见表 12-1。

表 12-1　　　　　　　　　　　　涉外婚姻和夫妻关系的法律适用

结婚	结婚手续:符合婚姻缔结地法、一方当事人经常居所地法或国籍国法的,均为有效
	结婚条件:(按顺序适用)共同经常居所地法—共同国籍国法—婚姻缔结地法(在一方当事人经常居所地或者国籍国缔结婚姻的)
离婚	协议离婚:(按顺序适用)意思自治(只能选择一方经常居所地法或国籍国法)—共同经常居所地法—共同国籍国法—办理离婚手续机构所在地法
	诉讼离婚:法院地法
夫妻关系	人身关系:(按顺序适用)共同经常居所地法—共同国籍国法
	财产关系:(按顺序适用)意思自治(只能选择一方经常居所地法、国籍国法或主要财产所在地法)—共同经常居所地法—共同国籍国法

1. 涉外夫妻人身关系的法律适用

夫妻人身关系是指夫妻双方人身方面的法律关系,例如婚后妻子是否需要随夫姓、妻子是否必须为丈夫生孩子、双方是否应履行同居义务等。《法律适用法》第 23 条规定:"夫妻人身关系,适用共同经常居所地法律;没有共同经常居所地的,适用共同国籍国法律。"该法条很明显是一个有条件选择适用的冲突规范。

2. 涉外夫妻财产关系的法律适用

夫妻财产关系是指夫妻双方基于财产而产生的法律关系,例如婚姻对他们婚前财产的效力,婚姻存续期间双方取得财产的处分和分配问题等。《法律适用法》第 24 条规定:

"夫妻财产关系,当事人可以协议选择适用一方当事人经常居所地法律、国籍国法律或者主要财产所在地法律。当事人没有选择的,适用共同经常居所地法律;没有共同经常居所地的,适用共同国籍国法律。"

第23条和第24条的规定都存在一个问题,如果夫妻双方既没有共同经常居所地,也没有共同国籍,对此都没有予以规范。此时,我们应适用"最密切联系原则"确定夫妻人身关系和财产关系的法律适用。

(五)涉外亲子关系的法律适用

《法律适用法》第25条规定:"父母子女人身、财产关系,适用共同经常居所地法律;没有共同经常居所地的,适用一方当事人经常居所地法律或者国籍国法律中有利于保护弱者权益的法律。"

二、涉及华侨、港澳台同胞的婚姻

涉及华侨、港澳台同胞的婚姻,主要是指侨居在国外,或定居在香港、澳门、台湾的中国同胞同国内的公民之间;以及华侨之间,港、澳、台同胞之间,依法在我国境内处理的婚姻关系。

涉及华侨、港澳台同胞婚姻的主体双方都具有中国国籍,没有涉外因素,不属于涉外婚姻。在结婚条件、结婚程序、离婚等问题上,完全适用于我国婚姻家庭法的规定。但是,由于历史和政治的原因,这类婚姻的当事人一方的定居地具有一定的涉外或区际因素,在婚姻家庭问题的处理上存在着一定的法律、法规冲突。我国的领土和主权范围内有四个相对独立的法域,存在区际法律冲突。区际法律冲突,是在一个主权国家的范围内不同地区的法律制度之间在同一层面上的冲突。处理此类婚姻家庭问题,仍有一些特殊规定。在"一国两制"的政策统辖下,合理解决不同法域婚姻家庭法冲突具有重要的现实意义。

(一)涉及华侨、港澳台同胞的结婚

1. 华侨在中国境外的结婚

我国政府和法律鼓励华侨按照居住国的法律在当地办理结婚登记,只要其适用的法律不违背我国婚姻家庭法的基本原则,我国就承认其法律效力。如果申请结婚的当事人双方都是居住在国外的华侨,驻在国法律又允许外国使、领馆办理婚姻登记的,双方也可到我国驻该国使领、馆依据我国法律办理结婚登记。

2. 华侨、港澳台同胞与中国公民在中国境内结婚

由于当事人双方都具有中国国籍,一般应同内地居民之间结婚一样处理。但由于特殊的因素,我国的法律、法规仍作了特殊的规定:

(1)结婚登记的机关。男女双方当事人应共同到内地居民常住户口所在地的,省、自治区、直辖市人民政府的民政部门或者省、自治区、直辖市人民政府民政部门确定的婚姻登记机关办理结婚登记。

(2)结婚登记的程序。办理结婚登记的华侨应当出具下列证件和证明材料:①本人的有效护照;②居住国公证机构或者有权机关出具的经我国驻该国使(领)馆认证的本人无配偶及与对方当事人没有直系血亲和三代以内旁系血亲关系的证明,或我国驻该国使

（领）馆出具的本人无配偶及与对方当事人没有直系血亲和三代以内旁系血亲关系的证明。办理结婚登记的香港、澳门、台湾居民应当出具下列证件和证明材料：①本人的有效通行证、身份证；②经居住地公证机构公证的本人无配偶及与对方当事人没有直系血亲和三代以内旁系血亲关系的声明。办理结婚登记的国内居民应当出具下列证件和证明材料：①本人的居民身份证或户籍证明；②本人无配偶及与对方没有直系血亲和三代以内旁系血亲关系的签字声明。申请结婚的中国公民同外国人还须提交我国指定医院出具的婚前健康检查证明。

（二）涉及华侨、港澳台同胞的离婚

1. 法律适用

内地居民与华侨、港、澳、台同胞在华侨居住国或港澳台地区离婚的，均可适用离婚实施地法律，在不违反我国婚姻家庭法基本原则和国家利益的前提下，我国承认其法律效力。如果在中国境内提出离婚，不论是登记离婚，还是判决离婚，都应适用我国的法律。

2. 离婚程序

涉及华侨、港、澳、台同胞同内地居民在中国境内的离婚有两种方式：

（1）登记离婚程序。男女双方自愿且已达成离婚协议的，应当共同到内地居民常住户口所在地的婚姻登记机关办理离婚登记。申请离婚登记并提供证件和证明材料：第一，提供身份证明，办理离婚登记的内地居民应当出具的证件和证明材料：①本人的户口簿、身份证；②本人的结婚证；③双方当事人共同签署的离婚协议书。办理离婚登记的港、澳、台居民、华侨除应当出具前款第②项、第③项规定的证件、证明材料外，华侨还应出具本人的有效护照或其他有效国际旅行证件；港、澳、台居民还应出具本人的有效通行证、身份证。离婚协议书，应载明双方当事人自愿离婚的意思表示、对子女抚养及抚养费、财产分割及债务清偿等事项协商一致的意见。

对当事人确属自愿离婚，并已对子女抚养、财产、债务等问题达成一致处理意见的，应当予以登记，发给离婚证。对于不符合离婚登记条件的，不予登记并向当事人讲明法律规定的内容。

应当注意的是，结婚登记不是在中国内地办理的，当事人的离婚登记婚姻登记机关不予受理。《婚姻登记条例》第12条规定："办理离婚登记的当事人有下列情形之一的，婚姻登记机关不予受理：（一）未达成离婚协议的；（二）属于无民事行为能力人或者限制民事行为能力人的；（三）其结婚登记不是在中国内地办理的。"

（2）诉讼离婚程序。华侨，港、澳、台同胞同内地居民要求离婚，如果双方对离婚尚有存在争议的事项或境外一方不能与国内一方共同到婚姻登记机关申请离婚登记的，可由有关部门进行诉讼外调解，也可直接向内地一方居民户口所在地的人民法院起诉离婚。

① 涉侨离婚诉讼。对于华侨与在内地居住的配偶不论哪一方提出离婚诉讼，均由内地居民常住户口所在地的人民法院行使管辖权。处理华侨与内地居民的离婚诉讼界限应把握：第一，内地配偶提出离婚，有证据证实华侨一方已在国外重婚的，应判决准予离婚。第二，内地配偶提出离婚，华侨一方久无音信、不尽夫妻义务的，经查证属实，可公告送达后，判决准予离婚。第三，内地配偶提出离婚，但华侨一方与内地配偶有通信联系、有汇款供养关系，且华侨一方不同意离婚的，应尽量调解；如内地一方坚持离婚的，应根据

具体情况，判决是否准予离婚。第四，国外华侨一方提出离婚，有充足理由证实内地配偶行为不端的，应根据具体情况判决是否准予离婚。

对于夫妻双方都是定居在国外华侨的离婚诉讼管辖，原则上应向居住地国有关机关申请办理离婚手续；如果现居住国不予受理，双方又自愿离婚的，可以到国内原婚姻登记机关申请办理离婚登记。如果一方要求离婚或双方有争议的，对在国内结婚定居在国外的华侨，定居国法院以由婚姻缔结地法院管辖为由拒不受理的，当事人应向国内原婚姻登记机关所在地或一方在国内最后居住地的人民法院起诉；对在国外结婚定居在国外的华侨，而定居国法院应由以国籍所属国法院管辖为由，拒不受理离婚诉讼的，当事人应向国内一方原居住地或在国内最后居住地的人民法院起诉。

② 涉港、澳离婚诉讼。对于港澳同胞与在内地居住配偶的离婚诉讼，由内地居民常住户口所在地的人民法院管辖。处理界限应把握：第一，内地配偶提出离婚，有证据证实港澳一方重婚（包括纳妾或改嫁）的，应依我国《民法典》的规定，判决准予离婚。第二，配偶一方多年不尽夫妻义务，致另一方生活困难的，判决准予离婚。第三，经查实，因一方行为不端，致对方提出离婚的，应当调解或判决离婚。第四，内地配偶提出离婚，但港澳一方与内地家属有书信联系、有汇款接济生活的，应尽量说服内地一方的以不离为原则。

对于夫妻双方都是定居在港澳的离婚诉讼管辖，原在内地登记结婚的，现因特殊原因要求在内地离婚的，应由原婚姻登记地或被告原居住地的人民法院管辖。

③ 涉台离婚诉讼。对于台湾同胞与在内地居住配偶的离婚诉讼，由内地居民常住户口所在地或其住所地的人民法院管辖。从台湾地区返回内地定居的内地居民要求与在台配偶离婚的，可由返回内地定居后住所地的人民法院管辖。处理界限可参考涉港澳离婚诉讼的处理原则。

3. 涉及华侨、港澳台同胞的复婚

离婚后，男女双方自愿恢复夫妻关系的，按申请结婚登记程序办理。男女双方须持有离婚后未再婚的证件，在外一方必须提供无配偶的证明，并经当地公证部门公证，或我驻外使领馆认证；共同到婚姻登记机关申请复婚登记，并退回离婚证。

思考与练习

一、思考

1. 我国民族自治地方有关婚姻家庭法的变通或补充规定的主要内容有哪些？
2. 华侨与国内公民、港澳同胞同内地公民结婚的条件和程序是什么？
3. 你能否制作一个展牌，标明涉外婚姻中结婚、离婚的条件和程序？

二、练习

（一）单项选择题

1. 中国公民同外国人离婚诉讼适用（   ）。
   A. 我国法律　　　B. 国际公约　　　C. 外国法律　　　D. 法院地法律

2. 中国公民甲得知 A 国法院正在审理其配偶中国公民乙提起的离婚诉讼，便在自己住所地的中国法院对乙也提起离婚之诉。依我国司法实践，人民法院对于甲的起诉应如何处理？（　　）

  A. 受理此案

  B. 以"一事不两诉"原则为依据不予受理

  C. 与 A 国法院协调管辖权的冲突

  D. 告知甲在 A 国法院应诉

（二）多项选择题

1. 甲国公民玛丽与中国公民王某的经常居住地均在中国，二人在乙国结婚。关于双方婚姻关系的法律适用，下列哪些选项是正确的？（　　）

  A. 结婚手续只能适用中国法

  B. 结婚手续符合甲国法、中国法和乙国法中的任何一个，即为有效

  C. 结婚条件应适用乙国法

  D. 结婚条件应适用中国法

2. 依我国法律规定，在人民法院受理的涉外离婚案件审理过程中，认定婚姻是否有效应当以下列哪项为准据法？（　　）

  A. 婚姻缔结地法   B. 当事人本国法

  C. 当事人住所地法   D. 法院地法

3. 中国人李某（女）与甲国人金某（男）在乙国依照乙国法律登记结婚，婚后二人定居在北京。依《涉外民事关系法律适用法》，关于其夫妻关系的法律适用，下列哪些表述是正确的？（　　）

  A. 婚后李某是否应改从其丈夫姓氏的问题，适用甲国法

  B. 双方是否应当同居的问题，适用中国法

  C. 婚姻对他们婚前财产的效力问题，适用乙国法

  D. 婚姻存续期间双方取得的财产的处分问题，双方可选择适用甲国

（三）案例练习

2015 年年初，中国公民郝某自费到美国留学。留学期间与英国留学生克鲁克·杰尔相识相恋，两人在美国举行了婚礼。但是婚后不久，郝某发现由于观念和生活习惯不同，两人很难相处，克鲁克·杰尔还有酗酒的恶习，两人多次争吵后分居。2015 年年底，郝某返回其中国居住地上海，并准备起诉与克鲁克·杰尔离婚。

【任务】请回答：（1）离婚应适用哪国法律？（2）郝某应向中国、美国还是英国法院提起离婚诉讼？